स्कूल, कॉलेज एवं प्रतियोगिताओं हेतु विशेषतः उपयोगी

वाद-विवाद एवं चर्चा

अनीता गौड़

वी एण्ड एस पब्लिशर्स

प्रकाशक

वी एण्ड एस पब्लिशर्स

F-2/16, अंसारी रोड, दरियागंज, नई दिल्ली-110002

☎ 23240026, 23240027 • फैक्स: 011-23240028

E-mail: info@vspublishers.com • *Website:* www.vspublishers.com

Online Brandstore: *amazon.in/vspublishers*

क्षेत्रीय कार्यालय : हैदराबाद

5-1-707/1, ब्रिज भवन (सेन्ट्रल बैंक ऑफ इण्डिया लेन के पास)

बैंक स्ट्रीट, कोटी, हैदराबाद-500 095

☎ 040-24737290

E-mail: vspublishershyd@gmail.com

शाखा : मुम्बई

जयवंत इंडस्ट्रिअल इस्टेट, 1st फ्लोर-108, तारदेव रोड

अपोजिट सोबो सेन्ट्रल, मुम्बई - 400 034

☎ 022-23510736

E-mail: vspublishersmum@gmail.com

ISBN 978-93-505770-4-2

संस्करण 2021

मुद्रक : परम ऑफसेटर्स, ओखला, नयी दिल्ली-110020

प्रकाशकीय

स्कूल, कॉलेज एवं सभी प्रतियोगी परीक्षाओं में वाद–विवाद विषय के बढ़ते वर्चस्व तथा वर्तमान में छात्रों की जरुरत को ध्यान में रखकर वी एण्ड एस पब्लिशर्स अपनी नवीनतम पुस्तक **"वाद–विवाद एवं चर्चा"** आपके समक्ष प्रस्तुत करते हैं। वाद–विवाद करने का प्रमुख लक्ष्य है प्रतियोगी के अन्दर बहुमुखी प्रतिभा का समग्र विकास करना।

इस पुस्तक में लेखक ने कई राष्ट्रीय तथा अन्तर्राष्ट्रीय घटनाओं के अलावा आज के संदर्भ में वैसे सभी विषयों का समावेश किया गया है जो बेहद चर्चा में हैं। इन विषयों में सामाजिक, आर्थिक व राजनैतिक विषयों के साथ–साथ सरकार के कुछ विवादित फैसले जैसे– फुटकर क्षेत्र में प्रत्यक्ष विदेशी निवेश, डिजिटलीकरण वर्तमान आर्थिक संकट का समाधान, महँगाई मार गयी आदि प्रमुख हैं। हमें इस बात की खुशी है कि लेखिका पुस्तक में शामिल सभी लेखों में गुणवत्ता की गहरी छाप छोड़ने में सफल रही हैं।

हम आशा करते हैं कि यह पुस्तक सभी हिन्दी भाषी पाठकों एवं विद्यार्थियों के लिए एक लाभदायी पुस्तक सिद्ध होगी। अन्त में सभी गुणी छात्र–छात्राओं से निवेदन है कि यदि इस पुस्तक के बारे में अगर कोई मार्गदर्शन करना हो तो वे हमें पत्र अथवा ईमेल द्वारा अवश्य सूचित करें।

विषय-सूची

भूमिका

वाद–विवाद से बच्चों में प्रतिस्पर्धा की भावना जागृत होती है और उनमें बौद्धिकता का संचार होता है। जो बच्चे नियमित रूप से विभिन्न विषयों पर अपने विद्यालयों में होने वाली प्रतियोगिताओं में भाग लेते हैं, उनमें बेहतर तरीके से दबाव झेलने की क्षमता पैदा होती है और उनमें किसी भी व्यसन के शिकार होने की संभावना क्षीण हो जाती है, एवं किसी भी विषय के अच्छे और बुरे पहलू को गहराई से देखने की क्षमता विकसित हो जाती है।

प्रायः सभी बच्चे स्पष्टवक्ता होते हैं, इसलिए जब उन्हें विभिन्न विषयों पर अपना मत रखने का मौका मिलता है तो उनकी बातचीत करने की क्षमता और विकसित हो जाती है। बच्चे गम्भीर वार्ताओं के बीच सीख जाते हैं कि ऐसे विषयों पर अपनी राय किस प्रकार रखनी चाहिए।

प्रत्येक माता–पिता और अध्यापकों को सक्रियतापूर्वक बच्चों के कौशल को पैना बनाने के लिए बहस करनी चाहिए, क्योंकि वाद–विवाद प्रतियोगिताएँ छात्रों के ज्ञान, कौशल और उनकी प्रतिभा के विकास में महत्त्वपूर्ण भूमिका निभाती हैं। वाद–विवाद प्रतियोगिताएँ बच्चों के बौद्धिक और मानसिक विकास में सहयोगी होती हैं।

1

डिजिटलीकरण : फायदेमंद या नुकसानदेह

(Digitization merit and demerit...)

डिजिटलीकरण सबके लिए फायदेमंद

एक सर्वे के मुताबिक भारतीय प्रसारण एवं 'पे' टीवी बाजार की वृद्धि दर ने नॉर्थ अमेरिका (1998–2003), कोरिया (2003–2012) जैसे बाजार को भी पीछे छोड़ दिया है। इन बाजारों की घरेलू कम्पनियों में अत्याधिक विकास हुआ है, जैसे नेटवर्क को अपग्रेड करना, उपभोक्ताओं को एक नई किस्म की बेहतर सेवा मुहैया करना आदि। जैसा कि उद्योग के पुरोधाओं का मानना है कि जब सरकार डिजिटलीकरण के बाबत नियमन जारी कर देगी तब देशी एवं विदेशी घराना मनोरंजन एवं मीडिया जगत के लिए बेहतरीन कंटेंट एवं सेवाएं अपने दर्शकों को उपलब्ध कराएगी।

राजस्व का अनुमान लगेगा कैसे?

अगर जमीनी सच्चाई देखें जो भारत में डिजिटलीकरण निहायत जरुरी है क्योंकि 1.3 बिलियन आबादी वाले इस देश में कुल 239 मिलियन घरों में टीवी सेट हैं। जहाँ इतना विशाल उपभोक्ता आधार हो तो वहाँ प्रदाताओं द्वारा एकत्र किया धन देश की अर्थव्यवस्था में भी दिखना चाहिए लेकिन भारत में फिलहाल ऐसा नहीं है क्योंकि अनेक स्थानीय एवं छोटे सेवा प्रदाता के पास गैरपंजीकृत उपभोक्ता हैं। भारत में केबल टीवी सेवा प्रदान करने के उपरांत प्रति माह जितना धन इकट्ठा किया जाता है उतना विश्व में और कहीं नहीं किया जाता है लेकिन दुर्भाग्यपूर्ण स्थिति यह है कि इस राजस्व का मात्र 20 फीसदी प्रसारकों के पास पहुँचता है। डिजिटलीकरण का सबसे बड़ा फायदा यह है कि आप घरों की संख्या की गिनती कर सकते हैं, इससे राजस्व का आँकड़ा सेवा प्रदाताओं एवं सरकार को मिलता रहेगा।

डिजिटलीकरण के आने से स्पैक्ट्रम का भी बेहतर उपयोग होगा चाहे मध्यम डिजिटल केबल हेडएंड हो या फिर डीटीएच सेवा।

डिजिटलीकरण का प्रभाव इस उद्योग के सभी खंडों पर पड़ेगा और इसे निम्न रुप से संक्षेपित किया गया है –

कैसे राजस्व एवं सेवाओं पर प्रभाव पड़ेगा?

डिजिटलीकरण से एमएसओ (मल्टी सिस्टम ऑपरेटर) को अपनी कमाई का जरिया विस्तृत करने का विकल्प मिलता है, जिसकी बदौलत वे अपने उपभोक्ताओं को एचडी चैनल, ब्रॉडबैंड एवं मूल्यवर्धित सेवाएँ (वैस) जैसे एडूटेंमेंट, गेमिंग एवं वीओडी आदि प्रदान कर सकते हैं। एमएसओ को यह भी सुविधा है कि वे अपने राजस्व को बढ़ाने के लिए कंटेंट की कीमत भी तय कर सकते हैं। हालाँकि डिजिटलीकरण को अपनाने के लिए एमएसओ को अपने नेटवर्क को उन्नत करने के लिए काफी पैसों की जरुरत होगी, जिसे वे पीई फंडिंग, आईपीओ या अन्य वित्तीय स्त्रोतों से प्राप्त कर सकते हैं। इसके अलावा सरकार ने हाल ही में निर्णय लिया है कि ब्रॉडकॉस्टिंग एवं डीटीएच सेवा में एफडीआई की वर्तमान सीमा 49 प्रतिशत से बढ़ाकर 74 प्रतिशत की जायेगी, जिसका फायदा एमएसओ उठा सकते हैं।

कैसे उपभोक्ताओं को फायदा होगा?

अनेक चैनलों तक पहुँच होने के साथ देखने की बेहतर सुविधा और मल्टीटियर सर्विसेस तथा प्राइसिंग का सीधा फायदा उपभोक्ताओं को होगा। डिजिटलीकरण को आगे बढ़ाने के लिए सरकार केबल उद्योग को कर में छूट दे सकती है। ऐसा करने से जहाँ ब्रॉडबैंड के लक्ष्य को प्राप्त किया जा सकता है वहीं इससे अर्थव्यवस्था पर भी व्यापक असर पड़ेगा। जहाँ तक प्रसारकों का सवाल है, तो डिजिटलीकरण के आने से जहाँ उनके राजस्व में वृद्धि होगी वहीं विज्ञापन राजस्व पर उनकी निर्भरता भी कम हो जायेगी। इसके साथ ही कुछ बाजारों में कैरिज एवं प्लेसमेंट फीस में 25 से 50 फीसदी की गिरावट आयेगी। आखिर में अगर एक बार डिजिटलीकरण को लागू कर दिया जायेगा तो धीरे–धीरे एलसीओ संगठित हो जायेंगे। इसका परिणाम यह होगा कि उद्योग की आमदनी एवं वेल्यू केन्द्रीय वितरण प्लेटफॉर्म एवं प्रसारकों के पास पहुँच जायेगी।

व्यवसाय एवं ऑपरेटिंग मॉडल पर क्या प्रभाव पड़ेगा?

डिजिटलीकरण से व्यवसाय संचालन पर जहाँ सकारात्मक प्रभाव पड़ेगा, वहीं प्रसारकों एलसीओ (लोकल केबल ऑपरेटर), उपभोक्ताओं के सम्बन्ध के साथ–साथ एसटीबी प्रबंधन एवं निर्माण पर भी असर पड़ेगा। डिजिटलीकरण के आने से केबल ऑपरेटरों को विकसित होने का मौका मिलेगा, खासकर एमएसओ को, जो अब वी2बी मॉडल से हटकर बी2सी मॉडल में परिवर्तित हो जायेंगे। यह बदलाव तभी सम्भव होगा जब एमएसओ अपनी कार्य प्रणाली को विकसित करेंगे। इसे देखते हुए अगर केबल ऑपरेटर डिजिटलीकरण को अपनाते हैं तो विजेता एवं हारने वाले में अन्तर साफ दिखायी पड़ेगा।

मार्केटिंग निवेश में वृद्धि कैसे?

डिजिटलीकरण के आने से जहाँ मार्केटिंग निवेश में वृद्धि होगी, वहीं एडवरटाईजिंग पर भी खर्च होगा। कुछ बड़े एमएसओ ने मैट्रो शहरों में प्रिंट एड देना शुरू कर दिया है और कुछ डीटीएच खिलाड़ी भी अपना विज्ञापन दे रहे हैं। ऐसे में इस बात का ध्यान रखना जरुरी है कि उपभोक्ताओं के साथ एक आत्मीय सम्बन्ध कायम रखा जाये। इसी के साथ उपभोक्ताओं को अनेक इंटरेक्टिव सेवाओं के साथ–साथ बेहतर कंटेट उपलब्ध करवाया जाये ताकि वे सुविधाओं से संतुष्ट रहें।

इस तरह साफ है कि उपभोक्ताओं के पास विस्तृत रूप में चैनल उपलब्ध होंगे और वे अपनी पसन्द का चैनल चुन सकेंगें, साथ ही उन्हें बेहतर ट्रांसमिशन के साथ जो देखना होगा सिर्फ उसी के लिए भुगतान करना होगा। बाजार के एक अनुमान के अनुसार, डीटीएच उपभोक्ता 18 फीसदी की दर से बढ़ रहे हैं। इस उद्योग से प्रति वर्ष 11 मिलियन उपभोक्ता जुड़ रहे हैं और यह पिछले 3 वर्षों से चला आ रहा है, इसलिए उम्मीद है कि भविष्य में भी यह अपनी गति बरकरार रखेगा।

डिजिटलीकरण नुकसानदेह

केबल टीवी का डिजिटलीकरण इसलिए हमारे लिए हमेशा महत्त्वपूर्ण है। भारत में असंगठित केबल उद्योग होने के कारण डीटीएच खिलाड़ी केबल के डिजिटलीकरण से होने वाले फायदे को जमकर भुनाना चाहते हैं। सरकारी आदेश के बाद एकमात्र डीटीएच खिलाड़ी ही सक्षम हैं जो मौके का फायदा उठा कर अपने ग्राहक आधार में बेतहाशा वृद्धि कर सकते हैं। इस पर अनेक विशेषज्ञों का मानना है कि पहले चरण की समय सीमा को आगे बढ़ाये जाने का पीछे एक बड़ा कारण है, जिस तेजी से एसटीबी लगना चाहिए थे, उस तेजी से नहीं लग रहे हैं और दूसरी तरफ अभी भी उपभोक्ताओं की तरफ से माँग में भी इजाफा नहीं हुआ है। इसलिए ऐसा लगता है कि मंत्रालय ने जल्दीबाजी में इसे लागू करने का फैसला किया और इससे पूर्व यह जानने की चेष्टा भी नहीं की कि क्या उपभोक्ता इसे अपनायेंगे? प्रश्न ये भी है कि अगर डिजिटलीकरण की तारीख समाप्त होने के बाद भी लाखों उपभोक्ताओं ने एसटीबी खरीदने से मना कर दिया तो क्या होगा? क्या सरकार उनके कनेक्शनों को कटवा देगी? तब अगर उपभोक्ता ही नहीं रहेंगे तो सरकार को मिलने वाला अनुमानित राजस्व कहाँ से मिलेगा?

कौन है इसका जिम्मेदार?

डिजिटलीकरण के लागू होने के बाद उपभोक्ताओं के सामने जो समस्याएँ आयेंगी उसे एलओसी और उपभोक्ताओं को खुद ही निपटना होगा, क्योंकि उपभोक्ताओं से एलओसी सीधे सम्पर्क में रहते हैं, जिससे कानून व्यवस्था के लिए एक नई मुसीबत खड़ी हो सकती है। मौजूदा एसटीबी भण्डारण को देखते हुए ये कहना मुश्किल है कि अभी भी

डिजिटलीकरण पूरी तरह सभी जगह पर भली–भाँति आरम्भ हो सकेगा। एक सरकारी आँकड़े के अनुसार मात्र अभी 4.7 मिलियन एसटीवी उपलब्ध है जबकि इसकी माँग 10–15 मिलियन है। ऐसे में 60,000 लोकल केबल ऑपरेटर और 6,000 एमएसओ इन परिस्थियों में नये नियमों को लागू करने के साथ–साथ डीटीएच और बड़े एमएसओ से अपना व्यवसाय बचाने का रास्ता तलाश रहे हैं।एलसीओ की समस्या यह है कि सरकार ने महज 45 रुपये प्रति ग्राहक के हिसाब से उनके लिए अधिकतम राजस्व तय किया है, जिसमें व्यवसाय चलाने के साथ घर–घर जाकर उपभोक्ताओं को समझाने, अधिक पैसा खर्च करने के लिए मनाने, बॉक्स लगाने, ट्रायल चलाने और 24X7 घण्टे रख रखाव की सुविधा, टैक्स इकट्ठा एवं प्रति माह ग्राहकी शुल्क इकट्ठा करना शामिल है।

एसटीबी बॉक्स की गुणवत्ता

चीन से जो अधिकांश एसटीबी आ रहे हैं, वह मात्र एक बॉक्स है। इसमें सरकार द्वारा दी गयी विशेषताएँ जैसे वीडियो ऑन डिमांड, एचडीटीवी एवं इंटरेक्टिव कंटेंट उपलब्ध नहीं है जो डिजिटल केबल में उपभोक्ताओं की माँग होगी। भविष्य में इन विशेषताओं की माँग और ज्यादा बढ़ेगी, तब ये बॉक्स बिल्कुल ही बेकार हो जायेंगे। ऐसे में उम्मीद है कि लगभग 80 प्रतिशत उपभोक्ता को अपने एसटीबी बॉक्स को घर से बाहर का रास्ता दिखाना होगा। मजे की बात ये भी है कि अब तक ट्राई ने एसटीबी बॉक्स की कीमत तय नहीं की है। ऐसे में विभिन्न इलाकों के उपभोक्ताओं से अलग–अलग कीमत वसूली जाती है। साथ ही डिजिटलीकरण के लिए जरुरी है कि लास्ट माईल नेटवर्क बिल्कुल सही हो, वरना उपभोक्ताओं को सिग्नल नहीं मिलेगा, यानि एसटीबी ठीक ढ़ंग से काम नहीं करेगा। एलसीओ को न तो इसके लिए समय दिया गया है और ना ही ये अवसर दिया गया है कि वे इस कार्य को सीख सकें।

नुकसान ही नुकसान

एसटीबी की ऊर्जा खपत के बारे में ब्यूरो ऑफ एनर्जी इफिसिएंसी (बीईई) ने अब तक कोई मानक पेश नहीं किया ना ही एसएमओ द्वारा उपभोक्ता को दी जाने वाली कोई स्कीम तय नहीं की गयी है। इसके अलावा उपभोक्ता प्रदाता अपने सेवा प्रदाता को भी नहीं बदल सकता। चूँकि एसटीवी के लिए नये मानक को अभी जारी किया गया है और एमएसओ अपनी पुरानी एसटीबी दे रहे हैं, ऐसे में नये मानक वाले एसटीबी के साथ अदला–बदली की कोई योजना नहीं है। सरकार ने राजस्व बँटवारे में बड़ा हिस्सा एमएसओ को दिया ताकि वे एसटीबी पर होने वाले सभी खर्चों का वहन कर सके, लेकिन एमएसओ एलओसी पर दबाव दे रहे हैं कि वे उन्हें तभी एसटीबी उपलब्ध कराएंगें जब तक वे इसके लिए अग्रिम भुगतान करेंगें।

उपभोक्ताओं को देना होगा अधिक ग्राहकी शुल्क का भुगतान –

अनेक उपभोक्ता ऐसे हैं जो मात्र 50 रुपये या उससे कम का भुगतान कर केवल फ्री टू एयर (एफटीए) चैनल देखा करते हैं, उन्हें अब इसके लिए 100 रुपये के साथ कर

का भी भुगतान करना पड़ेगा। उदाहरण के तौर पर देखें तो 40 फीसदी के करीब दिल्ली के उपभोक्ता अपनी सेवा के लिए 100 रुपये प्रति माह का भुगतान करते हैं। अन्य 40 फीसदी जो निम्न मध्यमवर्गीय श्रेणी के उपभोक्ता हैं वे न तो पे–टीवी और ना ही एसटीबी का भार वहन कर सकते हैं। ऐसे लाखों लोग जो न तो डिजिटल केबल और ना ही डीटीएच कनेक्शन का बोझ उठा सकते हैं, उन्हें 31 अक्टूबर 2012 के बाद केबल टीवी मनोरंजन से महरुम होना पड़ा। डिजिटल केबल कानून के मुताबिक प्रत्येक उपभोक्ता को प्रति टीवी सेट 150 रुपये प्रति माह के हिसाब से भुगतान करना पड़ेगा इसमें टैक्स शामिल नहीं है।

ऊर्जा की खपत

एसटीबी की ऊर्जा खपत के बारे में ब्यूरो ऑफ एनर्जी इफिसिएंसी (बीईई) ने अब तक कोई मानक पेश नहीं किया है। प्रति माह प्रत्येक एसटीबी करीब 15 से 20 मेगावाट बिजली की खपत करेगी जिससे उपभोक्ताओं के मासिक बिल में वृद्धि होगी। इसके अलावा राज्य सरकार को 30 लाख केबल टीवी घरों की बिजली की जरुरतों की भी आपूर्ति करनी होगी। दिल्ली जैसे शहर में बिजली आपूर्ति में लगातार रुकावट के कारण एलसीओ लगाने में समस्याएँ आ रही हैं। जब कभी एससीओ का नुमाइंदा अपने इलाके के उपभोक्ता के पास एसटीबी लगाने जाता है तो उसे पावरकट का सामना करना पड़ता है।

कानून व्यवस्था की समस्या

एलसीओ, झुग्गी झोपड़ी में भी सेवाएं पहुँचाते हैं जहाँ कोई आधारभूत संरचना नहीं है। ऐसे इलाकों में जब एसटीबी के लिए अधिक धन की माँग की जायेगी और उन्हें बताया जायेगा कि उन्हें अब केबल सेवा के लिए अधिक भुगतान करना पड़ेगा तो ऐसी स्थिति में कानून व्यवस्था की समस्या उत्पन्न हो जायेगी। दिल्ली में अनेक इलाके ऐसे हैं जहाँ अब तक डिजिटल फीड एलसीओ तक नहीं पहुँचा है फिर इसे आगे कैसे वितरित किया जायेगा, यह भी एक यक्ष प्रश्न है। ऐसे में क्या सरकार चाहती है कि केबल टीवी व्यवसाय पर बड़े एमएसओ का आधिपत्य हो जाये, जिससे एलसीओ का व्यवसाय खतरे में पड़ जाये जिसे उन्होंने विगत 25 सालों से लगातार सींचा है।

2

महँगाई मार गयी या हार गयी
(Price hike effect on the people)

महँगाई मार गयी

देश में बढ़ती महँगाई के कारण हाहाकार मचा हुआ है। आम आदमी का जीवन दूभर हो रहा है। सरकार का कहना है कि देश की विकास दर के तेज होने से महँगाई बढ़ रही है, लेकिन यह भी ध्यान देने योग्य बात है कि मुद्रास्फीति आगे–आगे भाग रही है और विकास दर उसके पीछे है। ऐसे में विकास दर का कोई मतलब नहीं रह जाता है। सरकार विकास दर को लेकर अत्यन्त खुश है और अपनी पीठ स्वयं थपथपा रही है, लेकिन उसकी प्राथमिकताओं मे रोटी की माँग और आपूर्ति नहीं हैं। सरकार ने इस सत्य से आँखें मूँद लीं हैं कि अर्जुन सेनगुप्ता की रिपोर्ट के अनुसार देश की 80 करोड़ आबादी 20 रुपये प्रतिदिन की आय पर जीवन यापन कर रही है। ऐसे में विकास दर में वृद्धि कहाँ हो रही है यह विचारणीय प्रश्न है।

दामों में इजाफे से प्रभावित जिदंगी

आम अवाम की कमर महँगाई की मार से पहले ही टूटी हुई थी अब डीजल के दाम और न्यूनतम दरों पर रसोई गैस की प्राप्ति पर संख्या निर्धारण ने गरीबों के रीढ़ भी तोड़ दी है। डीजल के दामों में इजाफे से आम आदमी की रोजमर्रा की जिंदगी से लेकर उसके जीवन के हर पहलू प्रभावित हुआ। दीगर बात ये है कि डीजल का प्रयोग भारत में आम परिवहन सेवा में बहुतायत मात्रा में किया जाता है। बच्चों को स्कूल ले जाने वाली बस से लेकर आम शहरी को उसकी मंजिल तक पहुचानें की जिम्मेदारी बड़ी संख्या में ऑटो और टैक्सी वहन करती हैं। लिहाजा जब ईधन ही महँगा हो जायेगा तो किराये में भी मूल्यवृद्धि स्वाभाविक है। हम सभी जानते है कि भारत एक कृषि प्रधान देश है। यहाँ की सत्तर फीसदी जनता आज भी कृषि अथवा कृषि आध ारित व्यवसायों पर निर्भर है।

ईंधन के रूप में डीजल का प्रयोग दुर्भाग्यपूर्ण

आज यहाँ चिंतनीय तथ्य यह है कि अन्तरिक्ष अभियानों में सैकड़ा मारने वाले भारत

में खेती आज भी मानसून पर आधारित है। मानसून झूम के बरसा तो फसलें भी लहलहा गयीं। अगर मानसून रूठ गया तो किसान कि डबडबायी आँखें उसके मन की सारी व्यथा कह देती हैं। किसानों की आत्महत्या के अन्तहीन सिलसिले का बहुत बड़ा कारण यह बैरी मानसून ही है। इस मानसून कि बेवफाई या उसकी मगरूर आशिक की तरह देर से आने की अदा से मिलने वाले दर्द की मरहम–पट्टी के लिए सिंचाई हेतु कृत्रिम साधनों का प्रयोग किया जाता है जिसमें दुर्भाग्य से ईंधन के रूप में डीजल का ही प्रयोग होता है। लिहाजा डीजल की कीमतों में बढ़ोत्तरी से खेती की लागत में इजाफा होना स्वाभाविक है। अभी जब डीजल के दाम बढ़े थे उस समय धान की खेती का समय था। जिसमें सिंचाई की ज्यादा जरूरत पड़ती है, ऐसी हालत में किसान पर यह चोट बेहद पीड़ादायक थी।

खाद्यान्न के मामले में हमारा देश

अगर हम मुद्रास्फीति के वैश्विक आँकड़ों की बात करें तो खाद्यान्न के मामले में हमारे देश का आँकड़ा अब भी दुनिया के तमाम विकासशील देशों की तुलना में नीचे है। नवम्बर 2010 में ब्राजील में खाद्य मुद्रास्फीति 9.2 फीसदी रही है जबकि ठीक एक वर्ष पूर्व 3.3 फीसदी थी। नवम्बर 2010 में ही चीन में खाद्य मुद्रास्फीति 11.7 फीसदी थी जबकि ठीक एक वर्ष पूर्व 3.2 फीसदी थी। इसी कालावधि में इंडोनेशिया में ये दरें शुरू में 13.2 और 4.7 फीसदी रही हैं। लेकिन इसी कालावधि में हमारे देश में ये दरें उलट 5.4 और 17.6 फीसदी रही हैं। दिसंबर 2010 में घरेलू खाद्य मुद्रास्फीति 8.6 फीसदी जबकि वैश्विक खाद्य मुद्रास्फीति 25.3 फीसदी पर थी। हालाँकि मुद्रास्फीति और महँगाई के बीच आम भारतीय की आय 2012–13 में स्थिर कीमतों पर प्रति व्यक्ति आय 36003 रुपये है जो कि गत वर्ष की प्रतिव्यक्ति आय 33731 रुपये से 6.7 फीसदी अधिक है, लेकिन यह आय भी महँगाई के आगे बौनी पड़ रही है।

खाद सब्सिडी खत्म करने से छोटे किसानों का नुकसान

हालिया आर्थिक परिदृश्य रिपोर्ट में सुझाव दिया है कि राजकोषीय खजाने पर सब्सिडी का बोझ कम करने की शुरूआत खाद सब्सिडी को खत्म करके ही की जा सकती है। जबकि खाद सब्सिडी को पूरी तरह से खत्म करने से कृषि अव्यावहारिक हो जायेगी, खासतौर पर कृषि के लिहाज से अविकसित राज्यों में छोटे और सीमांत किसानों के लिए हालात काफी मुश्किल हो जायेंगे जबकि यह बेहद जरुरी है कि खाद सब्सिडी उन लोगों तक पहुँचे जिन्हें इसकी सबसे अधिक जरूरत है, इसमें लक्षित किसानों की पहचान में गम्भीर गलतियाँ हो सकती हैं और इस तरह जरूरतमंद, खासतौर पर बटाईदार किसान इस सब्सिडी से महरूम भी रह सकते हैं। देश के कृषक वर्ग में इनकी काफी बड़ी संख्या है। सब्सिडी में कटौती का ही नतीजा है कि फॉस्फेटिक और पोटैशिक खाद की कीमतें दोगुनी से अधिक हो चुकी हैं जबकि यूरिया की कीमतों में मामूली इजाफ़ा ही देखने को मिला है। इस तरह यूरिया और गैर यूरिया खाद की कीमतों में अन्तर बढ़ता जा रहा है। एक अनुमान के मुताबिक इस तरह फॉस्फेट और

पोटाश की तुलना में यूरिया के इस्तेमाल को बढ़ावा मिला है और इससे जमीन की उर्वरता और फसल उत्पादन पर और प्रतिकूल असर पड़ रहा है।

जाहिर है कि ऐसी दशाओं में किसान फसल उत्पादन से मुँह मोड़ेगा ही।

महँगाई हार गयी

देश में पिछले दो दशकों में जो सुधार हुए हैं, उनके बारे में कोई यह नहीं कह रहा है कि तमाम क्षेत्रों की निगरानी प्रक्रिया में पारदर्शिता और उनकी विश्वसनीयता पर सकारात्मक असर पड़ा है। विडंबना है कि भ्रष्टाचार और घोटालों की वजह से व्याप्त नकारात्मकता के बीच इस बात की ओर लोगों का ध्यान नहीं जा रहा है। इसमें शक नहीं कि अगर तरक्की करनी है तो देशवासियों को एक बार फिर सुधारों के लिए लड़ाई लड़नी होगी क्योंकि पिछले 20 सालों के दौरान सुधार की दिशा में जितनी पहल की गयी इसकी वजह से ही देश के लोगों को गलत समझौतों से छुटकारा मिला है और वे सरकार को सही राह पर ला पाये हैं।

निष्क्रियता के बाद सक्रियता

देशवासियों की जागरुकता के कारण सरकार की लम्बी निष्क्रियता के बाद अचानक सक्रियता ने निश्चित तौर पर अल्पावधि में अनुमानों को महत्त्वपूर्ण गति दी है और उसी का नतीजा है कि विदेशी संस्थागत निवेशकों ने शेयर बाजार में 4 अरब डॉलर का निवेश किया। इससे संसेक्स में करीब 10 फीसदी की उछाल आई और डॉलर के मुकाबले रुपया 8 फीसदी मज़बूत हुआ। प्रमुख रेटिंग एजेंसियों द्वारा रेटिंग में कमी की आशंका भी कम हुई। कारोबारी अखबार भारी भरकम सुधारों की सुर्खियों से भर गये और उद्योग जगत के प्रवक्ता उत्साहित नजर आने लगे। इन सब बातों से क्या निष्कर्ष निकाला जाये? यही कि हम वाकई सुधारों के बल पर विकास और वृहद अर्थव्यवस्था के बेहतर प्रदर्शन के उसी दौर में वापस जा रहे हैं जैसा 1992–97 और 2003–08 में देखने को मिला था।

राजकोषीय मोर्चे पर मँहगाई

राजकोषीय मोर्चे पर महँगाई की बात की जाये तो सितंबर के मध्य में डीजल की कीमतों और रसोई गैस को लेकर जो उपाय अपनाए गये उनसे केंद्र का सब्सिडी बिल सकल घरेलू उत्पाद (जीडीपी) के मुकाबले 0.2 फीसदी कम होगी। केलकर समिति की रिपोर्ट के मुताबिक अभी यह जीडीपी के 2.6 फीसदी के स्तर पर है। इस तरह यह बजट में जताई गयी 2 फीसदी की सीमा से अधिक है। केलकर समिति की रिपोर्ट में विनिवेश बढ़ाने और योजनागत खर्च में कटौती की नई व्यवस्था अपनाने की अनुशंसा की गयी। केंद्र के राजकोषीय घाटे के लिए बजट में 5.1 फीसदी का अनुमान लगाया गया था लेकिन यह उसके मुकाबले 0.5 फीसदी अधिक रह सकता है। राज्यों और केंद्र का मिश्रित घाटा जीडीपी के 8 फीसदी के करीब रह सकता है। संक्षेप में, गत माह पेट्रोलियम कीमतों को लेकर जिन उपायों की घोषणा की गयी है वे अच्छी

शुरूआत हैं, और इससे निश्चित तौर पर महँगाई कम होगी।

एफडीआई सम्बन्धी कदम

एफडीआई सम्बन्धी कदम भी सुधार की दिशा में और विदेशी निवेश बढ़ाने वाले हैं। क्योंकि उससे वास्तविक निवेश में बहुत अधिक सुधार आने की संभावना है, जिसके लिए अभी और अधिक सुधारों की आवश्यकता है। खासतौर पर यह देखते हुए कि पिछले कुछ सालों के दौरान परियोजनाएँ रुकी रहीं और प्रमुख क्षेत्रों में घोटालों एवं नियामक गतिरोध के कारण समस्याएँ बरकरार रहीं। इससे निवेश में भी कमी आयी। बिजली, कोयला, खनन, सड़क, रेलवे और दूरसंचार आदि क्षेत्रों में नीतिगत और नियामक बाधाओं से निपटने का कोई दूसरा विकल्प नहीं है। इन बातों को ध्यान में रखते हुए तत्काल वास्तविक निवेश और विकास दर में सुधार होने की उम्मीद बेइमानी है।

पूँजी की आवक में इजाफ़ा

हाल में पूँजी की आवक में जो इजाफ़ा हुआ है उसका सही ढ़ंग से प्रबंधन करके इस राशि के बड़े हिस्से का इस्तेमाल आरबीआई विदेशी मुद्रा भण्डार तैयार करने में करेगा। इससे मुद्रा की कीमतों में बढ़ोतरी की गति धीमी होगी। दूसरी ओर महँगाई से परेशान देशवासियों को राहत देने के लिए भारतीय रिजर्व बैंक ने अपनी ओर से महत्त्वपूर्ण कार्रवाई की है। इसके तहत रिजर्व बैंक ने अपनी दरों रेपो और रिवर्स रेपो में वृद्धि कर दी, अब रेपो दर 7.25 फीसदी हो गयी और रिवर्स रेपो दर 6.25 फीसदी हो गयी। रिजर्व बैंक के इस कदम से बैंकों में बचत खातों में जमा पर ब्याज दर तथा उधार पर ब्याज दर बढ़ना तय है।

इससे एक फायदा और होगा कि आम आदमी बैंकों में अब ज्यादा पैसा जमा करेगा तथा बढ़ी हुई ब्याज दरों पर उधार लेने में भी संकोच करेगा अर्थात् बाजार में मुद्रा की कमी आ जायेगी। बैंक ऋण से घर बनाने की चाहत रखने वाले फिलहाल घर बनाने का काम रोक देना चाहेंगें। वाहन खरीदने वाले वाहन खरीदने की योजना स्थगित कर देंगे। इसका असर होगा कि बाजार में भवन निर्माण सामग्रियों की बिक्री कम होगी, सीमेंट और लोहा फैक्टरियों का काम कम हो जायेगा। तात्कालिक रूप से अल्प मात्रा में इनके दाम घट जाये ऐसा ही वाहन निर्माण क्षेत्र में भी सम्भव है।

मुद्रा प्रवाह सरल हो

देश में जारी कल्याणकारी योजनाओं के कारण अब लगभग दो तिहाई आबादी सस्ते खाद्यान्न योजना का लाभ वाली है, ऐसे में खाद्यान्न की महँगाई अधिकांश आबादी को त्रास नहीं दे पायेगी। महँगाई मुक्ति के मौद्रिक उपायों की बजाय जरूरत इस बात की है कि लाभकारी रोजगार पैदा हो जिससे आम आदमी के हाथों में पैसा आ सके जिसे वह पुनः बाजार के प्रवाह में लगा दे। इससे आम आदमी के हाथों में जो धन बचेगा वह बाजार के प्रवाह में आने पर महँगाई पर लगाम लगाने में सक्षम होगा। हमारा दर्शन कहता है कि धन की तीन गति दान, भोग और नाश होती हैं। अगर व्यक्ति अपनी आय को दान अर्थात् परोपकार में लगाता है एवं उपभोग करता है तो

इससे मुद्रा बाजार के प्रवाह में आती है और सृजन का साधन बनती है। लेकिन वह ये दोनों कार्य नहीं करता है एवं मुद्रा का संग्रह करके बाजार में आने से रोकता है तो इससे लगातार अवमूल्यन के जरिए मुद्रा नष्ट हो जाती हैं। इसलिए बचत के लिए विख्यात हम भारतीयों के लिए जरुरी है कि उन्हें अपनी बचत को बाजार के प्रवाह लगाना चाहिए।

3

मीडिया : अभिशाप या वरदान

(Role of media is boon or curse)

मीडिया वरदान है

पहले लोगों तक सूचना पहुँचाने के लिए हम इनसानों को एक जगह से दूसरी जगह चलकर जाना होता था। इस तरह संदेश या सूचना को गंतव्य स्थान तक पहुँचाने में महीने लग जाया करते थे। फिर माध्यम के तौर पर जगह ली अख़बार ने। आजादी की लड़ाई में अख़बार और पत्र–पत्रिकाओं ने अहम् भूमिका निभाई थी। वहीं आज पलक झपकते ही सूचना पहुँचाने के कई अन्य तरीके हमारे पास हैं। आमतौर पर मीडिया कहते ही सबसे पहले दिमाग में अख़बार, पत्र–पत्रिकाएँ या टेलीविजन–रेडियो का ख्याल आता है। लेकिन, मीडिया का दायरा इससे कहीं ज्यादा विस्तृत है। मीडिया में सबसे पहले प्रिंट मीडिया फिर रेडियो यानि आकाशवाणी का नंबर आता है। उसके बाद दूरदर्शन के तमाम चैनल की बारी आती है और आखिर में सबसे युवा और अहम न्यू मीडिया का नंबर आता है।

समाज में क्यों बढ़ रहा है मीडिया का प्रभाव?

एक समाज का दूसरे समाज से जुड़ने से कहीं ज्यादा मायने रखता है, उनके बीच होने वाले संवाद। संवाद के लिए जरूरत होती है माध्यम की, और अलग–अलग संवाद के लिए काम आने वाले अलग–अलग माध्यमों के लिए इस्तेमाल होने वाला शब्द है– मीडिया। आज बेहतर जीवन के लिए संवाद की जरूरत, मीडिया की प्रासंगिकता को नई ऊँचाइयाँ दे रहा है, उसे बुलंदियों पर पहुँचा रहा है। इस पूरे उपक्रम में मीडिया का दायरा ही नहीं बल्कि उसका प्रभाव भी बढ़ रहा है। समाज पर और लोगों के जीवन पर मीडिया का दो तरह का प्रभाव परिलक्षित होता है। ये दो तरह के प्रभाव हैं– तात्कालिक प्रभाव और दूरगामी प्रभाव। दोनों ही प्रभाव राष्ट्रीय और अन्तर्राष्ट्रीय तौर पर कारगर रहे हैं। कई अन्तर्राष्ट्रीय मौके पर ताकतवर देशों पर दबाव बनाने का काम भी मीडिया ने बखूबी किया है। वैसे ही घरेलू मुद्दों पर दोषियों को घेरने और पीड़ितों को न्याय दिलाने में मीडिया ने अहम भूमिका निभाई, सबसे बड़ी बात तो लोगों में समाज के लिए उनकी जिम्मेदारी का एहसास भरना है, जिसे मीडिया ने ऐसे मौकों पर बखूबी करवाया है।

इसके साथ ही विकासशील देशों में सांस्कृतिक तौर पर भी बड़े परिवर्तन हो रहे हैं। इन परिवर्तनों के पीछे निस्संदेह मीडिया की भूमिका अहम है। सबसे अहम बात तो ये है कि हर गुजरते दिन के साथ लोगों में जागरूकता भी बढ़ रही है। शिक्षा का प्रचार–प्रसार बढ़ रहा है। इन तमाम उपलब्धियों को मीडिया के दूरगामी प्रभाव के रूप में देखा जाना चाहिए।

समाज पर बढ़ते मीडिया के प्रभाव को मुख्य तौर पर दो वर्गों में वर्गीकृत किया जा सकता है।

अ) विभिन्न वर्गों पर मीडिया का बढ़ता प्रभाव

ब) संस्कृति पर मीडिया का प्रभाव

अ) विभिन्न वर्गों पर मीडिया का बढ़ता प्रभाव

i) बच्चों पर मीडिया का प्रभाव– कहते हैं बच्चों में सीखने की ललक सबसे ज्यादा होती है। ऐसे में मीडिया के बढ़ते प्रभाव का असर उन पर न हो, ये कैसे हो सकता है? हाल ही में हुए सर्वे के मुताबिक पता चला है कि टेलीविजन में दिखाये जाने वाले कार्यक्रमों का असर बच्चों पर सबसे ज्यादा होता है। इसके साथ विभिन्न मीडिया की वजह से आज की पीढ़ी के बच्चे अपने करियर को लेकर पहले से कहीं ज्यादा सजग हैं। अपने हुनर को पहचान कर उन्हें निखारने की चाह बच्चों में बढ़ी है और उनकी चाह में कहीं न कहीं मीडिया बड़ी भूमिका निभा रहा है।

ii) युवाओं पर मीडिया का प्रभाव– मौजूदा आँकड़ों के मुताबिक देश में सबसे बड़ी तादाद युवाओं की है। देश की तकरीबन 58 फीसदी आबादी युवाओं की है। ये वो वर्ग है जो सबसे ज्यादा सपने देखता है और उन सपनों को पूरा करने के लिए जी तोड़ मेहनत करता है। मीडिया इन युवाओं को सपने दिखाने से लेकर इन्हें मंजिल तक पहुँचाने में अहम भूमिका निभा रहा है। अख़बार, पत्र–पत्रिकाएँ जहाँ युवाओं को जानकारी हासिल कराने का दायित्व निभा रहे हैं, वहीं टेलीविजन, रेडियो, सिनेमा उन्हें मनोरंजन के साथ आधुनिक जीवन जीने का सलीका भी सिखा रहे हैं।

iii) महिलाओं पर मीडिया का प्रभाव – कल्पना चावला, इंदिरा नुई, चंदा कोचर, नैना लाल किदवई जैसी महिलाएँ आज की युवा पीढ़ी की आदर्श बनकर उभरी हैं। यकीनन इसके पीछे मीडिया की भूमिका को नजरअंदाज नहीं किया जा सकता। मीडिया की वजह से महिलाओं की क्षमता, उनकी उपलब्धियों को सम्पूर्ण पहचान मिलने की राह आसान हुई है। अपने हक़ और अधिकार को लेकर महिलाएँ पहले से ज्यादा जागरूक हुई हैं, तो कहीं न कहीं मीडिया के तमाम माध्यम इसमें सक्रिय भूमिका निभा रहे हैं। चाहे उनके जुल्म के खिलाफ आवाज उठाने की बात हो या उनकी सुरक्षा की या

फिर उनकी एकता की। आज से कुछ दशक पहले देश में महिलाओं की जो हालत थी उसमें गुणात्मक सुधार हुए हैं।

iv) बुजुर्गों पर मीडिया का प्रभाव– समाज को उसके कर्तव्यबोध की याद दिला कर और सामाजिक सरोकार से जुड़े लोगों को जोड़ कर, बेसहारा बुजुर्गों के लिए जीने की उम्मीद को बरकरार रखने का दायित्व मीडिया ही उठा रहा है। इसके साथ सबसे अच्छी बात ये हुई है कि एकांकी जीवन जीने को मजबूर बुजुर्गों के लिए सोशल मीडिया सबसे बड़ा दोस्त और हमसफर बनकर उभरा है। फिर चाहे 24 घण्टे चलने वाला इंटरनेट, धार्मिक और न्यूज चैनल्स हो या इंटरनेट पर मौजूद सोशल नेटवर्किंग साइट्स और ब्लॉगिंग। ये तमाम मीडिया के औजार बुजुर्गों के लिए हर तरह से रामबाण साबित हो रहे हैं।

ब) संस्कृति पर मीडिया का प्रभाव

i) रहन–सहन की जीवनशैली पर प्रभाव– मीडिया का सबसे ज्यादा असर समाज में रहने वालों की जीवनशैली पर पड़ा है। बोलचाल हो या खान–पान या फिर पहनावा हर कहीं एक प्रकार की समानता पूरे देश में देखी जा सकती है। हिन्दी भाषी क्षेत्र में तो भाषा में बदलाव इसका सबसे बड़ा उदाहरण है। न्यू मीडिया के जरिए हिन्दी–अंग्रेज़ी यानि हिंग्लिश भाषा का जो नया स्वरूप सामने आया है उसकी स्वीकार्यता का अंदाजा इस बात से लगाया जा सकता है कि अब फिल्में और टीवी पर आने वाले धारावाहिकों तक में इस भाषा का धड़ल्ले से इस्तेमाल हो रहा है और लोग इसी भाषा को हिन्दी का वास्तविक स्वरूप मानने लगे हैं। भाषा को कौन कहे, पूरे देश में लोगों के फैशनपरस्ती और पहनावा तक में बदलाव और एकरूपता देखने को मिल रही है। कमोबेश खान–पान को लेकर भी ये बदलाव दिख रहे हैं। लोग पहले की तुलना में अपने स्वास्थ्य को लेकर कहीं ज्यादा सजग हुए हैं जिसका अच्छा असर हम सबके सामने है और इन बदलावों को हक़ीक़त में ढालने का काम मिडिया कर रही है।

ii) राजनीति पर प्रभाव– बिहार के मुख्यमन्त्री नीतीश कुमार ने हाल में अपना ब्लॉग शुरू किया है। भाजपा के वरिष्ठ नेता लालकृष्ण आडवाणी, मध्य प्रदेश के मुख्यमन्त्री शिवराज सिंह चौहान तथा गुजरात के मुख्यमन्त्री नरेन्द्र मोदी ने अपना ब्लाग और वेबसाईट भी शुरू की है। सोशल नेटवर्किंग साइटों का अधिकतम इस्तेमाल कर रहे अमेरिका प्रशासन का मानना है कि ये 'प्रभावी औजार' हैं, जो कूटनीति को बढ़ावा दे सकते हैं। इस समय अमेरिका के राष्ट्रपति बराक ओबामा के लगभग 60 मिलियन पेजेस ऑनलाइन हैं। वहीं हाल ही में त्रिनिदाद और टोबैगो की भारतीय मूल की कमला प्रसाद विसेसर प्रधानमन्त्री चुनी गयी है। कमला विसेसर ने अपना पूरा चुनाव अभियान फेसबुक के जरिए चलाया।

iii) शिक्षा पर प्रभाव– साक्षरता बढ़ी है। जाहिर है ऐसे में शिक्षा के प्रति भी लोगों का रूझान बढ़ा है और शिक्षा के मामले में पूरी दुनिया सिकुड़ कर छोटी हो गयी है। अच्छी और ऊँची शिक्षा के लिए प्रतिभावान छात्रों को पहले की तरह धक्के नहीं खाने पड़ रहे हैं। बल्कि अच्छे संस्थान खुद इन छात्रों को चुन–चुनकर इनकी योग्यता के मुताबिक जगह दे रही हैं। ये सब मुमकिन हो सका है न्यू मीडिया के जरिए। आलम ये है कि किन्हीं कारणों तक कैम्पस तक नहीं पहुँच पाने की सूरत में भी छात्रों की पढ़ाई बाधित नहीं होती है। इतना ही नहीं टेली और वीडियो कॉन्फ्रेंसिंग के जरिए एक गाँव में बैठा हुआ छात्र भी अब क्लासरूम स्टडी कर पाने में सक्षम है।

iv) ऊँची व्यवसाय पर प्रभाव – जीविकोपार्जन अब समस्या नहीं रही। न ही पढ़ाई कर रहे छात्रों को अब नौकरी की समस्या उस क़दर परेशान करती है जैसे आज से कुछ दशक पहले किया करती थी। अब अच्छे संस्थान में दाखिला के साथ ही इस समस्या का हल हो जा रहा है। कैंपस प्लेसमेंट का आलम ये है कि तिहाड़ जेल में सजायाफ्ता क़ैदी को भी पत्राचार से पढ़ाई पूरी करने के बाद अच्छे पैकेज पर नौकरी मिल रही है।

बिजनेस करने वाले साहसी युवाओं के लिए भी मीडिया किसी मनोवांछित वरदान से कम नहीं है। व्यवसाय को आगे बढ़ाने के लिए विज्ञापन करना हो या शेयरहोल्डर्स का भरोसा जीतना हो या गुणवत्ता सुधारने के लिए अच्छे सहयोगी की जरूरत हो, सबकी कमी मीडिया के जरिए पूरी हो रही है। इतना ही नहीं मीडिया खुद भी जीविकोपार्जन का बेहतर साधन बनकर उभरा है और तो और स्वरोजगार के कई रास्ते भी इससे निकल रहे हैं।

v) मनोरंजन पर प्रभाव – मीडिया के बदलते स्वरूप का सबसे ज्यादा प्रभाव अगर किसी क्षेत्र पर पड़ा है तो वो है मनोरंजन। लोगों के जीवन स्तर में आये गुणात्मक सुधार की वजह से लोग मनोरंजन पर भी खर्च कर रहे हैं। ऐसे में मनोरंजन एक उद्योग की तरह स्थापित हो चुका है। संगीत से लेकर अभिनय तक इन सबके के लिए मीडिया ने इतना बड़ा बाजार तैयार कर दिया है। जिससे इस पेशे से जुड़ने वालों को तो फायदा हो ही रहा है। साथ ही, लोगों के पास किफायती मनोरंजन के साधन भी बढ़ रहे हैं।

आज साक्षरता की दर भले ही कम है लेकिन लोगों में जागरूकता बढ़ी है, उनकी समझ बेहतर हुई है और साथ ही बढ़ी है और जानने की भूख (उत्सुकता)। लोगों के अन्दर जगी इसी भूख (उत्सुकता) ने विकास की दौड़ में हमें बेहतर हालात में ला दिया है। यकीन मानिये मीडिया लोगों की इस भूख को शांत ही नहीं कर रहा बल्कि, उनकी इस भूख को बनाये रखने में कामयाब रहा है ताकि, उसका विकास अनवरत होता रहे।

मीडिया हमारे लिए वरदान बन सकता है क्योंकि वह अनंत ऊर्जा और क्षमताओं से भरा है। अगर यह सही दिशा और सही गति में चल सके तो हमारे समाज का नक्शा बदलते देर नहीं लगेगी। साहित्य, कला, विज्ञान और संस्कृति आदि की उन उपलब्धियों को जो जीवन को बेहतर बना सकती हैं, यदि लोगों तक पहुँचाने में यह सहायक हो सके तो यह सम्भव हो सकेगा। अतीत, वर्तमान और भविष्य के सेतु के रुप में इसे गतिशील करके जीवनोन्मुखी और समाजोन्मुखी बनाया जा सकता है, जिससे सच्चे जनतन्त्र की ओर तेजी से बढ़ने में सहायता मिल सकती है।

मीडिया अभिशाप है

हाल के दिनों में मीडिया के स्वरूप में व्यापक बदलाव आया है. तकनीकी विस्तार के साथ–साथ मीडिया की पहुँच भी व्यापक हुई है। मीडिया के इस विस्तार के साथ सबसे चिंतनीय पहलू यह है कि यह सामाजिक सरोकारों से बहुत ही दूर हो गया है। मीडिया के इस बदले रूख से उन पत्रकारों की चिंता बढ़ती जा रही है, जो यह मानते हैं कि मीडिया का कार्य समाज को जागरूक, शिक्षित और सामाजिक सरोकारों के प्रति संवेदनशील बनाना है लेकिन दूसरी ओर उन पत्रकारों की भी कमी नहीं है, जो बाजारीकरण के दौर में मीडिया को महज व्यवसाय के रूप में देख रहे हैं। इस बहस में सबसे महत्त्वपूर्ण बात यह है कि वर्तमान में मीडिया की भूमिका क्या हो?

मीडिया के हाथों से खिसके सामाजिक सरोकार

मीडिया जनता के हाथ का हथियार है तो शोषण का औजार भी है। मीडिया मनुष्य के जीवन के हर क्षण में खलनायक की भूमिका निभाता हुआ सब कुछ उलट–पुलट करने लगा है, क्योंकि हमने अपना जीवन मीडिया के हवाले कर दिया है।

विकासशील देशों में मीडिया की भूमिका विकास एवं सामाजिक मुद्दों से अलग नहीं हो सकती पर भारत में मीडिया इसी भूमिका में आ चुका है। मीडिया की प्राथमिकताओं में अब शिक्षा, स्वास्थ्य, गरीबी, विस्थापन जैसे मुद्दे नहीं रह गये हैं। उत्पादक, उत्पाद और उपभोक्ता के इस दौर में खबरों को भी उत्पाद बना दिया गया है, जो बिक सकेगा, वही खबर है। दुर्भाग्य की बात यह है कि बिकाऊ खबरें भी इतनी सड़ी हुई है कि उसका वास्तविक खरीददार कोई है भी या नहीं, पता करने की कोशिश नहीं की जा रही है। बिना किसी विकल्प के उन तथाकथित बिकाऊ खबरों को खरीदने (देखने, सुनने, पढ़ने) के लिए लोगों को मजबूर किया जा रहा है। खबरों के उत्पादकों के पास इस बात का भी तर्क है कि यदि उनकी खबरों में दम नहीं होता, तो चैनलों की टी.आर.पी. कैस बढ़ सकती है तथा अखबारों की रीडरसिप कम होती नजर आयेगी।

वर्तमान दौर में मीडिया के सामने यह सबसे बड़ी चुनौती है कि मीडिया को आम जनता के हित में किस तरह काम करना चाहिए ताकि विकास के अधूरे सपने को पूरा करने में अपना योगदान दे सकें।

मीडिया भी बाजार का हिस्सा

इस बात को बिलकुल नकारा नहीं किया जा सकता कि मीडिया बाजार का हिस्सा है। इसका संचालन निजी हाथों में है, और यह बड़ा पूँजी निवेश है। पूँजी की प्रवृत्ति बेहतर उत्पाद प्रस्तुत कर लाभ कमाना है। यह लोकतन्त्र के तीन अन्य स्तंभों की तरह नियमों, कायदों, प्रावधानों के तहत बंधनकारी भी नहीं है। संविधान इसे अभिव्यक्ति की स्वतन्त्रता देता है। पर क्या यह अन्य उत्पादों की तरह ही अन्तिम उपभोक्ता तक की संतुष्टि के लिए जिम्मेदार है? क्या यह सारी सूचनाएँ समाज तक पहुँचा रहा है या फिर उनसे वंचित हो जा रहा है? जब हम मीडिया को निजी हाथों में होते हुए भी एक लोकसंस्थान का दर्जा देते हैं, क्योंकि इसकी गतिविधियों का समाज और संस्कृति पर व्यापक असर होता है तो क्या इसे सामाजिक जवाबदेही की दायरे में लाया जाना चाहिए? इस जवाबदेही का स्वरूप क्या हो, इस पर भी विचार–विमर्श करना जरुरी है।

जनसरोकारों की जगह ली चटपटी खबरों ने

जनसरोकारों की बातें करने और समाज को रचनात्मक दिशा देने की भूमिका निभाने वाला मीडिया खुद अपनी भूमिका पर सबसे कम सवाल खड़े करता है। खासकर इलेक्ट्रॉनिक मीडिया पर खबरों के चयन और प्रस्तुतिकरण को लेकर सबसे ज्यादा सवाल उठाए जाते हैं। टीआरपी की लड़ाई या रीडरशिप को लेकर चटपटी खबरों को लेकर मीडिया का आग्रह किसी से छिपा नहीं हैं। भूत–प्रेत, नाग–नागिन, और इसी तरह की खबरें प्राइम टाइम की न्यूज आइटम होती हैं, पर विदर्भ में सैकड़ों किसानों की हत्या या भूख और कुपोषण से हुई मौत की खबरें इसकी सुर्खियाँ क्यों नहीं बनती। यह बेहद दुर्भाग्यपूर्ण है जिस तेजी से संसाधनों और सुविधाओं ने तरक्की की उसी गति से जनहितैषी खबरों का स्थान मीडिया में कम होता गया। मीडिया की वफादारी पर भी समय–समय पर प्रश्नचिह्न लगने लगे है हाल ही में 'जी न्यूज' के दो वरिष्ठ संपादकों पर एक उद्योगपति, राजनेता से घूसखोरी का आरोप भी लगाया गया है।

अनैतिकता की शिक्षा देने वाला सशक्त माध्यम

जिसे मनोरंजन का सबसे सस्ता, सुलभ तथा किशोर वर्ग को नैतिकता की शिक्षा देने का सशक्त माध्यम माना जाता था, आज वही टेलीविजन हिंसा और अश्लीलता के द्वारा राष्ट्र की अस्मिता पर सांस्कृतिक हमले कर रहा है। टेलीविजन के विभिन्न चैनलों के माध्यम से आधुनिकता के नाम पर अश्लील, नकारात्मक और हिंसात्मक प्रवृत्तियों को उभारा जा रहा है जो बच्चों महिलाओं और युवाओं के मन मस्तिष्क को बुरी तरह विकृत करने के लिए पर्याप्त है।

जिस गति से बच्चे टेलीविजन द्वारा निर्मित पाश्चात्य सभ्यता की ओर बढ़ रहे हैं उससे अंदाजा लगाया जा सकता है कि आने वाला कल कैसा होगा। एक अध्ययन के

अनुसार नियमित रूप से टी.वी. पर फिल्म व अन्य कार्यक्रम देखने वाले बच्चे व किशोर 17 वर्ष की आयु तक पहुँचते–पहुँचते लगभग 33 हजार हत्याएँ तथा दो लाख हिंसक घटनाएँ टी.वी. पर देख चुके होते हैं। इसी का दुष्परिणाम है कि आज छोटी–छोटी उम्र के बच्चे भी झगड़े–फसादों, चोरी–डकैतियों, नशाखोरी, जुआ, हिंसा व कई आपराधिक मामलों में लिप्त पाये जाने लगे हैं। आज बच्चों का रूझान पुस्तकों की ओर कम और टी.वी. की ओर अधिक है। टी.वी. ने न केवल उनके बाल मन को प्रभावित किया है बल्कि उनकी शारीरिक क्रिया को भी झकझोरा है। अब प्रश्न यह उठता है कि बच्चों पर हो रहे इस दुष्प्रभाव को कैसे रोका जाये? क्या हमें अपने समाज, भारतीय संस्कृति, नैतिकता, युवा पीढ़ी व अबोध बच्चों के भविष्य की कोई चिंता नहीं है? क्या अपराध, हिंसा, नशाखोरी, जुआ, सट्टा आदि की चरम सीमाओं तक पहुँचाना ही इलेक्ट्रॉनिक मीडिया का एकमात्र उद्देश्य रह गया है?

जन सहभागिता और मीडिया

मीडिया में लोगों की भागीदारी के मौके हों, एक बेहतर मीडिया के लिए यह जरुरी है। खबरों और विचारों पर लोगों की प्रतिक्रियाएँ उसे और बेहतर बनाने में मदद करती है। पत्र संपादक के नाम इसका एक बेहतर माध्यम हुआ करता था। पिछले कुछ सालों में लगभग पूरे मीडिया से इस कॉलम के लिए स्थान बहुत ही कम हो गया है। इससे मीडिया में लोगों की भागीदारी में भी कमी आयी है।

असल में अखबार अब अपने कंटेंट को लेकर बहस चाहते ही नहीं हैं। खबरों को लेकर, विचारों को लेकर, उनकी पक्षधरता को लेकर अखबार के अन्दर भी बहस हो इस बात की गुंजाइश बेहद कम है। वहाँ ऐसे मौके जानबूझकर नहीं दिये जा रहे जिनसे अखबार में काम करने वाले लोगों को बौद्धिक विमर्श चिंतन–मनन के मौके मिलें। किसी जमाने में अखबार के कार्यालयों में व्यवस्थित लाइब्रेरी हुआ करती थीं, जो अब नहीं हैं। जो हैं उन्हें ढ़र्रे पर चलाया जा रहा है। नये कार्यालयों में तो इन्हें विकसित नहीं किया जा रहा है। अखबार के अन्दर वैचारिक लेखन के अवसर वैसे ही बहुत कम हैं। ऐसे में निस्पंद और बेजान खबरों से अखबार के पन्ने भरे पड़े हैं। लोगों तक जानबूझकर वैसी खबरें पहुँचाई जा रहा है, जिसे कई तरह के लोग अपने–अपने मकसद और सरोकार को मीडिया तक लाना चाह रहे हैं। इसमें खुद मीडिया की भूमिका बेहद सतही और सपाट नजर आती है। इसे समझने के लिए सतह से नीचे उतरकर उनके निर्माण की प्रक्रिया में जाना होगा। यहीं से समझ में आता है कि खबरें पैदा करने वाले लोग कौन हैं। अफसरों के घरों से करोड़ों की काली कमाई निकलने के बाद तो मीडिया इसे हाथों–हाथ लेकर तमाम पहलूओं से खबरें परोसता है, लेकिन क्या इससे पहले के भ्रष्टाचार पर सवाल उठाए जाते हैं। तमाम जनकल्याणकारी योजनाओं का क्या भविष्य है, आदिवासी और दूरस्थ इलाकों की क्या स्थिति है? इन प्रश्नों के आगे मीडिया खामोश है। वर्तमान सामाजिक, आर्थिक और सांस्कृतिक परिप्रेक्ष्य में मीडिया की सहभागिता बेहद जरुरी है।

4

ग्लैमर की राह में शादी जरुरी, गैर जरुरी

(Marriage is not relevant in the world of glamour)

ग्लैमर की राह में शादी – जरुरी

अभिनेत्री, निर्मात्री, निर्देशिका और सांसद हेमामालिनी अन्तर्राष्ट्रीय स्तर की शास्त्रीय नृत्यांगना भी हैं। लुप्त हो रही नृत्य शैली मोहिनीअट्टम के अस्तित्त्व को बनाये रखने में हेमामालिनी का योगदान उल्लेखनीय है। हेमा ने एक निर्देशक के तौर पर भी हाथ आजमाया और नब्बे के दशक में उन्होंने एक फिल्म का निर्माण भी किया। इसके अलावा उन्होंने भरतनाट्यम पर आधारित नूपुर नाम से एक धारावाहिक का भी निर्देशन किया, लेकिन इन सबके साथ जब जीवन में शादी की बात आयी तो ग्लैमरस हेमा ने उसे दरकिनार नहीं किया। उन्होंने साबित किया कि जिंदगी में ग्लैमर के साथ शादी भी जरुरी है।

ग्लैमर क्या है

ग्लैमर ऐसी विशेषता है जिसे लेकर कोई लड़की जन्म नहीं लेती। यह किसी प्रकार का कुदरती तोहफा भी नहीं। इसे केवल अदम्य प्रयासों के बल पर प्राप्त किया और इसे पाने की चाहत हर किसी में होती है।

इस उक्ति ने सिद्ध कर दिया कि ग्लैमर कुदरत की देन नहीं, बल्कि अपने सतत प्रयासों और कड़ी मेहनत से कोई भी ग्लैमरस छवि पा सकता है। आकर्षक दिखना, प्रभावशाली व्यक्तित्व का होना, मुस्कराती छवि के साथ फोटोजनिक होना इस फील्ड में जगह बनाये रखने के लिए जरुरी है।

क्यों जरुरी है विवाह

कुछ अपवादों को छोड़ दें तो ऐसा कोई स्त्री या पुरुष नहीं जो वैवाहिक सम्बन्धों या रिश्तों में विश्वास न रखता हो। हो सकता है कि विवाह करने में थोड़ी देर हो जाये, या शादी के निर्णय को कुछ दिनों के लिए टाल दिया जाये, पर इसे प्रायः ठुकराया नहीं जाता। स्त्री या पुरुष के लिए विवाह वह सत्य है जो जीवन को पूर्णता देता

है, जीवन के विविध रंगों से परिचित कराता है, क्योंकि एक समय ऐसा भी आता है जब जिंदगी का सफर अकेला नहीं कटता। यकीनन हर किसी को भावनात्मक स्नेह की भी जरुरत होती है और फिर विवाह में स्त्री और पुरुष दोनों की प्रतिष्ठा निहित है। स्त्री की अस्मिता सुरक्षा इसी में है। इसमें बच्चों का भविष्य सुरक्षित है। विवाह एक साथ कई जिदंगियों को जोड़ता है। इसमें दो परिवारों का समाज की सहमति से मिलन होता है, विवाह जरुरी है।

तन्हा–तन्हा यहाँ जीना भी कोई बात है

ग्लैमर की दुनिया से मिली शोहरत से पैसा मिल सकता है, और वह पैसा पेट तो भर सकता है लेकिन वह पैसा किसी के दिल में अपने लिए लिए प्यार नहीं खरीद सकता और अगर खरीदेगा भी तो वह प्यार–प्यार नहीं बाजार में बिकने वाला महज शारीरिक आकर्षण भर होगा। प्यार की चाहत सबको होती है। हर कोई चाहता है कि जब वह अपने घर में तन्हा हो, बाहर की आपाधापी से दूर तब ऐसे में उसके साथ कोई प्यारा सा हमसफर हो जिसके साथ वह अपने सुख–दुःख को बाँट सके। हर इनसान में आकर्षण होता है और प्रकृति का नियम है कि हर किसी को एक अदर साथी की जरुरत है। इनसान कामयाबी की चाहत में बेशक साथी बदलता रहे लेकिन उसके दिल के कोने में एक कसक जरूर रहती है कि उसका भी अपना कोई हमसफर हो।

समय पर कदम उठाना जरुरी

माना कि आज के युग में पैसा बहुत जरुरी है इसके सामने दुनिया के सारे रिश्ते–नाते बेमानी हैं, जो सगे सम्बन्धियों को तो छोड़ता ही नहीं तो दूसरों की क्या मजाल। आज पैसे पर सब बिकता है। खुद इनसान भी पैसे के सामने बिकाऊ है। पैसा और शोहरत कामयाबी पैमाना का है। अगर यह दोनों आपके पास हैं तो आप कामयाब हैं वरना नहीं, लेकिन रुकिये, ऐसी बात हर जगह लागू नहीं होती, क्योंकि कहीं–कहीं पैसा और शोहरत ज्यादा होती है उसकी चाहत कम हो जाती है और ऐसी स्थिति में इनसान को अकेलापन सताता है। वह एक अदद साथी की जरूरत महसूस करता है। इससे पहले कि उस समय ग्लैमर की फीकी पड़ी दुनिया से दूर किसी अपने की तलाश की जाये उसके लिए विवाह के बंधन में बंधना ही श्रेयस्कर है।

बहुत कुछ लगता है दाँव पर

कहते हैं जो जितना जल्दी मिलता है, वह उतनी जल्दी खत्म भी हो जाता है और ऐसा ग्लैमर की दुनिया में अकसर देखने को मिलता है। ग्लैमर की इस दुनिया में कई बार सब जिंदगी का कुछ दाँव पर लगाना पड़ता है, अपने आदर्श और जमीर तक को गिरवी रखना पड़ता है। इतना सब खोने के बाद जो मिलता है वह बाहर से चमकदार अवश्य दिखता है लेकिन इस चमक के पीछे सब खत्म हो चुका होता है। ऐसे में जिंदगी से लड़ने की ताकत खत्म हो जाती है क्योंकि पहले ही इतना सब झेल कर कुछ नहीं बचता। अतः ये सोचने वाली बात है, जिंदगी में उनकी महत्त्वाकांक्षाओं के

साथ कौन चल रहा है वरना उनके सपनों के आगे जीवन के रंग फीके पड़ सकते हैं। समझदारी इसी में है कि सपनों को पूरा करने में उनका परिवार साथ हो तो भविष्य में सामने आने वाली मुसीबतों का सामना आत्मविश्वास से कर सकते हैं। मुसीबतों से लड़ने का जज्बा और उनको अन्दर से मज़बूत रखने का हौसला परिवार ही देगा इसलिए वे परिवार से अलग होने की कोशिश कतई ना करें क्योंकि आखिरकार अपने तो अपने ही होते हैं।

महत्त्वाकांक्षाओं की आड़ में बर्बादी

ग्लैमर तथा शोहरत की भूख में अपनी अस्मिता दाँव पर लगाने वाले युवाओं की तुलना उस अबोध, उत्साही तथा महत्त्वाकांक्षी बच्चे से की जा सकती है, जो रंग–बिरंगी, तितली को अपनी हथेली पर सजाने के लिए लगातार उसका पीछा करता है। फूलों के ऊपर मंडराती तितली के पीछे भाग–भागकर जब वह थक जाता है, तब कहीं जाकर तितली उसकी मुट्ठी में आती है। यह उसके नसीब पर निर्भर है कि मुट्ठी खोलने के बाद उसे तितली मरी हुई मिलती है या जिंदा। ग्लैमर की दुनिया में धोखों का शिकार होने वाले युवाओं की समझ में भी जब तक हकीकत आती है, तब तक बहुत देर हो जाती है। कुछ हालात से समझौता करके इस हसीन धोखे को जिंदगी में शामिल कर लेते हैं तो कुछ फरेब की इस दुनिया को हमेशा के लिए अलविदा कह देते हैं। दोनों ही मौकों पर अगर परिवार साथ में न हो तो स्थिति गम्भीर हो जाती है।

इसलिए यह समझना बेहद जरुरी है कि जिंदगी भगवान का दिया एक अनमोल तोहफा है इसे महत्त्वाकांक्षाओं की आड़ में बर्बाद करना नासमझी है। पैसे और शोहरत से महत्त्वपूर्ण कुद रिश्ते होते है। जिंदगी की राह अकेले काटी जा सकती है, लेकिन फिर यह रंगीन तस्वीर रंगहीन बनकर रह जायेगी।

जीवन में संतुलन जरुरी है

संन्यासी बनकर या गृहस्थी से दूर रहकर शिखर तक तो कोई भी पहुँच सकता है, लेकिन परिवार के साथ उस शिखर को छुए, तो कोई बात है। ऐसे में गीता चंद्रन, शोभना नारायण जैसी तमाम नृत्यांगनाएं अपनी कला के साथ घरेलू जिम्मेदारियों का निर्वाह भी बखूबी कर रही हैं। ये अलग बात है कि समाज में तेजी से बदलाव आ रहे हैं। अभी उस उदारीकरण या आजादी का वास्तविक अर्थ स्पष्ट नहीं हो रहा है, लेकिन जल्दी ही यह स्पष्ट होगा कि उदारीकरण का अर्थ अपने मूल्यों को और बेहतर बनाना है। हम पारिवारिक मूल्यों से अलग नहीं हो सकते, कहीं भी जायें, अंत में अपनी जड़ों की ओर लौटते हैं। जीवन में संतुलन जरुरी है। आज के दौर में कॅरिअर या परिवार जैसा कोई मुद्दा नहीं है। जीवन में दोनों के बीच संतुलन स्थापित करना ही आधुनिकीकरण है। घर–परिवार के साथ कॅरिअर भी एक आधुनिक समाज की माँग है। आज का परिपक्व युवा अपने कॅरिअर के साथ सम्बन्धों को और बेहतर बनाये, सोच को परिष्कृत करे, यह जरुरी है।

ग्लैमर की राह में शादी – गैर जरुरी

आज से कुछ साल पहले तक जब करियर में जब बहुत प्रतियोगिता नहीं थी तब भी ग्लैमर की फील्ड में, कॅरियर के लिए विवाह से जुड़ी कोई शर्त नहीं थी। यदि आप आकर्षक और फिट हैं तो विवाहित होने पर भी आपको काम करने की पूरी आजादी थी। उस समय अपनी जगह बनाने में अभिनय क्षमता और काम के प्रति निष्ठा पर बल दिया जाता था। आज रैंप हो या परदा ग्लैमरस होना पहली अनिवार्यता है। विवाह के बाद ग्लैमर में कमी आने पर कॅरिअर के सामने चुनौती खड़ी हो जाती है।

वक्त बदल गया है

इसमें संदेह नहीं कि अब समय ने करवट बदली है। बहुत कुछ बदला है, हमारी सोच के साथ रहने–सहने के तरीके में भी बदलाव आया है। आज माँ बनते ही बच्चे के पीछे माँ सब कुछ नहीं भूल जाती, वह अपनी फिटनेस और कॅरिअर को लेकर भी उतनी ही सजग है, जितनी अपने परिवार को लेकर। यह बदलाव केवल ग्लैमर और मॉडलिंग की दुनिया की स्त्रियों में ही नहीं, एक आम स्त्री में भी आया है। यह बदलाव बहुत हद तक गलत भी नहीं है। आज हर उम्र की स्त्री अपने सौंदर्य व फिटनेस को लेकर सजग है तो इसमें कोई बुराई नहीं है। यह एहसास कि वह आज भी युवा, सुंदर व ग्लैमरस है यह उसके व्यक्तित्व का एक सकारात्मक पहलू है। अपने को चुस्त–दुरुस्त रखने का विचार कैसे गलत हो सकता है। उम्र कोई भी हो हर किसी को फिट रहना चाहिए। अच्छी सेहत लम्बे व स्वस्थ जीवन का पर्याय है। कौन ऐसा होगा जो इसे पाना नहीं चाहेगा। प्राथमिकताएँ तय करना व उनको अहमियत देना आपके हाथ में होता है, उन्हें नजरअंदाज नहीं करना चाहिए। इसलिए आज की चुनौतियों का सामना करने के लिए ये जरुरी है कि ग्लैमरस दिखा जाये।

सुंदरता छिपी है सेहत में

समाजशास्त्रियों का मानना है कि यदि वास्तव में स्त्रियों के किसी वर्ग में ज्यादा परिवर्तन आया है तो वह 50 से 60 साल की उम्र वाली स्त्रियों के बीच ही आया है। उनका मत है कि आजादी के बाद उच्च शिक्षा पाने वाली यह पहली पीढ़ी है। परिवार और अपनों को पूरा सहयोग तथा प्रोत्साहन इन्हें मिला और इनकी सजगता भी बढ़ी। इस पीढ़ी ने अपने को शिक्षित करने के साथ सीमित परिवार व बहुउद्देश्यीय जीवन को साकार किया। सौंदर्य विशेषज्ञों व फिटनेस एक्सपर्ट का तर्क है कि इक्कीसवीं सदी तक आते–आते स्त्रियों की जिंदगी में अभूतपूर्व परिवर्तन आये। उनकी आर्थिक निर्भरता के साथ पारिवारिक हैसियत बढ़ी और स्वयं के व्यक्तित्व को आकर्षक बनाने की ललक ने भी पैर पसारे। आज वे पार्लर जाकर स्पा व अरोमा का आनंद ले सौंदर्य वृद्धि करने में, अपनी ड्रेस सेंस को सुधार कर ग्रूमिंग क्लासेस लेने में भी पीछे नहीं रहती। इन सब कारणों से वे ज्यादा स्टाइलिश, बेहद आकर्षक और पहले से कहीं अधिक फिट नजर आती हैं। अपने परिवारजनों की वे अच्छी दोस्त भी हैं। इतनी उपलब्धियों के बाद न केवल उनकी सुंदरता बढ़ी है, बल्कि उनका आत्मविश्वास भी बढ़ा है लेकिन

इसी के साथ उनके किसी दूसरे पर निर्भरता की भावना में भी कमी आयी है, लिहाजा ग्लैमरस जीवन अपनाने वाले युवाओं में शादी के प्रति रुझान कम हुआ है।

ग्लैमर की दुनिया में मुनाफा अधिक

आज जब विज्ञापन, मॉडलिंग, फैशन शो, सिनेमा और टी. वी. से लेकर व्यवसाय तक में स्त्री की उपस्थिति जरुरी है। इसी के साथ वह जान चुकी है कि उसकी देह को ग्लैमरस वस्तु बनाकर अधिक से अधिक मुनाफा कमाया जा सकता है तो वह विवाह की बेड़ियाँ पहनकर क्यों रोज किसी की धौंस सहे, उसके लिए विवाह के बंधन में बंधना जरुरी नहीं। फिर देह को वस्तु बनाकर सामने लाने के बाद संवेदनाओं का जीवन में कोई महत्त्व नहीं रह गया है, दूसरी ओर जब ग्लैमर की दुनिया में लिव–इन रिलेशनशिप के बढ़ते चलन ने युवाओं को वह आजादी दे ही दी है, जिसके चलते विवाह न भी हो तो कोई बात नहीं, तो ऐसे में विवाह गैर जरुरी हो जाता है।

विवाह से कहीं ज्यादा जरुरी कॅरिअर और आर्थिक आत्मनिर्भरता

ग्लैमर की लाइन से जुड़ी स्त्री विवाह को अब आर्थिक और सामाजिक सुरक्षा के नजरिए से नहीं देखतीं क्योंकि उनके लिए विवाह से कहीं ज्यादा जरुरी उसका कॅरिअर और आर्थिक आत्मनिर्भरता है उनके लिए विवाह जिन्दगी की सबसे बड़ी जरूरत या सबसे बड़ा निर्णय नहीं रह गया है। इसी के साथ ग्लैमर की दुनिया से जुड़े लोगों के लिए विवाह में भी अब अपनी सुविधानुसार जीने की आजादी और तौर–तरीकों की शर्तें आ गयी हैं। उनके प्रोफेशन के लिए जरुरी है कि या तो वे ऐसे साथी की तलाश करें, जो भले ही हर क्षेत्र में निपुण ना हो, लेकिन खुली सोच जरूर रखता हो, या फिर वे विवाह ही न करें। ग्लैमर की दुनिया में जीने वाले शादी के बन्धन में बँधने से पहले अपनी खुशी और सम्पन्नता की पूरी तमन्ना रखते है। ऐसा ना होने पर उन्हें तलाक जैसी दुःखदायी प्रक्रिया से गुजरने पर भी कोई आपत्ति नहीं होती है।

विवाह के बदले विकल्प हैं

ग्लैमर की दुनिया में मुश्किल से जगह बना चुकी महत्त्वाकांक्षी स्त्रियों के लिए एक ही लक्ष्य बन जाता है कि उन्हें जो मुकाम हासिल हो चुका है उसे वे संभाल कर रखें इसके लिए उन्हें अगर विवाह नहीं भी करना पड़े तो भी उसका गम नहीं करतीं क्योंकि एक बार ग्लैमर–स्टारडम की जिंदगी अपनाने के बाद उसकी चाहत हमेशा–हमेशा के लिए इस स्टारडम में ही जीने की होती है। उस ग्लैमर के नशे में तो सब कुछ भुलाने की क्षमता होती है। जिस मुकाम को उन्होनें बहुत परेशानी के बाद प्राप्त किया हो उसे एकाएक भुलाना भी आसान भी नहीं है, ऐसे में अगर शादी हो भी जाती है तो ग्लैमर की दुनिया उन्हें फिर से अपनी ओर खींचने लगता है।

5

भारत की कामकाजी और घरेलू स्त्री के कामों में पुरुषों का दखल–जरुरी-गैरजरुरी
(Man interfere between working women and housewives)

स्त्रियों के क्षेत्र में पुरुषों का दखल – जरुरी

यदि हम पुरानी मान्यताओं पर नजर डालें तो तब स्त्रियों और पुरुषों का कार्य और अधिकार क्षेत्र स्पष्टतौर बँटे हुए थे। किसी समय पुरुषों की इच्छा ही सर्वोपरि थी, इसलिए उन्होंने ही अपनी सुविधा के हिसाब से सभी काम का बँटवारा किया। इसके पीछे सोच यही थी कि यदि स्त्री बाहर काम करेगी तो गर्व से सिर उठा कर जियेगी। दूसरा पुरुषवादी सोच यह था कि घर की स्त्रियों के बाहर काम करने से समाज में उनका मान घटेगा। इसलिए यही अच्छा रहेगा कि वह घर की चारदीवारी में रहे और घर के काम–काज करे, पुरुषों की इसी सोच की वजह से स्त्री पर उन कामों की जिम्मेदारी थी जिन्हें करने में पुरुषों को एतराज था। इसके साथ धर्म का भी उन पर खासा दबाव था, जो प्रत्यक्ष–अप्रत्यक्ष तौर पर पुरुष द्वारा स्त्री को शोषिता बनाये रखने के पक्ष में था। उल्लेखनीय है कि आज भी मध्यवर्गीय लड़कियाँ पढ़ तो लेती हैं, लेकिन उनके लिए शादी और घरेलू जिम्मेदारियों को ही प्राथमिक माना जाता है। लेकिन अब पिछले कुछ सालों से काम के बँटवारे का भेद खत्म हो चुका है। स्त्री ने जहाँ पुरुषों के लिए विशेष समझे जाने वाले क्षेत्र में अपनी पहचान बनायी है वहीं पुरुषों ने भी स्त्रियों के क्षेत्र में उत्साहपूर्वक सक्रिय भागीदारी करके इस सुखद बदलाव को स्वीकार किया है। समाज की यह तस्वीर सुखद और सौहार्द्रपूर्ण भविष्य का संकेत देती है लेकिन ये जानने वाली बात है कि इस बदलाव के पीछे क्या कारण है।

परिवार बिखरने से बचाने का अच्छा विकल्प

आजकल अच्छी नौकरी मिलनी मुश्किल हैं, उस पर महँगाई इतनी अधिक बढ़ चुकी है कि माता–पिता दोनों नौकरी न करें तो बच्चों की ठीक से परवरिश करना मुश्किल है। लेकिन नौकरी की भागदौड़ में यदि बच्चे उपेक्षित हों तो ज्यादातर माँ से उम्मीद की

जाती है कि वह घर में रह कर बच्चों की परवरिश करे। यदि स्त्री सहयोग करती है तब तो ठीक वरना कलह इतने बढ़ जाते हैं कि तलाक देने की नौबत आ जाती है। ऐसे में यदि पति की नौकरी में ज्यादा असंतुष्टि और भागा–दौड़ी हो तो पति का घर रहना तय करने में कोई बुराई नहीं है, आज की तारीख में कोई क्षेत्र ऐसा नहीं जो सीमित हो। सारे विकल्प दोनों के लिए खुले हैं। फिर भी इसमें कोई संदेह नहीं कि भारतीय स्त्रियों की जिंदगी अपेक्षाकृत ज्यादा कठिन है। पुरुषों को यह बात समझनी होगी और आज के जमाने के अनुरूप खुद को बदलना होगा।

उपेक्षित बचपन बचेगा

'स्नेह से वंचित बच्चे को संभालना कोई आसान काम नहीं हैं।' यह एक बच्चे के पिता की अभिव्यक्ति है। जबकि एक व्यक्ति पिता बनने के शौक से आनंदित हो जाता है और बच्चे के साथ जुड़े कई मनसूबे साकार होते हुए उसे नजर आने लगते हैं, क्योंकि वह अपने पिता के साथ बीते पलों को याद करके अपने पुत्र को उसी तरह देखना पसन्द करता है।

बच्चों को चाहे उनकी माँ मिले या पिता, वे इसमें खुश रहते हैं कि उनके विद्यालय से घर आने पर कोई तो उनकी देखभाल करने वाला है। पिता के सानिध्य में बच्चों का जुड़ाव अपने पिता से ज्यादा हो जाता है खासकर बच्चे अपने पिता के बचपन की कहानियों को सुनकर अपने आपको उस अनुरूप बनाने लगते हैं, जो उनके लिए प्रेरणादायक साबित होता है।

क्षेत्र का विभाजन लिंग भेद के आधार पर नहीं

पुरुषों ने स्त्री की समस्याओं को समझा और अपनी जिम्मेदारियों को भी समझा तो यकीन जानिये कि यह परिवर्तन अचानक नहीं हुआ, क्योंकि काम के बंटवारे का भेद खुद पुरुषों के संकीर्ण दिमाग की उपज थी। जबकि सिद्ध हो चुका है कि किसी भी क्षेत्र का विभाजन लिंग भेद के आधार पर नहीं किया सकता, क्योंकि यदि लिंग के बल पर क्षेत्र निश्चित किये जाते तो प्रतिभा का कोई मतलब नहीं रह जाता है। ये जान कर कि कोई भी खुले दिमाग का इनसान इस तरह का विभाजन नहीं करेगा, इसलिए यह तुलना ही बेईमानी मानी जाने लगी है। यह सुखद परिवर्तन है और बड़ी मुद्दतों से इस सकारात्मक बदलाव का सभी को इंतजार था। इससे पुरुषों ने सिद्ध किया कि यदि स्त्री कम नहीं तो पुरुष भी उनसे पीछे नहीं और ये शुभ काम आज और अभी से ही क्यों नहीं किया जाये। उन्होंने दिखा दिया कि वे इस लिंग भेद के विभाजन की दीवार को गिरा कर कोई चुनौतीपूर्ण भूमिका को निभाने में सक्षम हैं। आवश्यकता पड़ने पर वे भी माँ का फर्ज अदा कर सकते हैं, नर्स बन रोगियों की सेवा कर सकते हैं, रसोई संभाल सकते हैं और मुस्कराते हुए एयर होस्टेस बन कर यात्रियों का स्वागत–सत्कार भी कर सकते हैं।

परम्परावादी सोच से मुक्ति

आज न तो स्त्री को यह शिकायत है कि उसे और उसके काम को कोई नहीं समझ रहा और न ही पुरुष यह कह सकता है कि उसके बराबर कोई मेहनत नहीं कर सकता, क्योंकि आज से कुछ समय पहले तक कुछ क्षेत्र ऐसे थे, जो भावनात्मक रुप से नाजुक तो थे ही साथ ही वहाँ शारीरिक श्रम भी कम था। वहाँ काम करने की सुविधाएँ और समय स्त्रियों के हक में थे। वे क्षेत्र स्त्रियों के लिए सुरक्षित मान कर, उन्हीं के लिए छोड़ दिये गये थे। इसकी एक मुख्य वजह यही थी कि स्त्रियाँ प्रकृति से कोमल होती हैं, उनके स्पर्श में कोमलता होती है और दूसरे की देखभाल की भावना भी उनमें पुरुषों से कहीं अधिक होती है। इसलिए नर्सिंग, एयर होस्टेस, टीचिंग व घरेलू गृहिणी तक के सभी कार्यक्षेत्र विशेषकर स्त्रियों के अधिकार में थे।

लेकिन आज स्थितियाँ एकदम बदल गयी हैं। आज हर क्षेत्र में काम के अलावा टेक्नीकल स्किल भी चाहिए। यहाँ आने पर स्त्री और पुरुष का अन्तर समाप्त हो जाता है। आज कौन–सा क्षेत्र ऐसा है जहाँ स्त्री ने अपने कदम न रखे हों। स्पेस में, इंजीनियरिंग में, मेडिकल में, सॉफ्टवेयर, आईटी सभी क्षेत्रों में स्त्रियाँ आगे आ रही हैं। इस समय सर्विस इण्डस्ट्री में बूम आया हुआ है इसलिए अपने दृष्टिकोण को व्यापक करते हुए पुरुषों ने इस अन्तर को परख लिया है।

फिर हर स्त्री में पुरुषों सी सख्ती व हर पुरुष में स्त्रियों सी नरमी छिपी होती है इसलिए जरूरत पड़ने पर हर एक का काम दूसरा कर सकता है। कहीं कोई मुश्किल नहीं होती। हालाँकि इन चीजों का विरोध हमारे घर और समाज से ही शुरू हो जाता है, क्योंकि भारतीय पारंपरिक सोच को हिलाना आसान नहीं, लेकिन स्त्रियों के क्षेत्र में पुरुषों के दखल की चंद ऐसी सकारात्मक कोशिशें जल्दी ही कोई सुखद परिणाम भी देंगी, ऐसी आशा तो हमें करनी ही चाहिए। हाँ, यह जरूर है कि कुछ पुरुषों के सराहनीय प्रयासों से प्रभावित होकर और भी लोगों को बल मिलेगा।

एक सच यह भी

सबसे महत्त्वपूर्ण है कि आप क्या चाहते हैं? आपको क्या चाहिए और कितना चाहिए? यदि आप अपने काम से खुश हैं, तो कोई दूसरा क्या कहता है यह मायने नहीं रखता। काम का चयन व्यक्ति की निजी रुचि पर निर्भर करता है, न कि दूसरों की पसन्द और नापसन्द होने पर। जिस काम को करने में आपको संतोष मिले, वही काम करना चाहिए। इसलिए आज जब स्त्री हर वो काम कर रही है, जो कभी पुरुषों के अधिकार क्षेत्र में हुआ करते थे, तो उसी प्रकार पुरुष भी आज हर वो काम बड़े आराम से कर रहा है, जो कभी केवल स्त्रियाँ करती थीं। जाति, वर्ग, लिंग, नस्ल के आधार पर भेदभाव नहीं होना चाहिए। हर व्यक्ति जो करना चाहता है, वह सब कर करने के लिए उसे बराबरी के अवसर मिलने चाहिए।

वास्तव में सराहनीय हैं उन पुरुषों के प्रयास, जिन्होंने इस चुनौतीपूर्ण भूमिका को दिल से स्वीकारा और भेदभाव की सभी दीवारें गिरा दीं। समाज में प्रतिष्ठा और परिवार में सामंजस्य स्थापित करने वाले इन लोगों के प्रयासों को कौन झुठला सकता है।

स्त्रियों के क्षेत्र में पुरुषों का दखल – जरुरी नहीं

प्रकृति ने ही स्त्री और पुरुष को अलग–अलग गुणों और सोच से नवाजा है। जहाँ उसने स्त्री को प्रेम, भावनाएँ, भावुकता, कोमलता, त्याग जैसे आवश्यक गुणों की अधिकता दी है, वहीं पुरुषों में जोश, व्यावहारिकता, ताकत और नापतोल जैसे गुण अधिक पाये जाते हैं और फिर दोनों के मिलन से बनता है एक संतुलित परिवार।

अकेला पुरुष और अकेली नारी दोनों एक दूसरे के बिना अधूरे हैं! दोनों एक दूसरे के लिए आवश्यक हैं। प्रकृति ने बहुत स्पष्ट रूप से विभाजन कर रखा है और यदि कोई विभाजन स्पष्ट रूप से नहीं है तो फिर वह अप्राकृतिक ही माना जायेगा। समझने वाली बात है कि पुरुष को पुरुष और स्त्री को स्त्री बनने में लाखों वर्ष लगे हैं, फिर क्यों हम एक समान बनने की होड़ में प्रकृति के संतुलन में बाधा पहुँचा रहे हैं? हम क्यों उन्हें समान बनाने के लिए स्त्रियों के क्षेत्र में पुरुषों का दखल जरुरी बना रहें हैं ?क्या स्त्री और पुरुष अपने स्वाभाविक गुणों के साथ एक दूसरे को सम्मान नहीं दे सकते?

प्रकृति ने ही स्त्री को गुणों की अधिकता दी

कई ऐसे भी क्षेत्र हैं जहाँ पुरुष के सहयोग से अधिक स्त्री को स्नेहपूर्ण सहानुभूति की आवश्यकता है जैसे नर्सिंग, सोशल वर्क, अध्यापन, खाना बनाने तथा बच्चा पालने जैसे काम। उनमें से एक कार्यक्षेत्र शिक्षा का है जहाँ कितने ही बच्चों को विद्यार्जन का सुअवसर मिलता है मगर विद्यालयों में कठोर और निष्ठुर अध्यापकों और अनुभवहीन कुमारियों के व्यवहार से बच्चों के सुकोमल मन पर जितना बुरा असर पड़ता है, जबकि सुलझी शिक्षित स्त्री अपने स्नेह से उनके उज्ज्वल भविष्य की नींव रख सकती है। इसी तरह अन्य क्षेत्र देखें तो स्त्री और पुरुष की कार्यप्रणाली में भी अन्तर देखने को मिल जाता है, जैसे पुरुष यदि चिकित्सक या नर्स हो तो ज्यादातर उसकी व्यावसायिक बुद्धि ही काम करती है, लेकिन यदि महिलाएँ इस क्षेत्र में उतरें तो रोगियों को आधे से अधिक मर्जों की दवा मिल जाती है, क्योंकि उन्हें स्नेह और सहानुभूति महिलाएँ ही दे सकती हैं। कानून जैसे विषय में भी महिलाओं की स्थिति अनिवार्य इसलिए है क्योंकि वे इस क्षेत्र में बढ़ें तो समाज में महिलाओं की स्थिति और आवश्यकताओं पर भी ध्यान दिया जा सकेगा। इतनी संख्या के वकीलों–बैरिस्टरों से जो सम्भव नहीं है, वह स्त्रियों का प्रतिनिधित्व करती चंद महिलाओं से सम्भव है। ऐसे में इन क्षेत्रों में पुरुषों को दखल देने से क्या मिलेगा?

सामाजिक संरचना के अनुसार चलने में ही भलाई

हमारे समाज के अनुसार एक आदर्श पारिवारिक संरचना वह है जिसमें केवल पुरुष ही घर का मुखिया होता है और पूरा घर उसके आदेशों का पालन करता है। क्या ऐसे में घर के कामों में हाथ बँटाता पुरुष या स्त्रियोचित काम करता पुरुष अनुशासन की लगाम कस के थाम सकेगा? फिर दूसरी ओर अगर गलती से कोई पुरुष अपनी पत्नी पर तरस खाते हुए घर के कामों में उसकी सहायता कर भी दे तो उसे जोरू का गुलाम समझ उसकी निंदा उसके अपने घर में ही शुरू हो जाती है.

जिसके परिणामस्वरूप उसके आत्मसम्मान को क्षति पहुँचती है। अब ऐसे हालातों में पुरुष चाहते हुए भी अपनी पत्नी की सहायता नहीं कर पाता क्योंकि कहीं ना कहीं भावनाओं से ज्यादा महत्त्व वह अपने स्वाभिमान और प्रतिष्ठा को देता है। इसका पूरा खामियाजा उस पत्नी को भुगतना पड़ता है, क्योंकि वह भली–भाँति जानती है कि इसके अलावा और कोई विकल्प नहीं है। पत्नी की जिम्मेदारियाँ और अधिक इसीलिए भी बढ़ जाती हैं क्योंकि विदेशों के विपरीत यहाँ परिवारजनों और घरेलू कामों की संख्या भी अधिक होती है। उसके दयनीय हालातों को देखते हुए भी पति अपने अहम को आगे रखते हुए अपने कर्तव्यों को अनदेखा कर देता है।

इसके अतिरिक्त घर के बाहर स्त्रियोचित काम करने वाले पुरुष को उपहास की दृष्टि का सामना करना पड़ता है। कहने का मतलब यही है कि सामाजिक संरचना को अनदेखा करके जोखिम और उपहास का पात्र बनने का अगर साहस न हो तो स्त्रियों के कार्य क्षेत्र में घुसने की जरुरत ही क्यों हो?

समझें मनोविज्ञान को

पुरुषों की शारीरिक और मानसिक संरचना कुछ इस प्रकार की है कि वह धर्म और अधर्म के सारे कार्य उस संरचना और स्वभाव के आधार पर करता है किन्तु स्त्रियाँ अगर पुरुषों की नकल करके स्वयं को स्वतन्त्र समझती है तो वे भयानक भ्रम में है। भयानक इसलिए कि धीरे–धीरे स्त्रियाँ अपना प्राकृतिक स्वभाव खो देंगी। उसी तरह पुरुष भी स्त्रियों की नकल करें तो वे अपना प्राकृतिक स्वभाव खो देंगे। सब जानते ही हैं कि पश्चिम में जो तलाक हो रहे हैं उसका एक मनोवैज्ञानिक कारण यह भी है कि किसी भी पुरुष को पूर्ण स्त्री नहीं मिल पाती है और किसी स्त्री को पूर्ण पुरुष नहीं मिल पाता। स्त्री अगर पुरुषैण हो तो फिर वह स्त्री कैसी? और पुरुष यदि स्त्रैणचित्त है तो फिर कैसा पुरुष? उन्हें तो ऐसा–वैसा ही कहेंगे। हालाँकि मनुष्य को सामाजिक प्राणी कहा गया है किन्तु यदि पशु–पक्षियों की दुनिया में प्रवेश किया जाये तो वहाँ पर भी सामाजिकता (समूह) की भावना पायी जाती है और उस समाज अथवा समूह का सुचारू रूप से संचालन हो सके इसके लिए उनके भी अपने कायदे–कानून देखे गये हैं और हर कोई इनका पालन करता है, लेकिन जब कभी कोई पशुपक्षी उन कायदे–कानूनों की अवहेलना करता है तो उसे दण्ड दिया जाता है या फिर स्वयं ही उसे अपने किये की सजा किसी–न–किसी रूप में भुगतनी होती है, किन्तु दुर्भाग्य

से आज समाज में इन कायदे –कानूनों को खुलेआम चुनौती दी जा रही है, यही कारण है कि आज सामाजिक मूल्यों में निरन्तर गिरावट आ रही है। प्रकृति में भी इसी संतुलन को बरकरार रखा गया है, क्योंकि पशु–पक्षी भी अगर नर–मादा की समानता की होड़ में लग जायें तो दुनिया का अन्त कल की जगह आज ही हो जाये। अवश्य ही युग परिवर्तन के साथ हमारे आचार–विचार में और हमारे अभाव–आवश्यकताओं में परिवर्तन होना अनिवार्य है परन्तु जीवन के मौलिक सिद्धान्तों से समझौता बिल्कुल भी ठीक नहीं। सृष्टि की रचना में नारी और पुरुष दोनों का महत्त्व है। वे एक दूसरे के पूरक हैं और इसी रूप में उनके जीवन की सार्थकता भी है। यदि पुरुष अपने क्षेत्र को छोड़कर नारी के क्षेत्र में अधिकार माँगने जायेगा तो निश्चित ही वह पुरुष जीवन की सार्थकता को समाप्त कर देगा।

स्त्रियोचित कार्य करना कठिन कार्य

नारी का माता होना उसकी स्वयं द्वारा अर्जित कोई विशेषता नहीं है, बल्कि यह प्रकृति द्वारा की गयी व्यवस्था है। बच्चों की मानसिक शक्तियाँ स्त्री के मातृत्व स्नेह से अधिक परिपूर्ण होती हैं। बालकों की प्रगति में संलग्न संस्थाएँ स्त्री संगठन चलाने और स्त्रियों को स्थितियों से परिचित कराने के कार्य का भार आज भी स्त्री के ऊपर है क्योंकि केवल वही इन्हें सुचारु रूप से पूरा कर सकती है। बच्चों के मनोविज्ञान को एक माता के अलावा शायद ही कोई ठीक से समझ पाये जबकि ये मनोविज्ञान पुरुष की समझ के बाहर है। स्त्री पुरुषों की तुलना में घर के कामों में चुस्त, घरेलू प्रबंधन में कुशल व बच्चों की देखभाल व घर के बड़े–बूढ़ों की सेवा में आसानी से लीन हो जाती है, इसलिए उसके लिए इस तरह के क्षेत्र में काम करना आसान होता है। जबकि ये कार्य पुरुष के लिए कठिन समझे जाते हैं।

काम का अवसर मिलना महत्त्वपूर्ण अधिकार

काम का अवसर मिलना हर व्यक्ति का महत्त्वपूर्ण अधिकार है क्योंकि वह व्यक्ति को अपने भरोसे गरिमामय जीवन जीने की परिस्थिति तैयार करता है। कहा जाता है कि हर हाथ को काम चाहिए यानि ऐसा काम जिसके बदले व्यक्ति को पारिश्रमिक मिले, जिसके द्वारा वह अपनी दूसरी जरूरतें पूरी कर सके। वह हाथ औरत के पास भी होता है और उसे भी अपने परिश्रम का पारिश्रमिक चाहिए। सहानुभूति और दान खाते के पारिश्रमिक का वह मूल्य नहीं होगा जो उसके अपने पसीने का मूल्य होगा। वह भी अपने कार्यस्थल की एक कर्मचारी हो और एक व्यक्ति की तरह अपनी क्षमता और दक्षता साबित करने का अवसर उसे मुहैया कराना चाहिए। तभी वह सही मायने में, क्षमता–सम्पन्न आत्मविश्वास से परिपूर्ण व्यक्ति की पहचान हासिल कर सकेगी। ऐसे में उसके कार्यक्षेत्र में दखल देकर उसे मिलने वाले अवसरों को कम करने की क्या जरुरत है?

6

सरकारी सर्वशिक्षा अभियान सफल या असफल

(Education for all is successful or failure)

सर्वशिक्षा अभियान सफल

शिक्षा शिशु के जन्म के साथ ही आरम्भ हो जाती है। एक बच्चा अपने चारों ओर के वातावरण से सबसे अधिक सीखता है। मनुष्य के लिए समाज ही सबसे बड़ी पाठशाला और प्रयोगशाला है। बच्चे के लिए माता ही पहली शिक्षक और पहला विद्यालय है इस प्रकार के अनेकानेक मुहावरे शिक्षा के लिए प्रसिद्ध हैं। परन्तु यह खोजना कि शिक्षा एक प्रक्रिया या विधि कब बन गयी और कब और कैसे यह एक संस्था के रूप में उभरी, बड़ा ही रोचक है।

शिक्षा मनुष्य के अस्तित्त्व के साथ ही आरम्भ हो गयी थी। उस समय यह बड़ी ही अनौपचारिक या नियमरहित और असंगठित प्रक्रिया थी। मनुष्य ने केवल निरीक्षण और अनुकरण (नकल करके) द्वारा ही सब कुछ सीखा। उस समय तक भाषा की भी खोज नहीं हुई थी, इसलिए मौखिक निर्देश भी तब तक शिक्षा के अस्तित्त्व में नहीं थे। यह शिक्षा केवल जीवित रहने की आवश्यकताओं तक ही सीमित थी और यह पीढ़ी दर पीढ़ी आगे पहुँचती रही।

इसमें कोई दो राय नहीं कि अपने देश के लिए, खासकर आम आदमी का बेहतरी की मंशा से शिक्षा पर विशेष ध्यान देने की जरूरत से मुँह नहीं फेरा जा सकता है। बच्चों की जो मौजूदा पीढ़ी–स्कूलों में है वही कल देश को संभालेगी ऐसे में सर्वशिक्षा अभियान एक ऐसी जरूरत है जिसके बूते पर बच्चों को वाजिब एवं जीवनोपयोगी शिक्षा मिल सके।

गुणवत्ता आधारित शिक्षा ही समय की जरूरत

अकूत प्राकृतिक संसाधनों की उपलब्धता के बावजूद यदि किसी राष्ट्र के नागरिक दीर्घ आयु प्रतिशत, उच्च स्वास्थ्य और गुणवत्ता आधारित शिक्षा की शर्तों को पूरा नहीं करते तो विकास की गति धीमी ही रहती है। इसके विपरीत नियन्त्रित जनसंख्या, स्वस्थ

व दक्ष शिक्षित नागरिकों की उपलब्धता कम प्राकृतिक साधनों पर भारी ही पड़ती है। अमेरिका, जापान, इंगलैंड व फ्रांस जैसे विकसित राष्ट्र इन्हीं आधारों पर विकसित राष्ट्र बने हैं। केवल साक्षरता दर में वृद्धि से हम विकास गति को तीव्र नहीं कर सकते। आवश्यकता उच्च शिक्षा में उच्च सहभागिता दर व गुणवत्ता आधारित शिक्षा की है।

हाल ही में की गयी जनगणना आँकड़ों पर नजर डालें तो भारत की 74 प्रतिशत जनसंख्या साक्षर है। 2001 के 64.83 प्रतिशत के मुकाबले यह 9 प्रतिशत अधिक है। साक्षरता की दृष्टि से यह बढ़ती दर सुखद है लेकिन सवाल साक्षरता दर में वृद्धि के साथ–साथ गुणवत्ता आधारित शिक्षा का ज्यादा है। ऐसी शिक्षा व्यवस्था जिसमें न केवल उच्च शिक्षा में प्रगति हो अपितु तकनीक, प्रौद्योगिकी, विज्ञान, प्रबंधन में हमारी दक्षता हो। ताकि निकट और दूरगामी काल में हम अपने मानवीय संसाधनों का राष्ट्र की प्रगति में उपयोग कर सकें।

सर्वशिक्षा अभियान की सफलता

सर्वशिक्षा अभियान के द्वारा बहुत से लोग साक्षर हुए। बहुत से बच्चों ने विद्यालय जाना प्रारम्भ किया। वर्ष 2001 की जनगणना के परिणाम इस बात की पुष्टि करते हैं। 1951 में साक्षरता की दर 18.33 प्रतिशत थी, जो 2001 में बढ़कर 64.84 प्रतिशत हो गयी, यह स्थिति इस बात के बावजूद है कि पिछले पाँच दशकों के अधिकाशं भाग में जनसंख्या में लगभग 2 प्रतिशत वार्षिक की अप्रत्याशित वृद्धि हुई है, लेकिन अभी भी हमारे राष्ट्र के पिछड़ेपन का सबसे बड़ा और महत्त्वपूर्ण कारण निरक्षरता ही है। साक्षरता दर में हम दुनिया में पिछड़े हुए हैं। पुरुषों में 60 प्रतिशत साक्षर है, तो महिलाओं में मात्र 50 प्रतिशत ही हैं।

लेकिन दसवीं योजना के दौरान 1.87 लाख स्कूल खोलने 8.12 लाख शिक्षकों की नियुक्ति करने, 1.70 लाख अतिरिक्त कक्षा – कक्षों के निर्माण से बुनियादी आध ाार भूत सुविधाओं में सुधार हुआ है, इसके अतिरिक्त 1.72 लाख पेयजल सुविधाऐं तथा 2.18 लाख शौचालयों का भी सजृन किया गया है। सर्वशिक्षा अभियान से प्रेरित उपायों की वजह से स्कूलों की पहुँच प्राथमिक स्तर की बस्तियों में 98 प्रतिशत और अपर स्तर प्राथमिक स्तर पर 86 प्रतिशत तक बेहतर हुई है सर्वशिक्षा अभियान से वर्ष 2001 से 2005 के बीच दाखिले में 25 मिलियन का सुधार हुआ है। जिसमें 6–14 वर्ष आयु वर्ग के स्कूल न जाने वाले बच्चों में 3–4 प्रतिशत की गिरावट आयी है। शिक्षा के प्रारम्भिक स्तर पर बालक–बालिकाओं के बीच अन्तराल 0.81 (वर्ष 2001–2002) से 0.93 तक बेहतर हुआ है। प्राथमिक से अपर प्राथमिक स्तर पर (कक्षा 5 से कक्षा 6) संक्रमण दर 83.72 प्रतिशत तक सुधरी है। यह दर 2003–04 में 34.9 प्रतिशत से घटकर 2004–05 में 29.0 प्रतिशत रह गयी हैं।

बच्चों से सम्बन्धित उपलब्ध नवीनतम आँकड़े

प्राथमिक स्तर कर पढ़ाई छोड़ देने वाले बच्चों से सम्बन्धित उपलब्ध नवीनतम आँकड़े वर्ष वार इस प्रकार हैं –

वर्ष 2002–03 में 34.9 प्रतिशत, 2003–04 में 31.5 और 2004– 05 में 29.0 प्रतिशत है। इन्हीं वर्षों के दौरान प्रारम्भिक स्कर पर 52.8, 52.3 और 50.9 तथा माध्यमिक स्तर पर 62.6, 62.7 और 61.9 प्रतिशत है। प्राथमिक स्तर पर छात्राओं और अध्यापकों के बीच अनुपात सुधार हुआ है और यह अनुपात 2005 में 41 छात्रों में एक अध्यापक हो गया है।

98 प्रतिशत ग्रामीण जनता के पास 1 किलोमीटर के अन्दर–अन्दर स्कूल हैं। मार्च 2007 तक 186985 नये स्कूल खोले गये हैं।

प्राथमिक स्तर पर सकल नामाँकन अनुपात वर्ष 2004–05 में 6–14 वर्ष वाले समूह का 97.82 प्रतिशत से वर्ष 2006–07 में बढ़कर 110.86 हो गया और उच्च प्राथमिक स्तर पर वर्ष 2005–06 में 59.17 वर्ष 2006–07 बढ़कर 64.72 हो गया।

बालक–बालिका समानता सूचकांक प्राथमिक स्तर पर वर्ष 2004–05 में 0.91 से बढ़कर 2006–07 में 0.93 और उच्च प्राथमिक स्तर से बढ़कर 0.83 से बढ़कर 0.87 हो गया।

वर्ष 2001–02 में 39.03 प्रतिशत से 2004 –05 में 10.54 प्रतिशत से 28.49 प्रतिशत की कमी आयी। बालिकाओं की पढ़ाई बीच में छोड़ने की दर में 15.08 प्रतिशत बिन्दु की कमी हुई है।

वर्ष 2006–07 में राष्ट्रीय स्तर पर छात्र–शिक्षक अनुपात प्राथमिक स्तर पर 36.1 और उच्च प्राथमिक स्तर पर 32.1 रहे। दिसंबर 2007 तक 881 शिक्षक भर्ती किये गये।

वर्ष 2007–08 में 26.21 लाख बच्चों की पहचान की गयी और 21.58 लाख बच्चों का स्कूल में विशेष जरुरतों वाले बच्चों का नामाँकन किया गया।

सर्वशिक्षा अभियान में तेजी के उपाय

प्रारम्भिक शिक्षा को सर्वसुलभ बनाने के लक्ष्य को प्राप्त करने के लिए सर्वशिक्षा अभियान कार्यक्रम को देश के सभी जिलों में एक अभियान के रुप में कार्यान्वित किया जा रहा है। ग्रामीण क्षेत्रों में 4–16 वर्ष आयु वर्ग के बच्चों को सर्वसुलभ नामाँकन सुनिश्चित करने के लिए मध्यान्ह भोजन सहित प्रोत्साहन दिये जा रहे हैं। इसी प्रकार भारत के 98 प्रतिशत ग्रामीण क्षेत्रों में एक किलोमीटर की सीमा के भीतर एक प्राथमिक स्कूल और शेष ग्रामीण बस्तियों में वैकल्पिक स्कूली शिक्षा की व्यवस्था है, जिसमें शिक्षा गारण्टी योजना शामिल है।

विश्व बैंक, यूनाइटेड किंगडम का अन्तर्राष्ट्रीय विकास विभाग और यूरोपीय आयोग सर्वशिक्षा अभियान के लिए आंशिक वित्तीय सहायता प्रदान कर रहे हैं। इन अभिकरणों से भारत सरकार द्वारा पिछले तीन सालों 2004–05 के लिए दावा की गयी प्रतिपूर्ति 1047.91 करोड़ रुपये और साल 2005–06 के लिए 2341.98 करोड़ रुपये रही। भारत सरकार ने वर्ष 2007–08 में अब तक विदेशी निधीयन ऐजेंसियों से सर्वशिक्षा अभियान के लिए प्रतिपूर्ति के रुप में 189.88 करोड़ रुपये की राशि प्राप्त की है।

सर्वशिक्षा अभियान और पब्लिक–प्राइवेट पार्टनरशिप

सर्वशिक्षा अभियान प्रारम्भिक स्कूलों में कम्पयूटर सहायक अध्ययन पद्धति को प्रोत्साहित कर रहा है, इस कार्यक्रम के अन्तर्गत पब्लिक – प्राइवेट पार्टनरशिप को प्रोत्साहित किया जाता है, ऐसी भागीदारी की सुविधा के लिए राज्य परियोजना निदेशकों और प्राइवेट फर्म के प्रतिनिधियों के साथ बंगलौर, मुंबई, हैदराबाद और नई दिल्ली में कार्यशालाएँ आयोजित की गयी हैं।

सर्वशिक्षा अभियान ने अध्ययन–अध्यापन सामग्री, शिक्षण कार्यपद्धतियों, शिक्षा शास्त्रीय अध्ययन, प्रभावी शिक्षणकक्ष प्रक्रियाओं, शिक्षा में नवीन विचारों और स्कूल सुधार प्रयोगों पर शिक्षकों प्रशिक्षकों को बेहतर स्थिति प्रदान की गयी है। शिक्षा की गुणवत्ता में सुधार के लिए नियमित राष्ट्रीय और क्षेत्रीय स्तर की भागीदारी कार्यशालाएँ आयोजित की जाती है।

दूरस्थ शिक्षा स्वरुप के प्रशिक्षण के लिए अब तक लगभग 50,000 अप्रशिक्षित शिक्षकों को पंजीकृत किया गया है।

सर्वशिक्षा अभियान में उच्च प्राथमिक स्तर पर शिक्षा दर को बढ़ाने पर और शिक्षण की गुणवत्ता में विशेष ध्यान दिया जा रहा है। शिक्षा की गुणवत्ता में सुधार के लिए सेवारत सभी अध्यापकों को अध्यापन प्रशिक्षण, 43 लाख से ज्यादा बच्चों को सुधारात्मक शिक्षा और बच्चों के स्वतन्त्र परीक्षण की व्यवस्था बनायी गयी। अन्त में, यही कहा जा सकता है कि सर्वशिक्षा अभियान एक महत्त्वाकांक्षी योजना है। इस योजना के माध्यम से देश में जहाँ एक ओर स्कूल न जाने वाले बच्चों को शिक्षा के प्रति आकर्षित किया जा रहा है, वही बालिका शिक्षा, विशेष जरुरतमंद बच्चे, अनुसूचित जाति, अनुसूचित जनजाति और अल्पसंख्यकों को भी सर्वशिक्षा योजना का लाभ मिल रहा है।

सर्वशिक्षा अभियान असफल

आजादी के 60 साल बाद भारत सरकार को आखिरकार इस बात का अहसास हुआ कि शिक्षा को मौलिक अधिकार बनाना कितना महत्त्वपूर्ण है। 2001 में सर्वशिक्षा अभियान से शुरू हुई यह प्रक्रिया आज इस शिखर पर पहुँच गयी है कि 14 साल तक के सभी बच्चों के लिए शिक्षा को मुफ्त और अनिवार्य बना दिया गया है।

इसके बावजूद आज भी प्राथमिक स्तर पर तीन लाख और माध्यमिक स्तर पर 1.70 लाख कक्षाओं की कमी है। साथ ही कुल स्कूलों में से आधे में सफाई और पानी जैसी बुनियादी सुविधाओं तक का अभाव है। भारतीय शिक्षा के इतिहास में अब जो नई इबारत लिखी गयी है, उसे कई वर्षों पहले ही हो जाना चाहिए था। भारत सरकार द्वारा सबको शिक्षा मिले, इसके लिए कई तरह की योजनाएँ पहले ही चल रही हैं। सर्वशिक्षा अभियान, राष्ट्रीय साक्षरता मिशन, ऑपरेशन ब्लैकबोर्ड आदि योजनाओं से शायद ही कोई अपरिचित हो पर हमें इन योजनाओं पर भी सरसरीतौर पर एक नजर

जरूर डाल लेनी चाहिए। पिछली योजनाओं का पोस्टमार्टम किये बिना और उसके अनुभवों से सीखे बिना इस कानून को पटरी पर लाना आसान न होगा।

देश की चिंता –वर्तमान शिक्षा प्रणाली

शिक्षा का अधिकार अधिनियम (राइट टू एजुकेशन एक्टआर.टी.ई) माध्यमिक एवं उच्चतर माध्यमिक शिक्षा तथा बच्चों तक शिक्षा पहुँचाने के लिए एक महत्त्वपूर्ण कदम है। कहा जा रहा है कि इस अधिनियम का सर्वाधिक लाभ श्रमिकों के बच्चों, बाल मजदूरों, प्रवासी बच्चों, विशेष आवश्यकता वाले बच्चों या फिर ऐसे बच्चों को जो सामाजिक, सांस्कृतिक आर्थिक, भौगोलिक, भाषाई अथवा लिंग कारकों की वजह से वंचित बच्चों में शामिल हैं, मिलेगा। इस अधिनियम के कार्यान्वयन के साथ ही यह उम्मीद भी है कि इससे विद्यालय छोड़ने तथा विद्यालय न जानेवाले बच्चों को अच्छी गुणवत्ता की शिक्षा प्रशिक्षित शिक्षकों के माध्यम से दी जा सकेगी। लेकिन सवाल ये उठता है कि क्या अनिवार्य शिक्षा के लिए यह कानून काफी होगा?

विधेयक पर उठते सवाल

इस अधिनियम के सूक्ष्म अवलोकन से इसकी सफलता पर संदेह होता है क्योकि .....

- क्या नये स्कूल आम बच्चों की वास्तव में मदद करेगें?
- क्या शिक्षक आयेंगे और उन्हें पढ़ाएंगे? क्योंकि 30 बच्चों पर एक शिक्षक के अनुपात को पूरा करने के लिए 6 लाख अतिरिक्त शिक्षकों की नियुक्ति बाकी जो कब और कैसे होगी।
- कई तरह के स्कूल बने रहेंगे, जिससे समानता नहीं आ पायेगी। गरीबी और वंचित तबकों के लिए सुरक्षित स्थानों में दाखिला कैसे होगा, क्या मानक होंगे, प्रक्रिया व व्यवस्था क्या होगी, यह बहुत स्पष्ट नहीं है।
- सरकार कहती है कि 92 लाख बच्चे स्कूल से बाहर हैं, जबकि दिल्ली बाल अधिकार संरक्षण आयोग के अध्यक्ष के मुताबिक 5.60 करोड़ बच्चे स्कूल शिक्षा के बाहर हैं।
- 40 हजार भवनों का निर्माण कब और कैसे होगा। 13 लाख कमरों का निर्माण और 1.29 लाख स्कूल इमारतों का उन्नयन जरुरी लेकिन ऐसा कब होगा।
- गतिविधि आधारित शिक्षा और कौशलपूर्ण शिक्षण पद्धति के बारे में कोई ठोस प्रावधान नहीं।
- पेट के लिए पलायन करने वाले 41 लाख परिवारों के बच्चों के लिए विशेष प्रावधान की जरूरत है।
- निजी स्कूलों को मनमानी फीस तय करने की स्वतन्त्रता से नुकसान।
- इस अधिनियम की सफलता में तथा उपरोक्त चुनौतियों को दूर करके में सबसे बड़ा योगदान हमारी शिक्षा व्यवस्था तथा शिक्षकों का है, जो कहीं न कहीं किसी न किसी कारणों से पिछड़ रहे हैं।

यह अधिनियम उन बच्चों को तो अधिकार दे सकता है, जो आसपास स्कूल नहीं होने के कारण शिक्षा से वंचित हैं, परन्तु उन बच्चों का क्या होगा, जो गरीबी के चक्र में फंसे हैं? उनका मत है, इच्छा है, समय है पर परिस्थितियाँ उनके वश में नहीं हैं। तब कानून के इस अधिकार की अनिवार्यता को कैसे स्थापित किया जायेगा?

कानून कितना काफी होगा अनिवार्य शिक्षा के लिए

इस विधेयक की सबसे बड़ी कमी यह है कि शिक्षा दिलाने की बात हो रही है लेकिन शिक्षा का जमीनी स्तर सुधारने की बात नहीं हो रही है।

विधेयक में तीन से छह साल के बच्चों को न शामिल करना बहुत बड़ी गलती है।

इसमें सिर्फ छह साल से चौदह साल तक के बच्चों को ही शामिल किया गया है। हम सबको ये जानना जरुरी है कि भारत में छह साल से चौदह साल की उम्र वाले कितने बच्चे हैं। सरकारी आँकड़ों के मुताबिक अभी भारत में छह साल से चौदह साल के उम्र वाले बच्चों की संख्या बीस करोड़ है। जाहिर है कि यह एक बहुत बड़ी संख्या है। सबसे दुखद बात यह है कि इसमें से आधे से ज्यादा आठ साल की शुरूआती शिक्षा ग्रहण नहीं कर पा रहे हैं।

यानि यह बिल छह साल तक की उम्र वाले बच्चों और चौदह साल से ज्यादा और अठारह साल से कम उम्र वालों की शिक्षा की व्यवस्था नहीं करता है। ऐसे में इस मौलिक अधिकार पर सवाल उठना स्वाभाविक है। इससे सरकार की मंशा का अंदाजा भी लग जाता है।

अगर सचमुच सत्ता में बैठे हुए लोग शिक्षा को लेकर संवेदनशील हैं और शिक्षा को जन–जन तक पहुँचाना चाहते हैं तो उन्हें भारत की आधिकारिक परिभाषा के मुताबिक अठारह साल तक के उम्र वाले हर बच्चे की शिक्षा को सुनिश्चित करना चाहिए।

जिम्मेवार कौन

एक खास आयु वर्ग के बच्चों के लिए शिक्षा को मौलिक अधिकार तो बना दिया गया लेकिन अगर उन्हें शिक्षा नहीं मिल पाये तो इसके लिए कौन जिम्मेवार होगा, इस बात को इस कानून में नहीं साफ किया गया है।

इसके लिए न तो किसी की जिम्मेवारी तय की गयी है और न ही इस कानून के उल्लंघन के लिए कोई सजा तय की गयी है। इस कानून के मुताबिक जन्म प्रमाण पत्र और ऐसे अन्य दस्तावेजों के अभाव में दाखिला से किसी बच्चे को मना नहीं किया जा सकता है। पर सवाल यह उठता है कि आखिर इसकी निगरानी कौन करेगा। वैसे इस कानून में स्कूलों की कार्यप्रणाली के निगरानी के लिए स्थानीय लोगों की सहभागिता से समिति बनाने की बात भी कही गयी है। यह कहना मुश्किल है कि यह समिति समस्याओं के निराकरण में कितना सफल हो पायेगी?

लड़कियों के ड्राप आऊट होने का सवाल

भारत में 6 से 14 साल तक के बच्चों के लिए मुफ्त और अनिवार्य शिक्षा के अधिकार का कानून भले ही लागू हो चुका हो लेकिन इस आयु वर्ग की कुल लड़कियों में से 50 प्रतिशत लड़कियाँ तो हर साल स्कूलों से ड्राप–आऊट हो जाती हैं। जाहिर है इस तरह से देश की आधी लड़कियाँ कानून से बेदखल होती रहेंगी। यह आकड़ा मोटे तौर पर दो सवाल पैदा करता है– पहला, इस आयुवर्ग के 192 मिलियन बच्चों में से आधी लड़कियाँ स्कूलों से ड्राप–आऊट क्यों हो जाती हैं? दूसरा, इस आयुवर्ग की आधी लड़कियाँ अगर स्कूलों से ड्राप–आऊट हो जाती हैं तो एक बड़े परिदृश्य में मुफ्त और अनिवार्य शिक्षा के अधिकार कानून का क्या अर्थ रह जाता है?

निम्न गुणवत्ता और वित्त का अभाव

शिक्षा की मूल समस्या है, इसकी अतिनिम्न गुणवत्ता। इसे उत्तम करने के लिए सबसे महत्त्वपूर्ण उपाय है न्यूनतम मानकों का निर्धारण कर उन्हें सभी स्कूलों में लागू करना। शिक्षा अधिकार विधेयक की अनुसूची में कुछ मानक निर्धारित किये गये हैं। परन्तु ये नितान्त अपर्याप्त हैं। अनेक अत्यावश्यक मानकों का इसमें जिक्र ही नहीं है जैसे– आबादी से स्कूल की दूरी, प्रति स्कूल और प्रति क्लास में छात्रों की संख्या, कक्षाओं में फर्नीचर, पाठय–उपकरण, प्रयोगशाला का स्तर, शिक्षकों की योग्यता, प्रशिक्षण, वेतनमान एवं सेवा की शर्तें इत्यादि। कुछ मानकों का जिक्र तो है पर उनका स्पष्ट उल्लेख करने के बदले कहा गया है, 'जैसा सरकार निर्धारित करे।' इसका मतलब यह भी हो सकता है कि अयोग्य शिक्षकों (पैरा टीचर्स) की बहाली और बहु कक्षा पढ़ाई का मौजूदा सिलसिला जारी रहेगा। फिर तो गुणवत्ता की बात करना भी फिजूल है।

वर्तमान शिक्षा प्रणाली पूरे देश में एक चिंता का विषय बनी हुई है। हमारी वर्तमान शिक्षा व्यवस्था कैसे नागरिकों का निर्माण कर रही है और कैसी व्यवस्था बना रही है यह अब सबके सामने है। आजादी के बाद हमारी शिक्षा व्यवस्था ने जो कुछ भी दिया है आज वही सब कुछ हमारे सामने नजर आ रहा है। अगर देश में भ्रष्टाचार है, अलगाववाद है, आतंकवाद है, जातिवाद है या कोई और समस्या है तो इन सब के मूल में शिक्षा व्यवस्था ही है। एक बच्चा शिक्षा से ही नागरिक बनता है।

7

भारत में व्याप्त भ्रष्टाचार : कारण और निवारण
(Corruption in india causes and remedies)

भारत में व्याप्त भ्रष्टाचार कारण

यह सदा से माना जाता है कि शक्ति व्यक्ति को भ्रष्ट बनाती है और असीम शक्ति व्यक्ति को पूर्ण रूप से भ्रष्ट बना देती है। यह सच भी है। जब व्यक्ति पर कोई अंकुश न हो तो उसके भ्रष्ट होने की सम्भावनाएँ सचमुच बढ़ जाती हैं। परन्तु यह भी सच है कि शक्ति का दूसरा पहलू भय है। दोनों एक ही सिक्के के दो पहलू हैं। थोड़ी गहराई से देखें तो हम पायेंगे कि भय और शक्ति के साथ–साथ लालच और ईर्ष्या भी भ्रष्टाचार के जनक हैं। आइये, जरा इसे समझने का प्रयत्न करें।

भ्रष्टाचार के जनक

हाल ही में कई घोटाले मीडिया की सूर्खियों में रहे छाये रहे। राष्ट्रमंडल खेल घोटाला, स्पेक्ट्रम घोटाला और आदर्श सोसायटी घोटाला इनमें प्रमुख थे। यह सभी घोटाले किसी एक व्यक्ति अथवा कुछ व्यक्तियों के पास असीम शक्ति होने के कारण घटित हुए। कलमाड़ी और ए. राजा को निरंकुश शक्ति सौंप दी गयी और दोनों अपनी–अपनी शक्तियों का दुरुपयोग करते रहे। इसी प्रकार भविष्य की असुरक्षा का भय भी भ्रष्टाचार को जन्म देता है। जब कोई व्यक्ति थोड़े समय के लिए सत्तासीन होता है तो वस्तुतः भविष्य की अनिश्चितता और असुरक्षा के भय से ग्रस्त होता है। अनिश्चित भविष्य उसे अपनी शक्तियों के दुरुपयोग के लिए प्रेरित करता है, जिसके परिणामस्वरूप वह भ्रष्ट तरीकों से धन इकट्ठा करने लगता है। चुनावों में जनादेश यदि खंडित हो तो संयुक्त सरकारें सत्ता में आती हैं। सरकार बनाने के लिए सांसदों और विधायकों की खरीद–फरोख्त, संयुक्त सरकार के दलों को खुश रखने के लिए किये जाने वाले समझौते भी भ्रष्टाचार के जनक हैं।

समय की देन नहीं

भ्रष्टाचार केवल वर्तमान समय की देन नहीं है। यह हरेक युग में किसी न किसी रूप में विद्यमान रहा है, यद्यपि इसका रूप, मात्रा और तरीके समय–समय पर बदलते रहे हैं। कौटिल्य ने अपने ग्रन्थ 'अर्थशास्त्र' में राजकर्मचारियों द्वारा सार्वजनिक धन के

दुरुपयोग के तरीकों का विस्तृत वर्णन किया है। भारत में स्वतन्त्रता प्राप्ति के बाद सरकार के कार्यक्षेत्र में वृद्धि के साथ, भ्रष्ट आदमियों को ज्यादा मौके मिलने की वजह से भी भ्रष्टाचार में असाधारण वृद्धि हुई। सरकार ने भ्रष्टाचार का मुकाबला करने के लिये अनेक कानून और संस्थाएँ जैसे केन्द्रीय सतर्कता आयोग, सीबीआई, लोकायुक्त, प्रत्येक सार्वजनिक संस्थान में सतर्कता विभाग आदि बनाये, पर बढ़ते हुए भ्रष्टाचार पर कोई अंकुश नहीं लग पाया और आज तो उच्च स्तर पर भी भ्रष्टाचार का विकराल रूप दिखायी दे रहा है।

इस बात से इनकार नहीं किया जा सकता कि भ्रष्टाचार को कम करने में कठोर कानून, निष्पक्ष जाँच संस्था, न्यायालय में शीघ्र निर्णय आदि महत्त्वपूर्ण भूमिका अदा करते हैं, लेकिन यह सोचना कि केवल इन उपायों से भ्रष्टाचार मूलतः समाप्त हो जायेगा सिर्फ एक दिवास्वप्न होगा। अगर हम समाज से वास्तव में भ्रष्टाचार समाप्त करना चाहते हैं तो हमें अपनी व्यक्तिगत और सामाजिक सोच में भी पूर्णतः बदलाव लाना होगा।

जीवन में संतुष्टि की महत्ता घटी

आज हम जीवन में संतुष्टि की महत्ता भूलते जा रहे हैं। उपभोक्तावाद की आँधी में हम जिस नई चीज का विज्ञापन देखते हैं, उसे तुरन्त हासिल करने के बारे में विचार करने लगते हैं। हम अपने जीवन के शुरूआत में ही वह सब चीजें अपने पास चाहते हैं जिनको पाने की हमारी आर्थिक क्षमता नहीं है। परिवार का वातावरण और सोच इसमें महत्त्वपूर्ण भाग अदा करती है। हमें यह नहीं भूलना चाहिए कि हरेक भ्रष्ट व्यक्ति के पीछे एक लालची परिवार होता है। जहाँ तक सरकारी कर्मचारियों की बात है आज उन्हें जो वेतन मिलता है उसमें वे आराम से जीवनयापन कर सकते हैं, बशर्ते उनके अन्दर संतोष की भावना हो। परिवार के सभी सदस्यों को पता होता है कि परिवार के मुखिया की कितनी आमदनी है और अगर परिवार के सभी सदस्यों के अन्दर यह भावना आ जाये कि इस आय में ही गुजारा करना है, तो भ्रष्ट तरीकों से पैसा कमाने की जरूरत ही नहीं पड़ेगी।

नैतिक शिक्षा की कमी

पैसे की कमी भ्रष्टाचार का कारण नहीं है, वर्ना उच्च पदों पर बैठे व्यक्ति भ्रष्टाचार में लिप्त न होते। वेतन प्रत्येक की आवश्यकताओं के लिये काफी है, लालच के लिये नहीं। जब परिवार के अन्दर अपने हालातों से संतुष्टि की भावना आ जायेगी, तो भ्रष्टाचार के विरुद्ध यह एक बहुत बड़ा कदम होगा। इसके लिये आवश्यक है कि परिवार और समाज में नैतिक मूल्यों की स्थापना की जाये और स्कूल से ही नैतिक शिक्षा स्कूल के पाठ्यक्रम का एक हिस्सा हो। अगर हम नई पीढ़ी में ईमानदारी की भावना पैदा नहीं कर पाये तो परिवार, समाज और देश के लिये उज्जवल भविष्य की कामना व्यर्थ है। एक समय था जब भ्रष्ट व्यक्ति को समाज में अवांछित समझा जाता था, लेकिन आज उसी व्यक्ति की इज्जत की जाती है जिसके पास पैसा है, बिना इस बात पर विचार

किये कि यह पैसा उसने किस प्रकार कमाया है और हमारी यह सोच भ्रष्ट व्यक्तियों को महिमामंडित करती रहती है। समाज को इस सोच में बदलाव लाने की आवश्यकता है. हमें नहीं भूलना चाहिए कि भ्रष्टाचार कुछ समय तक सुख सुविधाएँ दे सकता है, पर यह सदैव छिपा नहीं रह सकता।

भ्रष्टाचार सदाचार बन गया है

यह बात संत आचार्य विनोबा भावे ने बहुत पहले कही थी। हमारे यहाँ भ्रष्टाचार सामान्य व्यवहार की चीज बन गया है, चाहे रेल का टिकट खरीदना हो, बच्चों का स्कूल में दाखिला हो यहाँ तक कि अच्छे सरकारी अस्पताल में मरीज का दाखिला हो और अन्य ऐसे कई क्षेत्रों में बिना मुट्ठी गरम किये कार्य सम्भव नहीं है। इस प्रकार का भ्रष्टाचार सामान्य जनजीवन को प्रभावित करने लगा है। वैसे तो भ्रष्टाचार मानव स्वभाव में अन्तर्निहित है। हर कोई एक दूसरे को पछाड़ कर, उसकी टांग खींच कर, उसे नीचा दिखा कर जीवन संघर्ष की जंग को जीतना चाहता है। उपभोक्तावाद ने गलत और अनैतिक तरीके से धन कमाने की प्रवृत्ति को बढ़ाया दिया है। अकूत धन सम्पत्ति इकट्ठा करने के लालच ने उसे इनसान से हैवान बना दिया है। अर्जुन सेनगुप्ता की रिपोर्ट के अनुसार देश की आबादी का 80 प्रतिशत व्यक्ति 20 रुपये प्रतिदिन की आय पर जीवनयापन कर रहा है। अपनी पुस्तक Crisis of India में Ronald Segal नें ठीक ही लिखा है 'India is a rich country inhabited by poor people'। विकसित देशों नें भ्रष्टाचार पर नियंत्रण पाने में सफलता पायी है। भ्रष्टाचार के विरुद्ध लड़ाई आसान नहीं है। यह लड़ाई कई धरातलों पर लड़नी पड़ेगी। लड़ाई लम्बी चलने वाली है. हार जीत का विचार किये बगैर संघर्ष सतत अनवरत रूप से चलना चाहिए।

भारत में व्याप्त भ्रष्टाचार का निवारण

प्रमुख उद्योगपति अजीम प्रेमजी सहित देश के 14 प्रमुख नागरिकों ने विभिन्न नेताओं को एक पत्र लिखकर देश में बढ़ रहे भ्रष्टाचार पर चिंता जताई है। यह एक अच्छी शुरूआत है, परन्तु इन लोगों ने सिर्फ भ्रष्टाचार के खिलाफ आवाज उठाई है, भ्रष्टाचार से लड़ने के लिए कोई योजना नहीं सुझायी है। हमें यह भी नहीं भूलना चाहिए कि देश का एक बहुत बड़ा वर्ग ऐसा है जो भ्रष्टाचार से नाखुश नहीं है क्योंकि यह वर्ग भ्रष्टाचार से लाभान्वित होता है। इस वर्ग में राजनीतिज्ञ, प्रशासनिक अधिकारी, सैनिक अधिकारी, न्यायिक अधिकारी और न्यायाधीश, व्यवसायी, पत्रकार, मीडिया घरानों के मालिक आदि समाज के सभी वर्गों के लोग शामिल हैं।

यदि हम सचमुच भ्रष्टाचार को दूर करना चाहते हैं तो हमें भी सोचना होगा और सभी मोर्चों पर एक साथ काम करना होगा वरना आधा–अधूरा प्रयास सफल कभी नहीं हो सकेगा। समस्या यह है कि सरकार की ओर भ्रष्टाचार के निवारण का कोई गम्भीर और सार्थक प्रयास नहीं किया जा रहा घड़ियाली आँसू, दिखावे के बयान और सतही कार्यवाई ही देखने को मिल रही हैं।

भ्रष्टाचार कम करने के ठोस और व्यवहारिक उपाय

1. पूरी तरह भ्रष्टाचार मुक्त समाज दुनिया के किसी भी देश में नहीं है और किसी काल में नहीं रहा, इसलिए भ्रष्टाचार का प्रतिशत कम करने का प्रयास किया जा सकता है। इससे मुक्त होना सम्भव नहीं है।
2. भ्रष्टाचार के लिए केवल राजनेता पूरी तरह जिम्मेदार नहीं हैं। समाज के अन्य प्रभावशाली वर्ग भी काफी हद तक इसके लिए जिम्मेदार है।
3. लोकपाल के अधीन कार्यपालिका, न्यायपालिका को लाकर न तो भ्रष्टाचार के विरूद्ध सही जाँच करना सम्भव होगा और ना ही अपराधियों को सजा देना। लोकतन्त्र की संस्थाओं की स्वायतता और कार्यक्षेत्र को देखते हुए न्यायपालिका की जबावदेही के लिए एक न्यायायिक जबावदेही आयोग' का गठन होना चाहिए। कार्यपालिका के भ्रष्टाचार से निपटने के लिए 'केन्द्रीय सतर्कता आयोग' का दायरा व्यापक कर उसे पूरी स्वायतता देनी चाहिए। जैसा कि सर्वोच्च न्यायालय के 'विनीत नारायण बनाम भारत सरकार' फैसले के तहत निर्देश दिये गये थे। विधायिका के सदस्यों के आचरण की जाँच के लिए 'लोकपाल' होना चाहिए और बड़े औद्योगिक घरानों, अन्तर्राष्ट्रीय बैंकों व सिविल सोसाइटी के भ्रष्टाचार को जाँचने के लिए 'वित्तीय जबावदेही आयोग' का गठन किया जाना चाहिए। जिससे हर क्षेत्र का पहरेदार स्वतन्त्रता से काम कर सके। फिर संविधान के मौजूदा ढ़ाँचे में जो जाँच करने और सजा देने की प्रक्रिया है, उसे समयबद्ध, पारदर्शी और प्रभावी बनाया जाये।
4. चुनाव सुधारों के लिए वर्षों से लम्बित पड़ी भारतीय चुनाव आयोग की सिफारिशों को तुरन्त लागू किया जाये व राजनीति में अपराधियों के प्रवेश पर पूरी तरह पाबन्दी लगायी जाये। चुनावों के लिए धन मुहैया कराने की पारदर्शी व्यवस्था स्थापित की जाये। जिससे प्रत्याशी बिना किसी दबाव के स्वतन्त्र आचरण कर सके और सफल होने पर जनता के हक में संसद विधानसभाओं में अपनी भूमिका निभा सके।
5. प्राकृतिक संसाधनों के दोहन पर कड़ा नियन्त्रण हो और उनके दोहन के निर्णय में स्थानीय लोगों की भागीदारी सुनिश्चित की जाये।

भ्रष्टाचार पर राजनैतिक बयानबाजी नहीं, ठोस समाधान की जरूरत

संसद की 50 वीं सालगिरह पर एक विशेष अधिवेशन भ्रष्टाचार और राजनीति के अपराधीकरण पर विचार करने के लिए बुलाया गया था। उसके बाद भी लोगों ने कोई ऐसा ठोस कदम नहीं उठाया जिससे इन समस्याओं का हल निकलता। हवाला कांड के निर्णय में सर्वोच्च न्यायालय के निर्देशों की अवहेलना करके बहुदलीय संसदीय समिति ने एक कमजोर विधेयक तैयार कर दिया। जिससे भ्रष्टाचार से निपटने में कोई मदद नहीं मिली। सर्वोच्च न्यायालय के भ्रष्ट न्यायाधीशों के खिलाफ महाभियोग चलाने

में भी कोई सामने नहीं आया। इसलिए मान सकते हैं कि संसद के मौजूदा सत्र में पारस्परिक दलगत दोषारोपण से बचकर यदि हम सभी माननीय सांसदगण उपरोक्त बिन्दुओं पर विचार करें तो समाज की हताशा दूर होगी। साथ ही देश विकास के रास्ते पर ज्यादा ठोस कदमों से बढ़ सकेगा और राजनैतिक व्यवस्था और मतदाता के बीच जो अविश्वास की खाई बढ़ती जा रही है, उसे भी पाटने में सफलता मिलेगी।

काले धन की समस्या और उसका निवारण

काला धन भारत में वापस आये यह अच्छा है लेकिन इससे पहले हमें यह भी सुनिश्चित करना चाहिए कि क्या काला धन बनना बन्द हुआ? क्या काला धन बाहर जाना बन्द हुआ है? इसलिए जरुरी यह है कि काला धन बनना रुके और देश से बाहर जाना रुके. काले धन की लड़ाई में हमें एक और मुद्दे को जोड़ देना चाहिए, वह मुद्दा है जनप्रतिनिधियों को वापस बुलाने का अधिकार। लोक और तन्त्र के अधिकार घोषित होने चाहिए, वर्तमान व्यवस्था के अन्तर्गत जनता अधिकार शून्य है।

सत्ता के विकेंद्रीकरण की आवश्यकता

यदि किसी व्यक्ति या संस्था को असीमित अधिकार दिये जाते हैं तो भ्रष्टाचार की आशंका बढ़ जाती है. यदि मुख्यमन्त्री, सांसद या विधायक का पद महँगा होगा तो उस पर सुशोभित व्यक्ति अपने आप ही भ्रष्ट हो जायेगा। इसलिए यह आवश्यक है कि उनके अधिकारों का विकेंद्रीकरण किया जाये। हमें ग्राम पंचायतों को भी अधिक अधिकार देने होंगे, जिससे सत्ता का विकेंद्रीकरण होगा। यदि इस व्यवस्था में भी भ्रष्टाचार आंशिक रूप से रह जाता है तो भी वह वर्तमान व्यवस्था से कम ही होगा। विकेंद्रीकरण किये जाने से जनभागीदारी भी बढ़ेगी और व्यवस्था में शामिल लोगों की जवाबदेही स्पष्ट रूप से भी तय हो सकेगी।

चुनाव सुधार

भ्रष्टाचार से राजनीतिक स्तर पर भी लड़ना होगा, एक भ्रष्टाचार रहित स्वच्छ राजनीतिक विकल्प प्रस्तुत करके, एक ऐसे माहौल का निर्माण करना होगा जिसमें चरित्रवान, ईमानदार और कर्मठ व्यक्ति राजनीति की ओर आकर्षित हों। हमारा लोकतन्त्र विकृत हो चुका है। राजनीति में बाहुबल और धनबल की भूमिका महत्त्वपूर्ण हो गयी है। आर्थिक प्रलोभन देकर मत खरीदे जाते हैं। जाति और धर्म के नाम पर, भाषागत क्षेत्रीय भावनाएँ भड़काकर, घृणा फैलाकर मतदाता को बरगलाया जाता है। हत्या, बलात्कार जैसे जघन्य अपराधों में आरोपित प्रतिनिधि विधानसभाओं और संसद में पहुँच रहे है। इनमें से कुछ तो मंत्रिपद की कुर्सियाँ सुशोभित कर रहे हैं। देखने में आया है कि विपक्ष के विभाजित होने के कारण कुल डाले गये मतों का 20 से 30% मत पाने वाला व्यक्ति चुनाव में विजयी हो जाता है और इतने ही मत प्रतिशत पाने वाला दल विधानसभा या लोकसभा में बहुमत पा लेता है। इस प्रकार हमारे लोकतन्त्र में अल्पमत बहुमत के भाग्य का

निर्धारण करता है। हमें इन विकृतियों से छुटकारा पाना होगा। आज राजनीति सेवा का माध्यम न होकर अनैतिक तरीकों से धन कमाने का व्यवसाय हो गयी है। भ्रष्टाचार पर विजय पाने के लिए स्वच्छ राजनीतिक विकल्प जरुरी है।

न्याय प्रक्रिया में सुधार

भ्रष्टाचारियों को दण्ड देने में, भ्रष्टाचार पर अंकुश लगाने में न्यायपालिका की महत्त्वपूर्ण भूमिका है। भ्रष्ट कार्यपालिका से इस बारे में कोई उम्मीद लगाना व्यर्थ है। न्यायपालिका से कुछ उम्मीद बाकी है। न्यायपालिका अन्तिम आशा की किरण है। इसके लिए आवश्यक है कि न्यायपालिका स्वयं सभी प्रकार के संदेहों से मुक्त हो। उसकी विश्वसनीयता उच्चकोटि की होनी चाहिए। नेता अपने दुष्कर्मों तथा भ्रष्टाचार को उचित ठहराने के लिए न्यायपालिका पर भी प्रभाव डालेंगे, उस पर अपने बाहुबल का प्रयोग करने से बाज नहीं आयेंगे। न्याय मिलने की समय सीमा निर्धारित कि जानी चाहिए। न्याय त्वरित होना चाहिए। न्यायाधीशों की भी जवाबदेही सुनिश्चित की जानी चाहिए। अभी हाल में न्यायाधीश भी भ्रष्टाचार को लेकर शक के घेरे में आने लगे है। न्यायाधीशों का आचरण हर प्रकार के शक से परे होना चाहिए। न्याय प्रणाली में व्याप्त भ्रष्टाचार खतरनाक स्थिति को जन्म देगा। भ्रष्टाचार पर अंकुश लगाना मुश्किल हो जायेगा, इसलिए न्याय बिकाऊ वस्तु नहीं होनी चाहिए।

8

मिसाइल - भारत की सामरिक शक्ति का द्योतक या दिखावा

(Messile-Indias Power Projection or show piece)

मिसाइल–भारत की सामरिक शक्ति का द्योतक

देश की विपन्नता और शस्त्र की विपुलता के दरमियान दो सिरे दिखते हैं। इसमें राष्ट्र की भौगोलिक सार्वभौमिकता और ऐतिहासिक अस्मिता के संरक्षण की बात भी दृष्टि से ओझल नहीं की जा सकती है। सीमा बची रहे, तभी तो विकास की सार्थकता होगी। इस शक्ति बनाम शांति की बहस को लम्बा करना चाहें तो भारतीय इतिहास में कई दृष्टांत मिलेंगे, जो विकास पर सैन्य क्षमता को तरजीह देते हैं। गोरी और गजनवी भारत को लूट पाते यदि देश में सबल राष्ट्रीय केंद्र होता? बाबर अगर बारूद से लैस न होता तो पानीपत का युद्ध भारत के पक्ष में होता? इब्राहीम लोदी की एक लाख वाली सेना के सामने बाबर के 12 हजार सैनिक टिक नहीं पाते? भारतीय रजवाड़ों के पास यूरोपीय स्तर के मारक शस्त्र रहते तो ब्रिटिश राज न आता, टीपू ही भारत का सुल्तान बन जाता। ये तमाम सम्भावनाएँ भारतीय इतिहास में दिखती हैं। यदि सम्राट अशोक बौद्ध धर्म नहीं अपनाते तो देश की परिस्थिति ही अलग होती। अब आज के परिवेश में देखें। स्थिति स्पष्ट है कि परमाणु संग्राम की आशंका नहीं है। सभी ताकतवर देश समझते हैं कि यदि परमाणु युद्ध हुआ तो तबाही सबकी होगी। बस परिमाण का फर्क है। कहीं भयावह, तो कहीं सीमित। एक मायने में परमाणु शक्ति ही सबसे बड़ी गारंटी है कि परमाणु बम विध्वंस में इस्तेमाल नहीं होगा।

जनता का मनोबल मज़बूत

यही वजह है कि बीस मिनट में पाँच हजार किलोमीटर की दूरी तक का अचूक निशाना साधने वाली बैलिस्टिक मिसाइल का परीक्षण देश के लिए सामरिक दृष्टि से तो महत्त्वपूर्ण है ही, यह जनता का मनोबल मज़बूत करने की दृष्टि से भी अहम है। हमें यह कामयाबी आशंकाओं के उस संक्रमण काल में मिली है, जब देश के सेना प्रमुख सेना के पास गोला–बारूद की कमी के बारे में बता रहे थे और देश के प्रधानमन्त्री विज्ञान समारोह में यह कमजोरी जाहिर कर रहे थे कि विज्ञान के क्षेत्र में भारत चीन से पिछड़ रहा है। इसलिए वैज्ञानिक अनुसंधानों में नये समावेश के लिए पूँजीपतियों

की शरण में जाने की जरूरत है। मसलन, शोध केंद्रों में निजी पूँजी निवेश जरुरी है। ऐसी विरोधाभासी अटकलों में 85 प्रतिशत स्वदेशी तकनीक से निर्मित अग्नि–5 यह उम्मीद जगाती है कि हम देसज ज्ञान, स्थानीय संसाधन और बिना किसी बाहरी पूँजी के वैज्ञानिक उपलब्धियाँ हासिल करने में सक्षम हैं। वैसे भी पश्चिमी देशों ने भारत को मिसाइल तकनीक देने पर प्रतिबन्ध लगाया हुआ है। इस लिहाज से अग्नि–5 की उपलब्धि पश्चिमी देशों के लिए भी आइना दिखाने जैसा है।

रक्षा बजट में बढ़ोतरी जरुरी

देश में यह सवाल हमेशा उठाया जाता है कि आखिर हमारे भारी भरकम रक्षा खर्च का औचित्य क्या है? अत्यधिक रक्षा व्यय तो शांति की जगह सैन्य प्रतिस्पर्धा को बढ़ायेगा, जिससे भू–राजनीतिक परिस्थितियाँ तनावपूर्ण होंगी, देशों के बीच एक दूसरे के प्रति आशंकाएँ और वैर भाव पैदा लेगा। तो क्या रक्षा खर्च का बढ़ना अनौचित्यपूर्ण है?

भारत दुनिया का अकेला देश है जिसका रक्षा बजट 2009–2010 में एकाएक 34 प्रतिशत बढ़ा। लेकिन इसी के साथ यह तथ्य कम लोगों को पता है कि भारत के रक्षा बजट में अधिकतम हिस्सा राजस्व खर्च यानि वेतन, भत्ते पेंशन सहित अन्य मदों में जाता है। उस वर्ष छठे वेतन आयोग की सिफारिशें लागू होने के कारण बजट में वृद्धि करनी पड़ी थी। पूँजीगत खर्च यानि हथियार खरीद, हथियार उन्नयन, रख–रखाव और उन्नयन का सेवा शुल्क आदि पर 40 प्रतिशत खर्च होता है।

इस प्रसंग में भारत के अपेक्षाओं को लेकर कई प्रकार के आकलन आने लगे थे। कुछ ने इसे अनुचित बताते हुए कहा कि भारत रक्षा खर्च के बजाय सामाजिक तथा आर्थिक विकास पर खर्च बढ़ाये। किन्तु जरा उन्हें अपने पड़ोसी चीन का रक्षा बजट देखना चाहिए, जिसने भारत के तीन गुने से ज्यादा अपने रक्षा बजट पर खर्च बढ़ाया है। अनेक वर्षों से इसकी वृद्धि दो अंकों में हो रही है। अगर समूची अर्थव्यवस्था के अनुपात में देखा जाये तो 2010 तक भारत का रक्षा व्यय सकल अर्थव्यवस्था के 2.4 प्रतिशत, पाकिस्तान का 3.2 प्रतिशत एवं चीन का 2 प्रतिशत के आसपास था। चीन की समूची अर्थव्यवस्था का आकार हमसे साढ़े तीन गुना ज्यादा है। ऐसे में हमें भी क्षेत्रीय–अन्तर्राष्ट्रीय सैन्य संतुलन के मुताबिक चलना होगा।

जिस देश को आजादी के 52 वर्ष के अन्दर पाँच प्रत्यक्ष युद्ध में उतरना पड़ा हो, जिसे दो दशक तक छद्म युद्ध लड़ना पड़ा हो, जिसकी सुरक्षा पर हर क्षण छोटे–बड़े खतरे मंडरा रहे हों, उसे इच्छा या अनिच्छापूर्वक भी अपनी रक्षा की सशक्त तैयारी रखनी होगी। वर्तमान अन्तर्राष्ट्रीय परिदृश्य में राष्ट्रों को क्षेत्रीय–अन्तर्राष्ट्रीय शक्ति संतुलन का अनुसरण करना पड़ता।

असैन्यीकरण होगा हमले को न्योता देना

एक चौकस राष्ट्र के नाते साकार– सजगता हमारी विवशता है। शीतयुद्ध के बाद सैन्य और अर्थ पर आधारित शक्ति–संतुलन के परम्परागत सिद्धान्त में परिवर्तन की जो कामना की गयी थी, स्थिति उसके उलट है। इस समय दुनिया का रक्षा खर्च शीतयुद्ध काल से आगे बढ़ चुका है। बढ़ते क्षेत्रीय–अन्तर्राष्ट्रीय द्वंद्व, देशों के बीच

एवं देशों के अन्दर बढ़ते अविश्वास और तनाव, आतंकवाद, आर्थिक संसाधन बढ़ाने के लिए प्रभाव शक्ति विस्तार की सतत कोशिशों वाली व्यवस्था में देश असैन्यीकरण की ओर अग्रसर होकर दूसरे देशों को अपने पर हमला करने या ताकत की धौंस से परेशान करने के लिए प्रेरित करेगा ही। इससे संतुलन भंग होगा और शांति की जगह अशांति पैदा होगी। भारत के प्राचीन चिंतकों भीष्म, शुक्र, कौटिल्य सबने राज्य के सात अंगों में दण्ड या सेना को विशेष महत्त्व दिया है। कौटिल्य ने कहा है कि जिस राजा के पास अच्छा सैन्य बल होता है, उसके मित्र तो मित्र बने ही रहते हैं, शत्रु तक भी मित्र बन जाते हैं। ध्यान रखिए कि कौटिल्य या किसी भारतीय चिंतक ने अनावश्यक हमला, युद्ध या दूसरे राज्यों को डराने–धमकाने की कतई अनुमति नहीं दी है और न ही संपन्नता अभिवृद्धि को बाधित करने की बात कही है। कोष एवं सेना दोनों को महत्त्व दिया गया है। यह सिद्धान्त आज भी लागू होता है। भीष्म ने तो 'महाभारत' के 'शांतिपर्व' में ऐसी राजव्यवस्था को आदर्श माना जिसमें न कोई दण्ड देने वाला हो और न दण्ड लेने वाला, लेकिन राष्ट्र की रक्षा हो, प्रजा निर्भय होकर अपना कर्तव्य निभाए तथा भीतर एवं सीमा के चारों ओर शांति का संतुलन कायम रहे इसके लिए प्रशिक्षित, वीर, स्वाभिमानी, राष्ट्रप्रेमी सेना के समूह को अपरिहार्य बताया है।

देश की रक्षा के लिए किया गया खर्च एक बीमा

किसी भी देश के लिए रक्षा पर किया गया खर्च मजबूरी का खर्च है। अगर इस पर खर्च नहीं किया जायेगा तो सारा विकास भी खतरे में रहेगा। चाहे वे कारण आन्तरिक समस्याओं के हों या बाहरी समस्याओं के। इसलिए रक्षा पर किया जाने वाला खर्च अपने देश की रक्षा करने के लिए और विकास करने के लिए चुकाई जाने वाली कीमत है। इसे एक किस्म का बीमा भी समझ सकते हैं, जो अपने देश को बचाने के लिए किया जाता है। अगर देश खतरे में पड़ गया तो न तो उद्योग–धंधे चलेंगे और न ही देश की जीडीपी कुलांचे भरेगीं। उस पर हमारे देश का तो यह हाल है कि पड़ोसी अकसर दुश्मनी पर तुल जाते हैं और जंग का ख़तरा मंडराता रहता है। एक तरफ चीन है और दूसरी तरफ पाकिस्तान। किन्हीं–किन्हीं जगहों पर दोनों मिलकर हमारे लिए खतरा बन जाते हैं तो हमें अपने रक्षा संसाधनों में इतनी बढ़ोतरी करनी होगी कि वे हम पर हमला करने की हिम्मत न करें। यह तभी हो सकता है, जब हमारे पास भी मिसाइल, तोपखाना, लड़ाकू हवाई जहाज और पनडुब्बियाँ जैसे सामरिक महत्त्व के हथियार और संसाधन हों। इनके अलावा परमाणु हथियारों की भी जरूरत है ताकि उनको मुँहतोड़ जवाब मिलने का डर हो।

न्यूनतम प्रतिरोधक क्षमता जरुरी

आज के वैश्विक परिदृश्य को देखें तो जिन देशों की सामरिक शक्ति कम है, उन पर दूसरे देश हमला कर रहे हैं। अमेरिका भी भूल कर चीन या ईरान पर हमला नहीं करता, बल्कि उन्हीं देशों को निशाना बनाता है जिनकी सैन्यशक्ति कमजोर है। लिहाजन, हमें कमजोर बनकर उस दिन का इंतजार नहीं करना चाहिए कि जब कोई देश हम पर हमला बोल दे। इसके अलावा किसी को भी अपनी सुरक्षा के लिए दूसरे देशों पर

निर्भर नहीं रहना चाहिए क्योंकि आन्तरिक राजनीति हो या वैश्विक राजनीति वह हमेशा बदलती रहती है। इसलिए हमें न्यूनतम प्रतिरोधक क्षमता तो रखनी ही चाहिए ताकि कोई हमें तबाह न कर सके। यह क्षमता केवल अपने विरोधियों के डराने के लिए है कि आपातस्थिति में हम परमाणु हमला करने में सक्षम हैं। परमाणु हथियारों से जंग नहीं लड़ी जा सकती। इसका इस्तेमाल हम दूसरों को तबाह करने के लिए तो कर सकते हैं लेकिन इससे अपनी जमीन को तबाही से नहीं बचाया जा सकता है। जिन बड़े–बड़े देशों के पास परमाणु हथियार हैं, उनके पास दूसरे हथियारों की ताकत भी उतनी ही ज्यादा है। बिना मूलभूत हथियारों के परमाणु हथियार की ताकत भी कोई मायने नहीं रखती।

मिसाइल – भारत की सामरिक शक्ति का दिखावा

यह राष्ट्रीय बहस अब तेज हो गयी है कि भारत की आर्थिक प्राथमिकता क्या हो? देश विध्वंसक शस्त्र निर्माण की दौड़ के सिरमौर बने अथवा वंचित, शोषित भारतीय आम आदमी का जीवन सुधारे। क्योंकि संसाधन सीमित हैं, अतः इस्तेमाल भी विवेकपूर्ण हो। कई शांतिवादियों ने शस्त्रों पर हो रहे खर्च और विकास के आवश्यक बजट पर शोधपूर्ण समीक्षा की है। साधारण आदर्श की भाषा में कहा जाये तो एक टैंक बनाने पर खर्च राशि से 30 गाँवों में प्राथमिक चिकित्सा केंद्र स्थापित किये जा सकते हैं। एक बोफोर्स तोप की कीमत के बराबर खर्चा आयेगा, यदि 50 गाँवों को राजमार्ग से जोड़ने वाली सड़क बनायी जाये। प्रक्षेपास्त्र अग्नि पर हुए खर्च से तो सैकड़ों प्राथमिक स्कूल खोले जा सकते हैं। एक परमाणु बम की लागत से तो हजारों कन्याओं की शादी सरलता से की जा सकती है। फिलहाल, इस तरह के विकास बनाम विध्वंस के आँकड़े कई हैं।

शस्त्र निर्माण एक दिखावा

अब देशभक्त, राष्ट्रवादी, अधिकतर चुनौती के तेवर में सवाल उठाते हैं कि क्या भारत अहिंसा तथा विकास के नाम पर पलायनवादी बन जाये? फिर से अपनी आजादी खो दे? पड़ोस के विस्तारवादी कम्युनिस्ट चीन और ईर्ष्यालु, झगड़ालु इस्लामी पाकिस्तान के सामने नत होकर रहें? तर्क भी है कि चीन में साठ करोड़ लोग दो रोटी और एक आलू पर दिन गुजारते हैं, फिर भी चीन विश्व की तीसरी बड़ी सैन्य शक्ति बना हुआ है। पाकिस्तान की तीन चौथाई आबादी गुरबत और मुफलिसी में बसर कर रही है, फिर भी बम बना चुका है। अतः भारत क्यों इस शक्ति प्रदर्शन की दौड़ में पिछड़ जाये? बात तो गौरतलब है पर भारत की शांतिवादी संस्कृति और बुद्ध–गांधी की विरासत को कैसे नकारा जाये? विडंबना है कि आज गांधी का हवाला देते हुए परमाणु निरस्त्रीकरण के प्रयास भी किये जाते हैं और बम बनाने के भी। यही वजह है कि उस समय की तुलना में परमाणु हथियारों का जखीरा आज हजारों गुना हो चुका है। इस पाखंड में पूरी दुनिया के साथ गांधी का देश भारत भी शामिल है। यों भी 64 वर्षों की स्वाधीनता के बाद भी 60 करोड़ भारतीय को रोज खाना उपलब्ध नहीं होता हो, पीने का पानी नहीं, ऐसी परिस्थिति में शस्त्र निर्माण महज दिखावा ही कहलाएगा।

प्राथमिकता किसे दें विकास को या दिखावे को

दक्षिण एशिया कारपोरेट साम्राज्यवाद और विश्व हथियार बाजार का नया युद्ध क्षेत्र है जिसे उभरते हुए बाजार के तौर पर पेश किया जा रहा है। भारत में सैनिक तैयारियों में खामी और सैनिक सौदों में घोटाले को लेकर भारी हंगामे के बावजूद रक्षा बजट में लगातार वृद्धि हो रही है। चीन के साथ छायायुद्ध चल रहा है। वहीं पाकिस्तान का सत्ता वर्ग शुरू से भारत के विरुद्ध घृणा को पूँजी बनाकर हथियारों की अंधी दौड़ तेज कर रहे हैं। जबकि अर्थव्यवस्था के मामले में भारत और पाकिस्तान दोनों ही चीन से मीलों पीछे हैं।

इसी के साथ ताजे तथ्य ये बता रहे हैं कि भारतीय रक्षा उद्योग का नुकसान काफी बढ़ गया है। हालाँकि भारत भले ही 'स्वदेशी' शस्त्र बनाता है, लेकिन उनमें 30 से 70 फीसदी हिस्सेदारी विदेशी उपकरणों और प्रणालियों की है। हथियारों की खरीदफरोख्त पर नजर रखने वाले संगठन सिपरी की 2011 की रिपोर्ट के मुताबिक 2006 और 2010 के बीच दुनिया में हुई हथियारों की खरीद का 9 फीसदी हिस्सा अकेले भारत के हिस्से में है। इसी के साथ वॉशिंगटन स्थित सेंटर फॉर स्ट्रेटेजिक एंड इंटरनेशनल स्टडीज के आकलन के मुताबिक भारत ने अपनी सेनाओं के आधुनिकीकरण पर 2015 तक 80 अरब डॉलर (करीब 40 खरब रुपये) खर्च करने की योजना बनायी है। लेकिन जानकार यह मानते हैं कि अमेरिका भारत की बढ़ती सामरिक ताकत से ज्यादा चिंतित नहीं है। अमेरिका के लिए ज्यादा चिंता की बात चीन की सामरिक शक्ति, इस तथ्य के बावजूद कि भारत सबसे ज्यादा हथियार रूस से खरीदता है, इसका साफ मतलब है कि ये सब दिखावा है।

हथियारों की होड़ और दिखावा

बाजारवाद का एक कुत्सित, लेकिन कामयाब फार्मूला यह है कि पहले दर्द तैयार करो फिर उसकी दवा बेचने के लिए भी निकल पड़ो। यही वजह है कि सन् 2007 से सन् 2011 तक की अवधि के लिए हथियार आयातकों की सूची में भारत दुनिया में सबसे आगे रहा है। ये आँकड़े स्टॉकहोम स्थित अन्तर्राष्ट्रीय शांति शोध संस्थान ने जारी किये। हथियारों के आयात में भारत का हिस्सा नौ प्रतिशत बनता है। हालाँकि विश्व युद्ध जैसी अब कोई स्थिति नहीं है, लेकिन विश्व शांति के लिए यह शुभ संकेत नहीं है। आज कई देश हथियारों की खरीद पर इतना अधिक धन व्यय कर रहे हैं कि उनके विकास के कार्यों के लिए धन की कमी पड़ती जा रही है। विडंबना यह भी है कि हथियारों की होड़ में शामिल देश अपने परमाणु हथियारों की सुरक्षा का पुख्ता इंतजाम भी नहीं कर रहे हैं। एक यह भी वजह है कि दुनिया में संदेह का माहौल है। पाकिस्तान का उदाहरण हमारे सामने है, जिसने भारत से परमाणु शक्ति संपन्न बनने की प्रतिस्पर्धा तो कर ली है, लेकिन उसके खुद के परमाणु हथियार सुरक्षित नहीं हैं। आज पूरी दुनिया की चिंता पाकिस्तान के परमाणु हथियारों की सुरक्षा को लेकर है।

पाकिस्तान, ईरान और कोरिया पहले से ही मिसाइलों के निर्माण और उनके परीक्षण में लगे हैं। विकसित और घातक हथियारों के कारोबार में लगे देश भी अपने हथियारों को बेचने के लिए कई देशों को उकसाने में लगे रहते हैं। आज पूरी दुनिया

के लिए भस्मासुर साबित हो रहे तालिबानी आतंकवादियों को हथियार मुहैया कराने का काम यूरोपीय देशों ने अपने हथियार खपाने के लिए ही किया था। ऐसे में कहा जा सकता है कि हथियारों की होड़ दिखावा बन कर रह गयी है, जिसका फायदा आतंकवादियों को मिल रहा है।

हथियार का जवाब हथियार – क्या है भारत सुरक्षित

हम सभी यह मानते हैं कि युद्ध का जवाब युद्ध है, हथियार का जवाब हथियार है और भारत–तथा पड़ोसी मुल्कों के बीच युद्ध और हथियारों की होड़ चलती रहनी चाहिए। लेकिन अगर ऐसा हो तो क्या भारत सुरक्षित रहेगा? क्या हमें सोचना चाहिए कि सैनिक तैयारी से, चाहे वह तैयारी कितनी ही बड़ी क्यों न हो, क्या हम अपनी रक्षा कर सकते हैं? हथियारों से देश की सुरक्षा हो सकती है? हथियारों और सेना के रूप में देखें तो जवाब हाँ होगा शायद लेकिन समाज के रूप देखें तो जवाब देते जुबान नहीं हिलती है। देश भीतर ही भीतर बहुत खोखला हुआ जा रहा है। सामाजिक तौर पर असंतोष गहराता जा रहा है और आर्थिक तौर पर विपन्नता बढ़ती जा रही है। हमारा रक्षा बजट कभी 900 करोड़ रुपये हुआ था तो संसद में जयप्रकाश नारायण की आवाज काँप गयी थी, आज वह कितना है? 1.93 लाख करोड़ रुपये !!!! तो क्या हम पहले से ज्यादा शक्तिशाली और सुरक्षित हो गये हैं? जी नहीं, बल्कि इसके बदले सरकार–सेना के सम्बन्ध बिगड़ रहे हैं। भारतीय राजनीतिक तबके का फौज के साथ कोई सीधा सम्बन्ध नहीं है। फौज सम्बन्धी मसलों में सिविल सेवा प्रमुख भूमिका निभाती है, इसलिए अधिकांश सैन्य सौदों में भ्रष्टाचार व्याप्त है। बोफोर्स घोटाले से लेकर वर्तमान घोटालों तक सार यह है कि भारतीय निर्वाचन प्रक्रिया और नेता–नौकरशाह गठजोड़ सैन्य खरीद में भ्रष्टाचार फैलने का बड़ा कारण है। जबकि किसी समय कहा जाता था कि जर्मनी का गोला–बारूद, चीनी कूटनीति और भारत की फौज जिसके पास हो वह देश सुंदर–सुखद बन सकता है। आज अगर भारतीय फौज की छवि पर दाग लग रहा है, तो हमें इसका जवाब कौन देगा?

अपनी सुरक्षा का जिम्मा किसे दें

हमारी सुरक्षा का हाल तो यह है कि देश की हर सीमा को तस्कर भेद देते हैं। रक्षा सौदों में दलाली ही हथियारों की गुणवत्ता तय करती है। हमारा सेना प्रमुख, देश–प्रमुख को लिखता है कि ऊपर से साधन संपन्न दिखायी देने वाली हमारी फौज भीतर से कितनी खोखली होती जा रही है? उसके पास सैनिकों के प्रयोग हेतु गोलियाँ और गोले भी नहीं हैं। कहाँ से आये इतना सारा पैसा कि हथियारों की निरन्तर बढ़ने वाली फौज की भूख मिटा सके? सारी दुनिया का खेल देख रहे हैं कि हथियार बनाने वाली कम्पनियाँ और उन कम्पनियों के आका हथियारों के बाजार में छोटे देशों को किस तरह परेशान भी कर रहे हैं और लूट भी रहे हैं। दूसरी तरफ यह भी देखिए तो कि आज यहाँ तो कल वहाँ मुट्ठी भर नक्सली, किसी महत्त्वपूर्ण व्यक्ति का अगवा कर लेते हैं और सारा राज्यतन्त्र लकवाग्रस्त हो जाता है। फिर पर्दे के पीछे सौदे होते हैं। जेलों में बन्द उग्रवादी और आतंकियों की गुपचुप रिहाई होती है। उनकी पैसों की माँगें पूरी की जाती हैं। तीखे–से–तीखे कानूनों से रोज–रोज खुद को लैस करने

वाला राज्य इतना जर्जर और निरुपाय क्यों हो जाता है? जिन्हें हमने अपनी सुरक्षा का जिम्मा दे रखा है और जिन्हें हथियार भी सौंप रखे हैं, वे खुद कितने सुरक्षित हैं? इसका भी आकलन किया जाना चाहिए।

इसलिए हमें अब ये सोचना होगा कि दुनिया के कथित शक्ति संपन्न प्रक्षेपास्त्रधारी देशों द्वारा बिछाई गयी वैश्विक बिसात पर भारत आखिर कब तक एक मोहरे की भूमिका में बना रहेगा? कब तक वह उसी हथियार प्रक्रिया का हिस्सा बना रहेगा, जो आज सिर्फ विनाश की भविष्यवाणी कर रही है? जब भारत हजारों किलोमीटर तक मार करने वाले स्वनिर्मित प्रक्षेपास्त्र के सफल निर्माण की घोषणा करता है तो दरअसल वह उसी कतार का एक सिपाही होता है, जो अरबों लोगों के वास्तविक हितों की कीमत पर दूसरों ने जबरन लगवाई है।

9

फुटकर क्षेत्र में विदेशी प्रत्यक्ष निवेश और भारतीय बाजार

(Retail Sector-Foreign Direct Investment [FDI] vis-a-vis Domestic Market)

विदेशी प्रत्यक्ष निवेश भारत के लिए लाभदायक

जब सन् 1991 में अन्तर्राष्ट्रीय मुद्रा कोष (आईएमएफ) ने दिवालिया हो रहे हिन्दुस्तान को अपनी व्यापारिक नीतियों में सुधार लाते हुऐ उदारीकरण, निजीकरण और वैश्वीकरण (एल.पी.जी) को अपनाने को कहा, तब 1992 में भारत के प्रधानमन्त्री पी.वी. नरसिंह राव और उनके वित्त मन्त्री मनमोहन सिंह ने आईएमएफ की नीतियों को माना और उसके बाद से शुरू हुआ विश्वस्तर में भारत का आर्थिक शक्ति बनकर उभरना। बाजार में निजीकरण आने से व्यापार के नये आयाम खुलने लगे, अब एक कम्पनी खोलना आसान हुआ, विदेशी कम्पनियों ने भारतीय बाजार में पैसा लगाना शुरू कर दिया, भारतीय कम्पनियाँ दूसरे देशों में अपना कार्यक्षेत्र स्थापित करने लग गयीं और देखते ही देखते सेंसेक्स 2 हजार के आँकड़े से 20 हजार के आँकड़े तक पहुँच गया।

इन नीतियों का सीधा असर भारतीय मध्यवर्गीय परिवार को हुआ। एक समय रोजगार के लिए भटक रहे युवकों के पास आज सुविधानुसार रोजगार था, रोजगार होने के कारण उनके पास आज खर्च करने के लिए पर्याप्त धन भी था। प्रत्यक्ष विदेशी निवेश का एक तरह से फुटकर कारोबार में प्रवेश के साथ लाभ होना शुरू हुआ।

भारत और फुटकर कारोबार

प्रत्यक्ष विदेशी निवेश को समझने के लिए भारत में फुटकर कारोबार को मुख्यतया हम दो भागों में बाँट सकते हैं सुनियोजित और गैर–नियोजित। सुनियोजित रिटेल के अन्तर्गत हमको पहले से स्थापित नियमों और मानकों का पालन करना होता है जैसे कि उचित खातों का विवरण रखना, विदेशी निवेश मानदण्डों का पालन करना इत्यादि। जबकि गैरनियोजित रिटेल में यह सब नहीं होता। अगर हम भारत की बाजार व्यवस्था को देखें तो पता चलता है कि भारत में गैर–नियोजित रिटेल बहुत वर्षों से

विद्यमान है जो वर्तमान में कुल फुटकर उद्योग का 94% है।

आने वाले वर्षों में भारत की आबादी का बड़ा हिस्सा युवा वर्ग का हैं। जाहिर है भारत के फुटकर बाजार के नये अवसरों का फायदा उठाने की काँटें की टक्कर होगी। एक आकलन के मुताबिक भारत में अमेरिका की रिटेल अर्थव्यवस्था में भागीदारी करीब 400 अरब डॉलर का है। इसमें 1.2 करोड़ फुटकर व्यापारियों ने करीब 4 करोड़ लोगों को रोजगार दिया है। अनुमानों के मुताबिक भारत का रिटेल या खुदरा बाजार 400 से 500 अरब डॉलर का है। अभी तक इस बाजार पर आधिपत्य असंगठित क्षेत्र का ही है। भारत के रिटेल क्षेत्र के सटीक आँकड़ों के उपलब्ध न होने के सबसे बड़े कारणों में से यह एक मुख्य कारण है। यह मुख्यतया दवा, संगीत, पुस्तकें, टीवी फ्रिज़ जैसे उपभोक्ता उत्पाद, कपड़े, रत्न और गहने के अलावा खाद्य सामग्रियों को अलग–अलग बाजारों में वर्गीकृत किया जा सकता है। लगभग हर बाजार में संगठित क्षेत्र की कम्पनियाँ दबदबा बनाने की कोशिश कर रही हैं। दवा के क्षेत्र में रेलिगेयर, अपोलो फार्मेसीज और गार्डियन की तरह की कई श्रृंखलाएँ बाजार में अपनी जगह बनाने की कोशिश कर रही हैं। इसी तरह से संगीत का बाजार भी पूरी तरह से असंगठित क्षेत्र के हाथों में हैं। इस बाजार की सबसे बड़ी समस्या नकल करना है। भिन्न–भिन्न बाजारों को एक छत के नीचे लाने की कोशिश कई भारतीय कम्पनियों ने की है लेकिन अभी तक किसी ने बाजार का नक्शा बदलने में सफलता नहीं पायी है।

संगठित फुटकर उद्योग – दूसरी ओर संगठित या सुनियोजित रिटेल की ओर देखें तो इनका भारत में आगमन 20वीं सदी के अन्तिम दशक में हुआ। भारत का संगठित फुटकर व्यापार फिलहाल बहुत छोटा है, लेकिन समय के साथ–साथ रिलायंस, टाटा, रहेजा, आदित्य बिरला, गोदरेज जैसी बड़ी व्यापारिक कम्पनियों ने भी इसमें रूचि दिखायी और रिटेल उद्योग को भारतीय अर्थव्यवस्था का अभिन्न अंग बनाया। आज भारत का सुनियोजित फुटकर उद्योग 1,70,000 करोड़ से भी ज्यादा का है जो 11.4% की विकास दर से बढ़ रहा है और 2014 तक यह 5,40,000 करोड़ से भी अधिक का हो जायेगा। आने वाले तीन वर्षों में तकरीबन 4,000 रिटेल आउटलेट खुलने का अनुमान है जिसके चलते हाल ही में यूपीए सरकार ने मल्टीब्रांड फुटकर कारोबार में 51 प्रतिशत प्रत्यक्ष विदेशी निवेश को मंजूरी दे दी है। हालाँकि राज्यों में ऐसे स्टोर खुलेंगे या नहीं, इस बारे में फैसला लेने का अधिकार राज्यों पर ही छोड़ दिया गया है। अब विदेशी मल्टी ब्रांड कम्पनियाँ भारत में भारतीय कम्पनियों के साथ मिलकर काम कर सकेंगी, लेकिन कुछ शर्तों के साथ, जिनमें सबसे खास यह है कि विदेशी कम्पनी की भागीदारी 51 फीसदी से ज्यादा नहीं होगी।

संगठित रिटेल के प्रमुख रूप

मॉलः मॉल संगठित रिटेल व्यापार का सबसे बड़ा रूप है. आज मुख्य रूप से मॉल मेट्रो शहरों की सरहद के निकट स्थित होते हैं। अमूमन इनका आकार लगभग 60,000 वर्ग फुट से लेकर 7,00,000 वर्ग फुट तक होता है जहाँ आप एक छत के

नीचे विभिन्न उत्पादों, होटलों, सिनेमाघरों का मजा ले सकते हैं।

हायपरमार्केटः हायपरमार्केट क्षेत्रफल में मॉल से छोटे होते हैं जो लगभग 40,000 वर्ग फुट तक होते हैं. हायपरमार्केट मुख्यतया "शॉप इन शॉप" होते हैं जहाँ आप बड़ी शॉप के अन्दर अलग–अलग ब्रांड के बहुत सारी शॉप्स पाते हैं।

मल्टी ब्रांड आउटलेट : मल्टी ब्रांड आउटलेट को हम "श्रेणी हत्यारा" या "कैटगरी किलर" भी कहते हैं क्योंकि इनमें आप अलग–अलग ब्रांड सस्ते दामों में पा सकते हैं।

सुपर मार्केटः सुपर मार्केट के अन्तर्गत एक बड़े मार्केट के अन्दर अलग–अलग उत्पादों की बहुत सारी दुकानें होती हैं। ज्यादातर सुपर मार्केट आवासीय क्षेत्र के नजदीक स्थापित होते हैं।

डिस्काउंट स्टोर : डिस्काउंट स्टोर का सबसे अच्छा उदाहरण दुनिया की सबसे बड़ी रिटेल कम्पनी "वाल मार्ट" है. डिस्काउंट स्टोर में वस्तुएँ बाजार भाव से सस्ते में मिलती हैं। भारत में "बिग बाजार" एक डिस्काउंट स्टोर है।

डिपार्टमेन्टल स्टोर : डिपार्टमेन्टल स्टोर को मुख्यतः हम दो भागों में बाँट सकते हैं किराना की दुकान और कंवीनियंस स्टोर। यह दोनों स्टोर गैर–नियोजित रिटेल के अन्तर्गत आते हैं जो सालों से हमारे रहने के जगह के आसपास स्थापित होती हैं। यहाँ से हम फुटकर में वस्तुओं को खरीदते हैं।

संगठित रिटेल का रुप रंग देखकर लगता है कि आज रिटेल केवल बिजनेस का पर्याय ही नहीं रह गया है बल्कि यह मनोरंजन का नया आयाम भी प्रदान करता है। आज रिटेल शहरों से निकल ग्रामीण क्षेत्रों तक पहुँच गया है। आईटीसी द्वारा खोला गया ई–चौपाल ग्रामीण क्षेत्रों में रिटेल के बढ़ते हुए कदम बताता है। आज रिटेल में न केवल कपड़े या अन्य घरेलू वस्तुएँ बिकती हैं बल्कि अनाज, फल, सब्जियाँ और दूध भी बिकते हैं। आज रिटेल में संलग्न कम्पनियाँ किसान द्वारा उत्पन्न अनाजों को खरीदती हैं और उन्हें उचित दाम भी देती हैं.। ऐसे में फुटकर व्यापार में प्रत्यक्ष विदेशी निवेश से क्या–क्या फायदे होंगे यह जानने वाली बात है।

प्रत्यक्ष विदेशी निवेश से रोजगार मिलेगा

माना जा रहा है कि इस कदम से पूरे देश में सामान की कीमतों में एकरूपता आयेगी। इस बात से इनकार नहीं किया जा सकता कि इससे छोटे किराना दुकानदारों को परेशानी होगी, लेकिन लाखों लोगों को रोजगार भी मिलेगा। युवाओं को अलग तरह का प्रशिक्षण मिलेगा और उनके लिए संभावनाओं के नये द्वार खुलने से अगले 10 साल में एक करोड़ लोगों के लिए रोजगार के अवसर पैदा होंगे जिससे यह संगठित रोजगार का सबसे बड़ा क्षेत्र बन जायेगा। इससे रोजगार के करीब 40 लाख प्रत्यक्ष मौके और अनुबंध पर नियुक्ति समेत अप्रत्यक्ष रोजगार के करीब 50–60 लाख अवसर पैदा होंगे। यह बात इंडियन स्टाफिंग फेडरेशन (आईएसएफ) की रिपोर्ट में कही गयी।

किसानों को होगा बहुत बड़ा फायदा

जानकारों का मानना है कि एफडीआई के आने से विदेशी कम्पनियों को कम से कम तीस प्रतिशत कच्चा माल भारतीय किसानों से ही खरीदना होगा, जिससे किसानों की स्थिति सुधरेगी। इससे ठेके पर खेती की शुरूआत होने से से जहाँ किसान पहले से कीमत को लेकर आश्वस्त रहेंगे, वहीं कीमतों को लेकर नई प्रक्रिया भी शुरू होगी। भारत विश्व में सब्जियों और फलों का दूसरा सबसे बड़ा उत्पादक है।निर्यात के दौरान करीब 30 से 40 फीसदी फल और सब्जियाँ खराब हो जाते हैं। रिटेल कारोबार में एफडीआई के आ जाने से शीत गोदामों की संख्या बढ़ जायेगी जिससे इन चीजों की बर्बादी में निश्चित रूप से कमी आयेगी।

बिचौलियों का होगा खात्मा

भारत में किसानों को बिचौलिए निचोड़ रहे हैं और उनकी पैदावार का काफी बड़ा हिस्सा अन्तिम उपभोक्ता तक पहुँचने से पहले नष्ट हो जाता है। इन बिचौलियों की जरूरत को खत्म कर विदेशी सुपरमार्केट चेन इस प्रकार बचने वाले कमीशन को खुद, किसानों और उपभोक्ताओं में बाँट सकते हैं। इसका मतलब यह है कि इससे किसानों को अपने उत्पाद की ज्यादा कीमत मिलेगी और उपभोक्ता को उत्पाद की कम कीमत चुकानी पड़ेगी। एफडीआई का सर्वाधिक फायदा यह होगा कि बीच में कमीशन खाने वालों की छुट्टी हो जायेगी, जिससे उपभोक्ताओं को सस्ते दर पर सामान मिलेगा। कच्चा उत्पाद किसान के पास से सीधा कम्पनी के पास पहुँचेगा। इससे किसानों और कम्पनी दोनों को उचित लाभ मिलेगा।

रुपये की हालत सुधरेगी

निवेश आने से रूपए की खस्ता हालत में भी सुधार होगा सरकार के इस फैसले से रिटेल की दुनिया में सकारात्मक क्रांति आने की उम्मीद है। निश्चित ही देश के लिए ये एक फायदे का सौदा साबित होगा। एफडीआई से विदेशी निवेशक और निवेश हासिल करने वाला देश, दोनों को फायदा होता है। निवेशक को यह नये बाजार में प्रवेश करने और मुनाफा कमाने का मौका देता है। विदेशी निवेशक बाजार में इस लालच से आते हैं क्योंकि उन्हे यहाँ टैक्स में छूट, आसान नियमों, लोन पर कम ब्याज दरों और ऐसी बहुत सी बातों से लुभाया जाता है। एफडीआई से घरेलू अर्थव्यवस्था में नई पूँजी, नई प्रौद्योगिकी आती है और रोजगार के मौके बढ़ते हैं और इस तरह के बहुत से फायदे होते हैं।

विदेशी प्रत्यक्ष निवेश भारत के लिए हानिकारक

भारत में विदेशी प्रत्यक्ष निवेश की बात उठते ही ये चर्चा तेज हो गयी है कि क्या बढ़ते हुए संगठित रिटेल के कदम गैर–नियोजित या असंगठित रिटेल व्यवस्था के लिए हानिकारक हैं? आज जबकि गैर–नियोजित रिटेल का मार्केट 60,00,000 करोड़

से भी ज्यादा है, और करोड़ों लोग इस उद्योग से जुड़े हैं तथा इसके द्वारा अपनी रोजी–रोटी कमाते हैं इसलिए कहीं सुनियोजित रिटेल व्यवस्था के आने से इनका दमन तो नहीं होगा? दूसरे ऐसे ही छोटे व्यापारियों से बने फुटकर बाजार से क्या ख़रीदार का मन इतनी जल्दी पाला बदल लेगा? देश के तमाम बड़े और मध्यमवर्गीय शहरों में रिहायशी इलाकों के पास छोटी दुकानों में मिलने वाली घी–तेल, दूध–ब्रेड, दाल–आटा, बिस्कुट–नमकीन, शैम्पू–टूथपेस्ट जैसी तमाम चीजों को वह मॉल की पार्किंग का पैसा देकर वह खरीदना पसन्द करेगा?क्योंकि वह समीप की दुकान अब दिखेगी कि नहीं, ऐसे में फुटकर कारोबार का भारत में क्या भविष्य होगा यह सोचने वाली बात है।

प्राकृतिक संसाधनों और उत्पादन तन्त्र का नियंत्रण किसे

खाद्य सुरक्षा की व्यवस्था में जितना महत्त्वपूर्ण उत्पादन तन्त्र है उतना ही महत्त्वपूर्ण है बाजार का तन्त्र। भारत में 2.9 करोड़ लोग भोजन और भोजन से सम्बन्धित सामग्री का व्यापार करते है। वे केवल लाभ उद्देश्य से ये व्यापार नहीं करते हैं बल्कि खाद्य सुरक्षा की परिभाषा के महत्त्वपूर्ण हिस्से पहुँच को सुनिश्चित करने में उनकी केन्द्रीय भूमिका रहती है। अब इस बाजार पर प्रमुख भोजन व्यापार कम्पनियाँ अपना मिला–जुला एकाधि ाकार चाहती है। इनमें वालमार्ट, रिलायंस, भारती, ग्लेक्सो स्मिथ कंज्यूमर हेल्थ केयर, नेस्ले, केविनकरे, फील्ड फ्रेश फूड, डेलमोंटे, बुहलर इंडिया, पेप्सीको, और कोका कोला शामिल हैं।

सरकार इन कम्पनियों के द्वारा खाद्य प्रसंस्करण के जरिये दूसरी हरित क्रांति लाने की प्रक्रिया में है। जानकारों के मुताबिक इस हरित क्रांति का मकसद खेत और किसान की उन्नति नहीं हैं, बल्कि प्राकृतिक संसाधनों व उत्पादन तन्त्र का नियंत्रण बहुराष्ट्रीय कम्पनियों को सौंपना है। भारत सरकार इसमें अगले 5 साल में 21.9 अरब डॉलर का निवेश करेगी। इस निवेश का मकसद होगा बहुराष्ट्रीय कम्पनियों और वित्तीय संस्थानों के लिये अनुकूल माहौल तैयार करना। इसमें केवल 8 कम्पनियाँ (केविनकरे, नेस्ले, ग्लेक्सो, यम! रेस्टोरण्ट्स इंडिया, फ्रील फ्रेश फूड, बहलर इण्डिया, पेप्सी और कोकोकोला) ही अगले दो सालों में प्रत्यक्ष विदेशी निवेश द्वारा 120 करोड डॉलर का निवेश खाने–पीने का सामान बनाने वाले उद्योग में करने वाली हैं। इसके लिए सरकार उन्हें तमाम रियायतों के साथ ही पहले 5 वर्षों तक उनके पूरे फायदे पर 100 फीसदी आयकर में छूट और अगले पाँच वर्षों तक 25 फीसदी छूट दे रही है। एक्साइज ड्यूटी भी आधी कर दी गयी है यानि सरकार के बजट से कम्पनियों का फायदा तय किया गया है, परन्तु किसान की सारी छूटें समाप्त् कर दी गयी हैं। जाहिर सी बात है इससे सीधे–सीधे किसानों को नुकसान है।

कृषि के क्षेत्र में प्रत्यक्ष विदेशी निवेश से नुकसान

जो लोग प्रत्यक्ष विदेशी निवेश का समर्थन कर रहे हैं उनके अनुसार एफडीआई लागू होने से किसानों को फायदा होगा। उनके अनुसार कम्पनियाँ सीधे किसानों से उत्पाद

खरीदेंगी और बिचौलिए खत्म हो जायेंगे। बिचौलिए खत्म होने से किसानों को बहुत ज्यादा फायदा होगा। लेकिन अन्तर्राष्ट्रीय स्तर पर एफडीआई के नुकसान को भी नजरअंदाज नहीं किया जा सकता। बल्कि आने वाले समय में विदेशी कम्पनियों के दबदबे से किसानों को पूरी कीमत मिलने की राह में दुविधा होगी। क्वालिटी चेक और सर्टिफिकेशन के नाम पर उनका जमकर शोषण किया जा सकता है और जिस वितरण शृंखला के बनने की बात सरकार खुद कर रही है वो काम भी उसी का है इसलिए अगर सरकार वितरण शृंखला को दुरस्त कर दे तो किसानों को इसका फायदा बिना एफडीआई के ही मिलने लगेगा।

वरदान या श्राप

केंद्र सरकार का दावा है कि एफडीआई भारत के कृषि क्षेत्र के लिए 'वरदान' साबित होगा। लेकिन कृषि विशेषज्ञों के मुताबिक यह सच नहीं है। उनका कहना है कि फुटकर बाजार में विदेशी निवेश के सबसे बड़े पैरोकार अमेरिका में भी फुटकर बाजार में विदेशी निवेश किसानों और कृषि क्षेत्र के लिए अच्छा साबित नहीं हुआ है। अमेरिका में फेडरल सरकार की मदद की वजह से वहाँ के किसान फायदे में रहते हैं। 2008 में आये फार्म बिल में अमेरिका ने अगले 5 सालों में कृषि क्षेत्र के लिए 307 अरब अमेरिकी डॉलर का प्रावधान किया था। ऐसे में सवाल उठता है कि अगर फुटकर में एफडीआई या बड़ी पूँजी लगाने से किसानों को बड़ा फायदा होता तो अमेरिकी सरकार को अपने किसानों को इतनी भारी भरकम सब्सिडी क्यों देनी पड़ती? पश्चिमी देशों में किसानों को कई तरह की सब्सिडी के बावजूद एक शोध में यह बात उभरकर सामने आई है कि यूरोप में हर मिनट एक किसान खेती बाड़ी का काम छोड़ रहा है। यह सोचने वाली बात है।

प्रत्यक्ष विदेशी निवेश से बेरोजगारी कैसे बढ़ेगी?

वॉल–मार्ट का टर्नओवर 420 अरब अमेरिकी डॉलर का है लेकिन इस कम्पनी ने सिर्फ 21 लाख लोगों को रोजगार दिया है। फुटकर बाजार में विदेशी निवेश के विरोधियों का कहना है कि अगर वॉल–मार्ट जैसी कम्पनी इतने कम लोगों के दम पर उतना ही कारोबार कर रही है, जितना कि भारत का कुल फुटकर बाजार है तो उस कम्पनी से क्या उम्मीद की जा सकती है। समझने वाली बात है कि क्या ऐसी कम्पनी से 4–5 करोड़ लोगों को रोजगार देने की उम्मीद की जा सकती है? सरकार का कहना है कि एफडीआई आने से देश में कई रिटेल षॉप खुलेंगे जो देश में लाखों रोजगार पैदा करेंगे। लेकिन क्या यह रोजगार उन बेरोजगारों का पेट भर पायेगी जो देश के करोड़ों फुटकर व्यापारियों के बेरोजगार होने से भूखमरी के कगार पर पहुँच जायेंगे? देश में इस समय करोड़ों फुटकर व्यापारी हैं और इस बात की संभावना अधिक है कि एफडीआई आने से इन फुटकर व्यापारियों का पतन हो जायेगा। जानकारों का मानना है कि जिन नौकरियों की बात सरकार कर रही है वह है सेल्समैन और सेल्सगर्ल की. अगर एफडीआई लागू होता है तो भारत सेल्समैन और सेल्सगर्ल का देश बनकर रह जायेगा।

प्रत्यक्ष विदेशी निवेश विकल्प सीमित कर देता है

जब भी कोई विदेशी कम्पनी किसी दूसरे देश के फुटकर व्यापार में आती है और वहाँ अपना दबदबा बनाती है तो वह वहाँ साधनों का विकल्प बहुत कम कर देती है।अब आप अमेरिका या चीन जाकर देखिए यहाँ आपको फुटकर सामान की गिनी–चुनी ही दुकानें मिलेंगी। जानकारों का मानना है कि एफडीआई के आने से उपभोक्ताओं के विकल्प सीमित हो जाते हैं। भारत जैसे विविधता भरे बाजार में उपभोक्ताओं के सामने असीमित विकल्प होते हैं। बाजार में घुसने के साथ ही बड़ी रिटेल कम्पनियों का पहला बड़ा लक्ष्य प्रतिस्पर्धा को खत्म करना और अपना दबदबा कायम करना होगा जिससे हो सकता है उपभोक्ताओं को बहुत ज्यादा नुकसान हो। यही नहीं खेती के विपणन व प्रसंस्करण पर कब्जा करने के बाद यह कम्पनियाँ फसल बोने पर भी अधिकार जमा लेती हैं। वह अपने हिसाब से अपनी जरुरत के मुताबिक किसानों के द्वारा वही फसल उगवाते हैं जिसमें कम्पनी का भला हो।

प्रत्यक्ष विदेशी निवेश के आने से वस्तुओं के दाम बढ़ेंगे

जानकारों के कहना है कि किसानों को कम से कम कीमत पर सामन बेचने को मजबूर करने से लेकर उत्पादों की कीमतों में इजाफा और उपभोक्ता के विकल्प सीमित करने की रणनीति की वजह से ही वालमार्ट ने आज यह कामयाबी हासिल की है। वालमार्ट सस्ते से सस्ता सामान बेचने का दावा करती है. लेकिन इसका लक्ष्य उपभोक्ताओं को सस्ता सामान दिलाना नहीं बल्कि अपने शेयरधारकों का मुनाफा बढ़ाना है। फिर ये बात भी है कि अनेक समूह 510 सुपर मार्केट और माल्स की श्रृंखला खड़ी करने वाले हैं। गरीब लोगों को दिल्ली, बैंगलूरू, कोलकता, मुम्बई आदि में रहने के लिये कुछ वर्गमीटर जमीन नहीं मिल पा रही है परन्तु नाईट फ्रेक इण्डिया की रिपोर्ट इण्डिया आर्गनाइज्ड रिटेल मार्केट 2010 के मुताबिक अकेले मुम्बई में 2010 से 2012 के दौरान 5.5 करोड़ वर्गफीट स्थान फुटकर व्यापार के लिये कम्पनियों के लिये उपलब्ध होगा। यह जगह तो झुग्गियों और फुटपाथ पर काम करने वालों को विस्थापित करके ही उपलब्ध कराया जायेगा? मतलब कि आम जनता को विस्थापन का दंश झेलने के लिए भी तैचार रहना होगा। अगर हमको प्रगति करनी है तो सर्वांगीण विकास जरुरी है अतः इसके लिए जरुरी है कि पारंपरिक रिटेल व्यवस्था का अस्तित्व बना रहे इसके अलावा दोनों रिटेल व्यवस्थाओं में भी सामंजस्य बना रहे।

10

कश्मीर समस्या का निदान दृढ़ता से संभव है
(Kashmir problem can be solved with deligence)

पक्ष में

कश्मीर की समस्या नई नहीं है। यह आजादी के फौरन बाद शुरू हो गयी थी। पाकिस्तान कश्मीर के एक तिहाई भाग पर कब्जा कर लिया है जो वास्तव में कश्मीर का ही प्रमुख अंग है। समय–समय पर पाकिस्तान के द्वारा सुनियोजित ढंग से कश्मीर की आवाम को सरकार के विरुद्ध भड़काने तथा चुनाव प्रक्रिया रोकने की कार्रवाई होती रहती है। कश्मीर में आतंकवाद को मिटाने के लिए जैसी दृढ़ शक्ति सरकार में होनी चाहिए वह भारत के पास नहीं है। यह सरकार के निष्क्रयता का ही नतीजा है कि कश्मीर में विरोधियों का दुस्साहस का नतीजा बढ़ता जा रहता है। देश में पनप रहे आतंकवाद का सिर कुचलने के मायने में किसी तरह की ढिलाई नहीं दी जानी चाहिए। आज कश्मीर के प्रशासन में ऐसे लोगों की भीड़ मौजूद है जो आतंकवादियों से मिले हुए है।

आतंकवादियों का उन्मूलन आतंकवादियों के हाथ से हाथ मिलाकर नहीं किया जा सकता है। विश्व में जहाँ कहीं भी आतंकवाद समाप्त हुआ है ऐसा तभी मुमकिन हो सकता है जब उसकी जड़ों पर उसमें कठोर प्रहार किये जायें।

जम्मू कश्मीर की इस समस्या का समाधान तभी हो सकता है जब यहाँ सेना को कार्यवाही करने की छूट दी जाये। मगर दुर्भाग्य की बात है कि आज सेना हाथ बाँधकर उनसे कार्यवाही करने की बात की जा रही है।

कुछ गैर इस्लामी देश भी है जो अन्दर ही अन्दर इस बात की चेष्टा कर रहे हैं कि भारत और पाकिस्तान के बीच कुछ ऐसा समझौता हो जाये जिनके तहत कश्मीर का जो भाग पाकिस्तान के कब्जे में हैं वह पाकिस्तान को मिल जाये तथा जो भाग भारत के पास है वह भारत का हिस्सा बना रहे। मगर निश्चित रूप से यह स्थिति सत्य और न्यायसंगत नहीं होगी।

जिस प्रकार अभी हाल में 500 साल पुरानी चार–ए–शरीफ दरगाह अन्ततः सियासी चालों और मजहवी जुनून का शिकार होकर राख के ढेर में बदल गया दरअसल में इस घटना के पीछे भी पाकिस्तान का हाथ है। दरअसल में देश के मुस्लिम समाज की तुष्टिकरण की नीति के पीछे आज राष्ट्रहित का वलिदान किया जा रहा है। यदि आतंकवादियशें से निपटना है तो हमें भी ईंट का जवाब पत्थर से देना होगा। आतंकवादियों को मुँहतोड़ जवाब दिये बिना बात नहीं बनेगी। भारत सरकार आतंकवादियों के आगे झुककर कश्मीर को अपनी कमजोर बना रही है। वस्तुतः जब तक सरकार बातचीत करने का ढुलमुल रवैया अपनाती जायेगी तब तक इस समस्या का कोई हल निकलने वाला नहीं है। अतः कश्मीर की समस्या के निदान के लिए सेना की मदद लेना जरुरी है।

विपक्ष में

कश्मीर की समस्या आजादी के कुछ ही दिनों के बाद शुरू हो गयी थी परन्तु पिछले कुछ वर्षों से वहाँ आतंकवाद अलगाववादी आन्दोलन तथा हिंसा ने आशान्ति तथा भय का वातावरण उत्पन्न कर रखा है। अतः आतंकवादियों द्वारा कभी हजरत दल दरगाह तो कभी चरार ए शरीफ जैसे धार्मिक प्रतीकों को जलाकर राजनीति का आधार बनाने के साथ वहाँ आमलोगों के बीच धार्मिक उन्माद फैलाने की कोशिश की जाती है। पाकिस्तान अपने यहाँ से सुनियोजित तरीके से कश्मीरी जनता को भारत सरकार के विरुद्ध भड़काने तथा अविश्वास पैदा करने, कश्मीर में चुनाव प्रक्रिया को रोकने तथा भारत की कश्मीर में अत्याचारी शासक की छवि बनाने के लिए आतंकवादी तथा भड़काऊ गतिविधियों को अंजाम दिया जाता है। पाकिस्तान कश्मीर के 2/3 भाग पर गैर–कानूनी कब्जा कर चुका है जो वास्तव में कश्मीर की समस्या का प्रमुख अंग है।

कश्मीर समस्या के समाधान के लिए कई बार युद्ध और हमले का सहारा लिया गया परन्तु इससे कश्मीर की समस्या का कोई ठोस हल नहीं निकला। आज जो वर्तमान परिदृश्य है उसमें भारत तथा पाकिस्तान जैसे गरीब देशों को हथियार जमा करना तथा उसका उपयोग करना दोनों के आत्मघाती है। इसकी जगह दोनों देशों को युद्ध की अपेक्षा विकास कार्यों पर धन का उपयोग करना वहाँ की जनता के लिए ज्यादा लाभदायक रहेगा। दोनों देशों को चाहिए कि वे ठंडे दिमाग से एक दूसरे के हितों को देखते हुए कश्मीर समस्या का कोई ठोस हल निकाले। भारत को चाहिए कि विश्व के अन्य देशों जहाँ तालिबान और इसके जैसे दूसरे कट्टर संगठन कत्लेआम मचा रहे हैं वहाँ अपनी धर्मनिरपेक्षता और भाई चारे का पक्ष जोरदार ढंग से उठाकर विश्वजनमत का ध्यान अपनी ओर खींचे। विश्व जनमत नहीं चाहता कि दो परमाणु सम्पन्न देश फिर से युद्ध की विभिषिका में शामिल होकर विश्व शांति के लिए खतरा बने।

आतंकवाद के सम्बन्ध में कश्मीर के हालात पर दृष्टिपात किया जाये तो वहाँ बगावत का कोई प्रतिनिधि गुट नहीं है। मुजाहिदों का अपना कोई स्वतंत्र अस्तित्व नहीं है। इस अवस्था में आतंकवाद से छुटकारा पाना बहुत हद तक आसान हो जायेगा। कश्मीर की आवाम को योजनाबद्ध तरीके से सुरक्षित माहौल में तरक्की के पथ पर अग्रसर होने को प्रेरित किया जा सकता है।

11

पिछड़े वर्ग के छात्रों के लिए आरक्षण कितना जरुरी, गैरजरुरी

(Reservation-Pros & Cons)

पक्ष में

देश की आजादी के पश्चात् जब हमारे देश में संविधान लागू हुआ तो दस वर्ष के लिए समाज के पिछड़े एवं वंचित वर्ग के उत्थान हेतु आरक्षण की व्यवस्था की गयी जो आज दस वर्षों के बाद भी लागू है। इसका समाज के वंचित वर्ग में कितना योगदान है? आज आरक्षण का फायदा वंचित वर्ग के उन साधन सम्पन्न लोगों को मिलता है जो इसके वास्तविक हकदार नहीं है।

सामाजिक विकास की प्रक्रिया में जब कोई जाति आर्थिक या सामाजिक रूप से पिछड़ जाती है तो ऐसे पिछड़े लोगों को राष्ट्र की मुख्यधारा में लाने के लिए सरकार ने आरक्षण की व्यवस्था की है। जिसके तहत अल्पसंख्यक अनुसूचित जाति, अनुसूचित जनजाति और पिछड़े वर्गों के लोगों को नौकरी में आरक्षण देकर उसे समाज की मुख्य धारा में लाने का प्रयास करती है।

आरक्षण उस समय एक मुद्‌दा बनकर भारतीय समाज में आया जब वीपी मंडल की अध्यक्षता में गठित आयोग की सिफारिशों को अगस्त 1990 ई. में प्रधानमंत्री वी.पी. सिंह द्वारा लागू किया गया। जगह–जगह इसके विरोध में तोड़–फोड़ आगजनी तथा आत्मदाह की घटनाएँ भी हुई। आरक्षण की यह आग आखिरकार उस समय धीमी हुई जब तत्कालीन प्रधानमंत्री पी.वी. नरसिंह राव ने सवर्णों को भी आर्थिक पिछड़ेपन के आधार पर दस प्रतिशत आरक्षण देने की घोषणा की। आरक्षण का फायदा भारत की पिछड़ी और उपेक्षित जनता को मिलनी चाहिए ताकि दबे कुचले लोग आरक्षण का फायदा उठाकर अपनी आर्थिक तथा सामाजिक स्थिति बेहतर बना सकें मगर आज ऐसा नहीं हो रहा है।

आज के अर्थप्रधान तथा वास्तविक प्रतिभा की कद्र न किये जाने वाले युग में आरक्षण का कोई खास महत्त्व नहीं परन्तु कुछ जगहों पर आरक्षण नहीं रहने से समाज का उतनी तेजी से विकास नहीं हो पाता जितनी तेजी से होना चाहिए। यहाँ पर सबसे

ज्यादा विचारणीय है आरक्षण किस क्षेत्र में किसे और कितना प्रदान किया जाये।

आरक्षण से व्यक्ति को तो फायदा होता है परन्तु इससे देश पर अप्रत्यक्ष विपरीत प्रभाव भी पड़ते है। किसी भी देश के सर्वांगीण विकास के लिए उसके सभी कर्मचारियों को सुयोग्य होना चाहिए। यदि आरक्षण प्रदान किया जा रहा है तो ऐसे में सुयोग्य कर्मचारी की उम्मीद कैसे की जा सकती है?

विपक्ष में

आज आरक्षण के कारण देश में समाज का जातिगत बँटवारा हो गया है। जिसमें आज के स्वार्थी नेता देश के भविष्य की चिन्ता किये बिना राजनीतिक लाभ उठा रहे है। वह पिछड़ों को आरक्षण देकर अपना वोट बैंक बना रहे हैं।

भारत में सर्वप्रथम आरक्षण अंग्रेजों ने मुसलमानों को फायदा प्रदान किया था। उस समय अंग्रेजों ने भारत में "फूट डालो शासन करो" की नीति अपनाई थी, जिसके तहत उसने मुसलमानों को आरक्षण प्रदान कर हिन्दु–मुसलमान एकता में दरार डालने का कुटिल प्रयास बताकर किया था। अभी मुसलमानों को अल्पसंख्यक बताकर उन्हें कई बार आरक्षण प्रदान करने की बात की जा रही है। मुसलमानों की वर्तमान जनसंख्या भारत की जनसंख्या के 17% है। इनके अलावा आरक्षण की श्रेणी में हरिजन, अनुसूचित जाति, अनुसूचित जनजाति, पिछड़ा वर्ग, ईसाइयों एवं सिखों का स्थान आता है। यदि आरक्षण मिलने वाले इन सभी लोगों की जनसंख्या का संयोग कर दिया जाये तो वे भारत में बहुसंख्यक हो जायेंगे। जिन्हें आरक्षण नहीं मिलता है वे लोग अल्पसंख्यक बन जायेंगे।

आज हालात ये है कि भारत में राजनीतिक पार्टियों द्वारा वोट बैंक को आरक्षित किया जा रहा है। भारत एक प्रजातान्त्रिक देश है जिसमें बहुमत से सरकार चुनी जाती है। बहुमत पाने के लिए राजनीतिक दल जनता को तरह–तरह के प्रलोभन देती है। वास्तव में आरक्षण भी सरकार के द्वारा पिछड़े तबके के लोगों को दिया गया प्रलोभन है।

आज आरक्षण के चलते पिछड़ी जाति के कम अंक पाने वाले विद्यार्थियों का दाखिला मेडिकल तथा इंजीनियरिंग कॉलेजों में आसानी से लिया जा रहा है। जबकि अधिक अंक पाने वाले अगड़ी जातियों के मेधावी अभ्यर्थियों का दाखिला नहीं हो पाता है। आरक्षण का फायदा उठाने के लिए कुछ लोग फर्जी जाति प्रमाण–पत्र लेकर इसमें प्रवेश लेते पकड़े गये हैं। आज आरक्षण के कारण अयोग्य अभ्यर्थी राजकीय सेवाओं में उच्च पदों पर काबिज हो रहे हैं तो दूसरी तरफ प्रतिभावान विद्यार्थी बेरोजगारी और हताशा का शिकार होकर निराशा के अन्धकार में गुम हो जाते हैं। इनमें से कुछ प्रतिभावान छात्र जिन्हें उनकी प्रतिभा के अनुसार नौकरी नहीं मिलती उनमें से कुछ खिन्न होकर राष्ट्रविरोधी कार्यों में लग जाते हैं। आज आरक्षण की जमीनी सच्चाई ये

है कि – कुछ मामलों को छोड़ आरक्षण की चाह उन्हीं अभ्यर्थी को है जिनमें प्रतिभा की कमी होती है।

आज समाज के अलग–अलग तबकों से आरक्षण की मागें उठने लगी हैं। पुरुष की बराबरी करने का दम भरने वाली महिलाएँ भी अपने लिए आरक्षण का माँग करने लगी है लेकिन योग्यता को नजरअंदाज कर अयोग्य व्यक्तियों को आरक्षण दिये जाने से देश की प्रगति में बाधा आती है। इसलिए जरूरत है कि आरक्षण की व्यवस्था खत्म कर सरकार की भेदभाव बढ़ाने, समाज को जातियों में बाँटने वाली इस व्यवस्था को खत्म किया जाये।

आरक्षण को बढ़ावा देने में वर्तमान राजनीतिक पार्टियाँ ज्यादा जिम्मेदार है, वे ऐसा निम्नलिखित कारण में से करती है।

1. वोट बैंक बढ़ाने के लिए।
2. भारत की समाजिक व्यवस्था को बाँटकर अपना उल्लू सीधा करने के लिए।
3. यही व्यवस्था ब्रिटिशकाल में अंग्रेजों ने अल्पसंख्यकों को अपनी ओर आकर्षित करने के लिए किया था ताकि उनका भारत में राज़ बिना रोक–टोक के चलता रहे।
4. जो लोग रिजर्वेशन के असली हकदार हैं उन्हें तो अपने हक की जानकारी भी नहीं है। वे इन अधिकारों के प्रयोग के बारे में नहीं जानते क्योंकि उनकी हालत इतनी गयी गुजरी है कि उन्हें दो वक्त का पेटभर खाना भी नसीब नहीं है।

भारत की सरकार की तरफ से आज भी ऐसे लोगों को उनके हाल पर मरने के लिए छोड़ दिया गया है, जरुरत है सरकार ऐसे जरूरतमंद लोगों की पहचान कर उसकी आर्थिक तथा सामाजिक दशा में उल्लेखनीय योगदान करे।

12

एक सभ्य समाज में मृत्युदंड के लिए कोई स्थान नहीं होना चाहिए

(Shouldn't death penalty be abolished?)

पक्ष में

जब हम किसी को जिन्दगी दे नहीं सकते तो हमें उसे लेने का क्या हक है? मृत्युदंड पुराने जमाने की बर्बरता को चिह्नित करती है। यह ईश्वर की व्यवस्था में सीधा हस्तक्षेप है। महात्मा गांधी ने कहा था – "अपराध से घृणा करो, अपराधी से नहीं।" यदि कोई अपराध करता हैं तो कानून को उसे एक बार सुधरने का मौका अवश्य देना चाहिए। किसी को मृत्युदंड देकर हम ईश्वरीय व्यवस्था के ऊपर हस्तक्षेप करते है साथ ही हमारा समाज भी एक कटघरे में खड़ा हो जाता है। आज के भौतिकवादी युग में पैसे से सब कुछ खरीदा जा सकता है। आज पैसे के बल पर गवाहों के बदलने तथा इंसाफ को खरीदने का उदाहरण आम है यह भी संभव है पैसों के बल पर असली अपराधी बच जाये और उसकी जगह किसी निर्दोष को फाँसी के फंदे पर चढ़ा दिया जाये। रुपयों के बल पर फाँसी का दुरुपयोग होने की संभावना से भी इनकार नहीं किया जा सकता।

वैसे भी जब हम एक सभ्य समाज की बात करते हैं तो हम कहते हैं कि समाज में हर व्यक्ति का शारीरिक मानसिक तथा चारित्रिक विकास होना चाहिए। लेकिन देखा जाता है कि कुछ जघन्य अपराधों में हम अपराधी के प्रति अत्यंत क्रूर हो जाते हैं। यदि कोई बेहद घृणित अपराध या पाशविकता का आचरण करता है तो ऐसे में उसे आजीवन कारावास की सजा होनी चाहिए ताकि वह आजीवन काल कोठरी में अपनी गलतियों का अनुभव कर पाश्चाताप सके। किसी अपराधी के जीवन का मृत्युदंड के द्वारा अन्त कर देना दरअसल में उसके लिए बहुत छोटी–सी सजा है।

मनोविज्ञान के अनुसार मृत्युदंड देना ठीक नहीं है। मृत्युदंड की व्यवस्था समाज में एक कलंक की भाँति है जो हमारे समाज को सुधारने की जगह बिगाड़ने की प्रवृत्ति को बढ़ावा देती है। यह मानव को समाप्त कर अनगिनत प्रश्नों को जन्म देती है। मृत्युदंड की व्यवस्था समाज में इसलिए की गयी थी ताकि लोग अपराध करने से पहले इसके परिणाम के बारे में सोचकर डरें। कानून से डरकर समाज में अमन चैन व शान्ति बनी रहे। मगर ऐसा नहीं हुआ। मृत्युदंड के भय से अगर रेप, हत्या जैसे जघन्य अपराध रूक जाते तो यह व्यवस्था सबसे ज्यादा कारगर होती। क्या आतंकवादी को फाँसी

देने से आतंकवाद खत्म हो गया?

दरअसल में मृत्युदंड की व्यवस्था हमारे सभ्य समाज में एक कलंक की भाँति है, जो हमारे समाज में सुधरने की जगह बिगाड़ने की प्रवृत्ति को बढ़ावा देती है। यह मानवता की भावना को खंडित कर प्रेम, करूणा, अहिंसा, त्याग, दया की भावना को खंडित करती है। इसलिए सभ्य समाज में मृत्युदंड का कोई स्थान नहीं होना चाहिए।

विपक्ष में

यह सही है कि एक सभ्य समाज में मृत्युदंड के लिए कोई जगह नहीं है। मगर समाज के अंदर बढ़ते अपराधों के ग्राफ को देखकर तो ऐसा प्रतीत होता है जैसे हमारा समाज असभ्य और संवेदनहीन समाज है। इस समाज में मृत्युदंड उतना ही जरुरी है जितना किसी व्यक्ति के लिए राष्ट्र द्वारा घोषित उसका के मौलिक अधिकार है।

आज दुनिया में आतंकवाद, मादक पदार्थों की तस्करी, मानव तस्करी, विमानों का अपहरण होना सामान्य–सी घटना हो गयी है। हर रोज सुबह अखबार का पन्ना खोलते ही ऐसी ही खबरों पर हमारी नजर पड़ती है। हत्या, बलात्कार, डकैती जैसी घटनाएँ आम हो गयी है। अपराधियों ने मंदिर–मस्जिद को भी नहीं छोड़ा है। ऐसे दुर्दान्त अपराधियों को कुछ वर्षों के लिए जेल के अन्दर डालना कहाँ तक उचित रहेगा। अगर सभी अपराधियों को मृत्युदंड की जगह जेल में बंद करने लगे तो इनके लिए दुनिया की सारी जेलें छोटी पड़ जायेंगी। फाँसी की सजा लागू होने पर अपराधी मृत्युदंड के भय से कोई भी अपराध करने से पहले इस बारे में गौर करेंगे। विकृत मानसिकता वाले व्यक्तियों के लिए कठोर दंड की व्यवस्था करने में क्या बुराई है। कठोर दंड व्यक्ति को आपराधिक मार्ग में चलने के लिए हतोत्साहित करती है। समाज में अपराध के लिए मिलने वाले दंड का भय जरुरी है यदि ऐसा नहीं होगा तो समाज अनियन्त्रित हो जायेगा। अपराधी बेखौफ हो जायेंगे।

यदि वास्तव में हम एक सभ्य समाज का निर्माण चाहते हैं तो हमें मृत्युदंड की व्यवस्था बहाल रखनी होगी। हमारा देश नक्सलवाद, उग्रवाद, आतंकवाद जैसे भीषण संकट के बुरे दौर से गुजर रहा है।

दिल दहला देने वाली ऐसी घटनायें, नारी के प्रति बढ़ते यौन अपराध, बदमाशों के बढ़ते दुस्साहस ने हमें यह सोचने पर मजबूर कर दिया है कि इन बेखौफ अपराधियों को आखिर ऐसी कौन–सी बड़ी से बड़ी सजा दी जाये जिससे ये जीवन में फिर दोबारा ऐसी गलती करने का साहस नहीं कर सके।

पिछले कुछ सालों में देश की ज्वलंत समस्याओं के अतिरिक्त देश में बच्चों और अबलाओं के खिलाफ घटी घटनाओं ने मृत्युदंड की प्रासंगिकता को पुनर्जीवित कर दिया है। मुम्बई, दिल्ली में जैसे शहरों में आतंकवाद की घटनाओं में छोटे–छोटे मासूम बच्चे अनाथ व बेसहारा हो जाते है। उसे देखकर हर भारतवासी यही सोचता है ऐसे अपराधी को फाँसी की सजा दी जाये जिसे देखकर फिर कोई अपराधी फिर ऐसा करने की जुर्रत नहीं कर सके।

13

परमाणु समझौता भारत के लिए कितना जरुरी, गैरजरुरी

(Should india sign the nuclear non-proliferation treaty?)

परमाणु समझौता भारत के लिए जरुरी

भारत की परमाणु नीति विश्व में बिल्कुल अलग किस्म की है। यह नीति हमारी विदेश नीति का एक अविभाज्य अंग है। पिछले चौंतीस वर्षों में अपनी इस नीति से हमने विश्व के राष्ट्रों के बीच अपनी विश्वसनीयता बनायी है। हमारी नीति पंचशील के सिद्धान्तों से संचालित है। इसके अन्तर्गत अब राजनीति, सांस्कृतिक, आर्थिक कूटनीतिक कारकों के अतिरिक्त अन्य महत्त्वपूर्ण कारकों का भी महत्त्वपूर्ण योगदान है। हमारी परमाणु नीति की यह विशेषता रही है कि वह संयमपूर्ण और पारदर्शी है। परमाणु अप्रसार सन्धि और परमाणु आपूर्तिकर्ता समूह में शामिल न होने के बावजूद भारत ने परमाणु सामग्री और उससे सम्बन्धित तकनीक पर कारगर निर्यात नियंत्रण बनाये रखा है।

भारत की परमाणु अप्रसार सन्धि

भारत अप्रसार तथा कड़े निर्यात नियंत्रण बनाये रखने के प्रति प्रतिबद्ध है, ताकि यह सुनिश्चित किया जा सके कि हमारे देश में ही विकसित जानकारी और तकनीक अनावृत (लीक) न हो सके। वस्तुतः इस सम्बन्ध में भारत का प्रदर्शन परमाणु अप्रसार सन्धि में शामिल कुछ देशों से भी अच्छा रहा है। भारत ने किसी भी अन्तर्राष्ट्रीय करार का उल्लंघन नहीं किया है और अप्रसार के मामले में इसकी साफ छवि रही है। हाल ही में परमाणु करार को मंजूरी मिलना एक बड़ी जीत है। इसी के साथ भारत वैश्विक कूटनीति के साथ ही साथ ऊर्जा के मुद्दे पर भी भारत ने ऐतिहासिक उपलब्धि हासिल की है। ऊर्जा वर्तमान समय में हमारी जरूरत है, ऊर्जा के अभाव में विकास कार्यों की परिणति नहीं हो सकती। इसके अभाव में उद्योगों का परिचालन, निर्माण कार्य और शोध कार्य सभी ठप्प पड़ जायेंगे। देश में आधारभूत संरचना के विकास में ऊर्जा की भूमिका अहम् है।

भारत का स्टेटस बिल्कुल बदल जायेगा

परमाणु करार भारत की ऐतिहासिक उपलब्धि है। इस परमाणु करार से भारत का 1974 से जारी 34 वर्षों का वनवास समाप्त होकर उसे 45 परमाणु क्लब के सदस्यों से ईंधन, ऊर्जा और तकनीक पाने के अवसर बढ़ेंगे। अरबों डॉलर का विदेशी निवेश आयेगा। जंग खाते व्यापार चक्र को नये पंख लग जायेंगे साफ सुथरी पर्यावरण मित्र जैसी ऊर्जा मिलेगी जो पेट्रोल मूल्यों के उतार–चढ़ाव तथा उत्पादक देशों पर निर्भरता समाप्त करेगी। अमेरिका के साथ सामरिक साझेदारी होने से उसको परमाणु शक्ति सम्पन्न राष्ट्र का दर्जा और सुरक्षा परिषद में स्थायी सदस्यता का मार्ग साफ होगा। इससे भारत का स्टेटस बिल्कुल बदल गया है। एनएसजी से अनुमति मिलने के बाद परमाणु ईंधन व तकनीक के मामले में अग्रणी देशों से हमें अलग से समझौते करने होंगे। वैश्विक धरातल पर भारत की स्थिति अब और विशिष्ट हो गयी है। दो–दो बार परमाणु परीक्षण करने के बाद भी भारत परमाणु अप्रसार सन्धि के दायरे में नहीं आता है। इस तरह भारत को अपने ढ़ंग से काम करने की आजादी मिली हुई है। इस तरह से सब कुछ भारत के पक्ष में हैं, इस मामले में एनएसजी कोई बाधा नहीं बन सकता।

परमाणु ऊर्जा से बिजली पैदा होगी

भारत के अधिकांश क्षेत्रों में एक दिन में 12 घण्टे भी बिजली नहीं आती है। अब परमाणु करार के रूप में मिली उपलब्धि से पर्याप्त ऊर्जा उपलब्ध होगी। सार्वजनिक क्षेत्र के उपक्रम परमाणु ऊर्जा निगम ने अगले 25 सालों में 63,000 मेगावाट परमाणु बिजली पैदा करने का लक्ष्य रखा है। ऐसा अनुमान है कि परमाणु ऊर्जा उद्योग में आने वाले दिनों में 1 लाख 20 हजार करोड़ रुपये का निवेश होगा, जिससे लाखों रोजगार के अवसर उत्पन्न होंगे, उद्योग जगत में क्रांति आयेगी, गाँवों तक में अवरोध रहित बिजली की आपूर्ति होगी, ये सब देश के हित में होगा। केंद्र सरकार ने हाल में आठ स्थानों पर 15 नये परमाणु ऊर्जा संयंत्र लगाने के प्रस्ताव को मंजूरी दी है जिसमें से चार परमाणु संयंत्रों का निर्माण फ्रांस, अमेरिका और रूस की कम्पनियाँ करेंगी। समझौते के बाद अपेक्षाकृत तेज ब्रीडर रिएक्टरों के जुड़ने से हमारी परमाणु ऊर्जा क्षमता 2050 तक करीब दो लाख मेगवाट की हो जायेगी जबकि अभी हम केवल चार हजार मेगावाट परमाणु ऊर्जा का उत्पादन कर पा रहे।

आवश्यकतानुसार नई तकनीकें प्राप्त होंगी

इस समझौते के बाद हमें केवल यूरेनियम ही नहीं बल्कि वे सारी तकनीकें भी मिल जायेंगी, जिससे देश का आम आदमी लाभान्वित होगा। लिहाजा, देश तकनीकी रूप में काफी मज़बूत हो जायेगा। इसके अलावा, हमें ऐसे रासायन भी मिल जायेंगे, जिसका इस्तेमाल सेना, इलेक्ट्रॉनिक चिप्स और सड़कें आदि बुनियादी ढ़ाँचाओं को मज़बूत करने में किया जायेगा। यही नहीं हमें अमेरिका से कुछ ऐसे इलेक्ट्रॉनिक्स चिप्स भी मिल जायेंगी, जिसका इस्तेमाल स्पेस में किया जा सकता है। किसी भी राष्ट्र के सम्पूण र्ण विकास के लिए ऊर्जा का महत्त्वपूर्ण योगदान होता है और यह सन्धि देश में ऊर्जा

की कमी को पाटने में काफी मददगार साबित होगी।

त्रिस्तरीय परमाणु कार्यक्रम – भविष्य के लिए अनन्त सम्भावनाएँ

हमारे त्रिस्तरीय परमाणु ऊर्जा कार्यक्रम जारी रखने के अधिकार पूरी तरह से सुरक्षित हैं। यह करार हमारे अपने उद्देश्यों के लिए हमारी स्वतन्त्र और देश में विकसित परमाणु सुविधाओं के इस्तेमाल के हमारे अधिकार को पूरी तरह सुरक्षित रखता है। इस करार के अनुसार हम अपने कार्यकलापों, जिनमें हमारी अपनी जरूरतों के लिए परमाणु सामग्री, गैर–परमाणु सामग्री, संयंत्रों संघटकों, सूचना अथवा प्रौद्योगिकी का इस्तेमाल तथा देश में ही निर्मित, अधिगृहीत अथवा विकसित सैन्य परमाणु सुविधाओं का इस्तेमाल शामिल है, को निर्बाध रूप से बिना किसी हस्तक्षेप के जारी रख सकते हैं। हमारे त्रिस्तरीय परमाणु कार्यक्रम में भविष्य के लिए अनंत सम्भावनाएँ हैं तथापि थोरियम आधारित तकनीक, जो कि तीसरे चरण का आधार होगी, के त्वरित कार्यान्वयन के बाद, समय के साथ यह आर्थिक रूप से व्यावहारिक बन जायेगी। चूँकि हमारी यूरेनियम आपूर्ति काफी कम हैं इसलिए हमें इसे अन्यत्र से हासिल करने की जरूरत है। हालाँकि हमारे यूरेनियम संसाधनों के इस्तेमाल से चल रहा हमारा त्रिस्तरीय कार्यक्रम जारी है तथापि यह करार हमारे लिए अन्तर्राष्ट्रीय सहयोग के द्वार खोलता है, इससे हमें परमाणु ऊर्जा का अंश बढ़ाने में सहायता मिलेगी। स्वदेशी सुविधाओं को आयातित सुविधाओं से अलग करके हमारे कार्यक्रम आगे बढ़ते रहेंगे।

परमाणु समझौता भारत के लिए – गैरजरुरी

भारत और अमेरिका के बीच परमाणु समझौता एक ऐतिहासिक उपलब्धि जरूर है लेकिन अमेरिका की नीतियों को देखते हुए हमें यह ध्यान रखना होगा कि कहीं इस समझौते से हमारे हाथ न कट जाये। डा. पी. के. आइएंगर भूतपूर्व चैयरमैन आणविक ऊर्जा आयोग, डा. गोपालकृष्णन भूतपूर्व चैयरमैन आण्विक ऊर्जा विनिमयन मण्डल एवं डा. ए.एन. प्रसाद भूतपूर्व निदेशक भाभा आणविक शोध केन्द्र की ओर से सांसदों के नाम एक संयुक्त अपील में कहा गया है कि परमाणु करार के कई गम्भीर परिणाम हो सकते हैं। इन वैज्ञानिकों का मानना है कि समझौते से भारतीय परमाणु व्यवस्था तो कमजोर पड़ेगी ही, साथ ही परमाणु क्षेत्र में स्वदेशी शोध एवं विकास की प्रक्रिया को बढ़ाना एवं बचाना भी असम्भव हो जायेगा क्योंकि परमाणु करार से जुड़ी बहस में अभी तक इसका उल्लेख नहीं हुआ कि–

1. वैकल्पिक स्वदेशी परमाणु सम्भावनाएँ क्या हैं?
2. अमरीका के साथ परमाणु समझौता करने से हमें क्या अतिरिक्त लाभ मिल रहा है?
3. इस कथित अतिरिक्त लाभ के बदले में हम अपने ऊपर क्या–क्या रोक लगा रहे हैं? अभी तक इनका पूर्ण एवं सही आकलन नहीं हुआ है।

4. परमाणु करार का हमारी अर्थव्यवस्था पर क्या असर पड़ेगा इस लाभ हानि का आकलन किया जाये।
5. निकट भविष्य में परमाणु क्षेत्र की अर्थव्यवस्था में क्या भूमिका रहेगी?
6. भारत–अमरीका परमाणु करार किन–किन क्षेत्रों में और किस हद तक हमारी सम्प्रभुता को खण्डित अथवा सीमित करता है?

हाईड एक्ट की सच्चाई क्या है

सरकारी प्रवक्ता बार–बार कहते हैं कि परमाणु करार से भारत के परमाणु कार्यक्रम के लिए ईंधन की समस्या हमेशा के लिए समाप्त हो जायेगी। परन्तु यह पूर्ण सत्य नहीं है। ऐसा तभी होगा यदि हम इससे जुड़ी सारी शर्तों मान लें। हाईड एक्ट की धारा 102/6 बी के तहत एक शर्त यह भी है कि हमारी विदेश नीति अमरीकी विदेश नीति के अनुकूल रहेगी। गोपालकृष्णन एवं प्रसाद का संयुक्त पत्र यह कहता है– "आई.ए.ई.ए. के सुरक्षा उपायों के विषय में शक यह है कि यह करार किस सीमा तक भारत केन्द्रित है। खासकर हाईड एक्ट एवं 123 करार पढ़ने से स्पष्ट हो जाता है कि इन दस्तावेजों में निरन्तर बाधा रहित ईंधन आपूर्ति के विषय में कोई ठोस आश्वासन नहीं है, खासकर उन रिएक्टरों के लिए जो भारत आई.ए.ई.ए. सुरक्षा नियमों के तहत स्वयं ला रहा है। अन्तर्राष्ट्रीय आणविक ऊर्जा प्राधिकरण के विषय में यह जगजाहिर है कि उसे निरन्तर ईंधन आपूर्ति के मसले से कोई लेना–देना नहीं है, अतः भारतीय वार्ताकारों को इस विषय पर प्रामाणिक तौर पर कोई आश्वासन नहीं मिला है।"

भविष्य में परमाणु परीक्षण न कर पाने से भारत के परमाणु हथियारों के विकास कार्यक्रमों को नुकसान होने की संभावनाएँ हो सकती हैं।

अन्तर्राष्ट्रीय आणविक ऊर्जा प्राधिकरण, अमरीका एवं परमाणु आपूर्तिकर्ता समूह के देशों के साथ किये गये करार एन.पी.टी. पर आधारित हैं। यह जगजाहिर है कि एन.पी.टी. दोहरे मापदण्डों पर आधारित है। परमाणु प्रसार रोकने की इच्छा को साक्षी रखकर एन.पी.टी. पद्धति विश्व को दो असमान अधिकारों वाले भागों में बाँटती है। संयुक्त राष्ट्र अमरीका, ब्रिटेन, रूसी महासंघ, फ्रांस एवं चीन को परमाणु अस्त्र वाले देशों का दर्जा दिया गया है। शेष सभी राष्ट्रों को गैर परमाणु अस्त्र वाले देशों का दर्जा दिया गया है। चूँकि इस सन्धि पर हस्ताक्षर की प्रक्रिया 1 जुलाई 1968 को शुरू की गयी थी, अतः केवल उन्हीं देशों को परमाणु अस्त्र सम्पन्न देश माना गया, जो 1967 तक परमाणु परीक्षण के द्वारा परमाणु अस्त्र बना चुके थे। भारत ने प्रथम पोखरण परीक्षण 1974 में किया था, अतः एन.पी.टी. के तहत उसे परमाणु अस्त्र वाला देश स्वीकार नहीं किया गया। यही हालत इजराईल एवं पाकिस्तान की है। अतः इन तीन देशों ने आज तक एन.पी.टी. पर हस्ताक्षर नहीं किया है। इसी कारण इन तीनों देशों को परमाणु अस्त्रों के क्षेत्र में अन्तर्राष्ट्रीय सहयोग वर्जित है। इस बात को भारत सरकार भली–भाँति जानती है।

भारत की दूसरे देशों पर निर्भरता बढ़ने की आशंका

एन.पी.टी. के प्रावधानों को ही ध्यान में रखते हुए भारत के परमाणु उपकरणों का विभाजन सामरिक एवं सामान्य दो खण्डों में हो रहा है। वर्तमान करार सामान्य परमाणु

संसाधनों से सम्बन्धित है। लेकिन इसके लागू होते ही समझौते से पूर्व निर्मित पूर्णतः देशी सामान्य संसाधनों के ईंधन का कोई अंश पूर्णतः देशी सामरिक संसाधन में उपयोग नहीं हो पायेगा।

एन.पी.टी. सन्धि की धारा 3 के तहत भारत अन्तर्राष्ट्रीय आणविक ऊर्जा प्राधिकरण के समक्ष अपने सामान्य परमाणु संसाधनों को निगरानी एवं सुरक्षा उपाय हेतु पेश कर रहा है। भारत सरकार इस बात को नजरअन्दाज करके भले ही यह कह रही है कि वह आई.ए.ई.ए. से सीधे सम्पर्क में है और वह एन.पी.टी. पर दस्तखत नहीं करेगी, लेकिन सत्य यह है कि आई.ए.ई.ए. के सुरक्षा उपाय करार एवं जाँचकर्ता करार दोनों ही मूलतः एन.पी.टी. पर आधारित हैं।

इस करार के तहत हाइड एक्ट की धारा 109 के जरिए अमेरिका ने यह सुनिश्चित किया है कि परमाणु निरस्त्रीकरण के अमेरिकी अभियान में भारत साथ चलने को बाध्य होगा। इस बारे में हर साल अमेरिकी राष्ट्रपति वहाँ के कांग्रेस में एक रिपोर्ट प्रस्तुत करेगा, जिसके आधार पर यह तय किया जायेगा कि भारत अमेरिका के मुताबिक काम कर रहा है या नहीं। जाहिर है इससे भारत के निर्णय लेने की क्षमता पर आँच आयेगी।

परमाणु ईंधन की आपूर्ति व करार का बने रहना अमेरिकी कांग्रेस पर निर्भर

हाइड एक्ट प्रौद्योगिकी हस्तांतरण पर प्रतिबन्ध लगाता है। साथ ही यह भारत को दोहरे प्रयोग की प्रौद्योगिकी तक पहुँचने से रोकता है। यानि भारत नाभिकीय ईंधन के सम्पूर्ण चक्र का हकदार नहीं हो सकता है। अमेरिकी राष्ट्रपति हर साल जो रिपोर्ट वहाँ की कांग्रेस में रखेंगे, अगर उसमें यह पाया जाता है कि भारत इसका पालन नहीं कर रहा तो वह परमाणु समझौते को रद्द कर देगा। साथ ही वह अन्य देशों पर भी यह दबाव डालेगा कि वे भारत को एटमी ईंधन और प्रौद्योगिकी की सप्लाई बन्द कर दें। हम इस सौदे में फायदे से ज्यादा नुकसान में रहेंगे। भारत को न तो आणविक ईंधन और न ही रिएक्टर कम दाम या मुफ्त में मिलेगा। इसे हमें प्रचलित बाजार मूल्य पर ही खरीदना होगा। जो निश्चय ही स्वदेशी परमाणु शक्ति के दाम को बढ़ा देगा। नाभिकीय तकनीक मिलने का दावा भी खोखला है। एक तो यह बहुत देर से आयेगा और दूसरी बात यह कि इसकी मात्रा बहुत कम होगी।

इसी तरह अगर करार टूटता है तो भारत को वो सारी मशीनें, औजार और प्रौद्योगिकी वापस करनी होगी जो इस डील के तहत मिलेगा। इसके अलावा हमारे चौदह परमाणु रिएक्टर पर निगरानी जारी रहेगी। वहीं दूसरी तरफ अमेरिका द्वारा करार में किये गये किसी वायदे को तोड़ा जाता है तो ऐसी हालत में क्या होगा, इसका उल्लेख इस समझौते में नहीं किया गया है।

ईंधन, तकनीक और पुर्जों पर अन्तर्राष्ट्रीय नियंत्रण

इसी प्रकार अमरीका का आणविक ऊर्जा एक्ट 1994 भी एन.पी.टी. को ही वैश्विक परमाणु सन्धि का मूल आधार मानना है। इस अधिनियम की धारा 123 के तहत जिन छूटों की चर्चा आजकल हो रही है, वे सर्वव्यापी नहीं हैं। धारा 123 के तहत कुछ

प्रावधानों से ही छूट मिलती है, खासकर सरकार बनाम सरकार रिश्तों में, परन्तु एन.पी.टी. तो अमरीकी अधिनियम के हर प्रावधान से जुड़ा हुआ है।

रियक्टरों की निगरानी से देश की सुरक्षा को गम्भीर खतरा

ऐसा अंदाज लगाया जा रहा है कि 2008 तक तय किये जाने वाले कलाइमेट चेंज प्रोटोकाल के तहत स्वच्छ ऊर्जा के नाम पर परमाणु ऊर्जा को बढ़ावा दिया जायेगा और जीवाश्ममय ईंधन के उपयोग पर दण्ड का प्रावधान होगा। इस कारण ताप बिजली घरों के बदले परमाणु बिजली घरों की माँग बढ़ जायेगी। इस माँग को पूरा करने के लिए अमरीका और उसके साथी सक्रिय हो गये हैं। आने वाले समय में यदि सभी नये परमाणु बिजली घरों में अमरीका अथवा पाश्चात्य देशों का हस्तक्षेप रहेगा तो निश्चय ही ऊर्जा के लिए हस्तक्षेप सम्पूर्ण अर्थव्यवस्था पर प्रभावी हो जायेगी।

14

वर्तमान वैश्विक आर्थिक संकट का समाधान—समाजवाद

(Is socialism a panacea for global economic crisis)

वर्तमान वैश्विक आर्थिक संकट का समाधान – समाजवाद

हाल ही जून 2012 में जी–20 का शिखर सम्मेलन मैक्सिको के लास काबोस में सम्पन्न हुआ। जहाँ शिरकत करने गये प्रधानमन्त्री मनमोहन सिंह का कहना था कि यूरोप की मौजूदा आर्थिक स्थिति खासतौर से चिंताजनक है, क्योंकि यूरोप वैश्विक अर्थव्यवस्था में एक बड़ी हिस्सेदारी रखता है, तथा भारत का एक प्रमुख व्यापारिक और निवेश साझेदार हैं। प्रधानमन्त्री ने कहा था, वहाँ लगातार समस्या बने रहने से वैश्विक बाजारों में मंदी रहेगी और हमारे आर्थिक विकास पर उसका विपरीत असर पड़ेगा। हम आशा करते हैं कि यूरोपीय नेता वित्तीय समस्याओं के समाधान के लिए ठोस कार्रवाई करेंगे। अधिशेष राष्ट्रों को चाहिए कि वे कर्ज से दबे देशों में राजकोषीय दूरदर्शिता और सादगी के साथ सामंजस्य बिठाते हुए नपातुला राजकोषीय विस्तार करें। सतत आर्थिक विकास, गरीबी उन्मूलन और रोजगार सृजन के लिए बुनियादी ढ़ाँचें में निवेश जरुरी है। बहुपक्षीय विकास बैंकों को इस उद्देश्य के लिए मज़बूत किया जाना चाहिए। चूँकि भारत जैसे विकासशील देश वैश्विक आर्थिक संकट के नकारात्मक असर के कारण गम्भीर समस्याओं का पहले से सामना कर रहे हैं, लिहाजा उनके पास विकास के लिए बहुत कम धन है। इस संदर्भ में विकासशील देशों में बुनियादी ढ़ाँचों में निवेश विशेष महत्त्व रखता है। यह दीर्घकाल के लिए तीव्र विकास की बुनियाद रखता है, तथा माँग का एक मज़बूत स्रोत उपलब्ध कराकर उनकी अर्थव्यवस्थाओं को तथा वैश्विक अर्थव्यवस्था को भी तत्काल प्रोत्साहन मुहैया कराता है। यह तभी सम्भव है, जब विकासशील अर्थव्यवस्थाओं को इस तरह के निवेश के वित्तपोषण के लिए दीर्घकालिक पूँजी प्राप्त हो, जो कि कठिन है, क्योंकि पूँजी प्रवाह अवरुद्ध बना हुआ है।

यूरोजोन का बढ़ा हुआ कर्ज

यूरोजोन देशों में एक तरफ जर्मनी, हॉलैंड, फिनलैंड और कुछ हद तक फ्रांस जैसे अमीर देश हैं तो दूसरी तरफ ग्रीस, इटली, पुर्तगाल और स्पेन जैसी कमजोर पड़ती अर्थव्यवस्थाएँ। इस अन्तर की वजह से वहाँ एक के बाद एक संकट पैदा हो रहे हैं। साथ ही इन दो गुटों में इस संकट से निपटने के तरीके को लेकर भी विरोध है। कमजोर आँकड़ों और यूरोजोन संकट से निपटने की योजनाओं की वजह से निवेशक परेशान हैं और इसी वजह से दो सालों में पहली बार यूरो मुद्रा डॉलर के मुकाबले अपने सबसे निचले स्तर पर आ गयी है, और अब श्रम बाजार में भी मंदी दिखायी दे रही है, बेरोजगारी दर लगातार तीन महीनों से बढ़ रही है और चीन की निर्यात दर भी सिर्फ 6 फीसदी रह गयी है। आने वाले समय में यूरोजोन संकट के छाए रहने की संभावना है जिसकी वजह से भारत और चीन जैसी उभरती हुई अर्थव्यवस्थाओं को कई तरह की दिक्कतों का सामना करना पड़ रहा है। उधर हाल के महीनों में ब्राजील और चीन में भी सुस्ती के संकेत मिल रहे हैं। इसका आम आदमी पर असर पड़ना जल्दी ही शुरू हो जायेगा। नौकरियाँ घटेंगी, महँगाई पर बहुत ज्यादा लगाम नहीं कसी जा सकेगी। भारत की आधी आबादी गरीबी रेखा के आसपास जीती है, इसलिए अगर इस संकट का हमारे आर्थिक विकास पर थोड़ा बहुत भी असर पड़ा तो स्पष्ट है कि गरीबी की अवस्था से बाहर निकलने की दर और कम हो जायेगी और जो अभी की परिस्थितियाँ जो कि बहुत अच्छी नहीं है, वो जारी रहेगी। दूसरे शब्दों में कहें कि गरीबी से लड़ने के लिए भारत के पास एक ही रास्ता है और वो ये कि हम अपने आर्थिक विकास को तेज करें। इस काम में यूरोप और अमरीका में छाई मंदी का असर पड़ रहा है। यहाँ साफ जाहिर है कि समाजवाद को बढ़ावा देने से ही वैश्विक आर्थिक मंदी से छुटकारा पाया जा सकता है।

अमरीका की मंदी का अर्थव्यवस्था पर प्रभाव

अमरीकी अर्थव्यवस्था में जून के महीने में सिर्फ 80, 000 नई नौकरियाँ जुड़ीं जो श्रम बाजार में जारी कमजोरी की ओर इशारा करता है और राष्ट्रपति ओबामा के फिर से चुने जाने से ये एक महत्त्वपूर्ण मुद्दा साबित हो चुका है। यूरोपीय देशों की ही तरह अमरीका भी कर्ज से जूझ रहा है। साथ ही उसे अगले साल से बढ़ते टैक्स और खर्चों में कटौती से भी जूझना है, और यूरोप की ही तरह अमरीका के दोनों राजनीतिक दल– रिपब्लिकन और डेमोक्रेट, इस स्थिति से निपटने के लिए एक योजना पर सहमति नहीं बना पा रहे हैं। हालाँकि अमरीकी व्यापारियों का यह मानना है कि अब भी अमरीका, दुनिया की किसी और बड़ी अर्थव्यवस्था से बेहतर स्थिति में है। साथ ही अर्थव्यवस्था को फिर से पटरी पर लाने के लिए अमरीकी सरकार ने कई गैर–पारम्परिक तरीके अपनाए हैं जिनमें कर्जे और ब्याज दरों को घटाने के लिए बॉन्ड खरीदने का कार्यक्रम शामिल है।

चीन से उभरती धीमी गति

उधर चीन में दूसरी तिमाही के सकल घरेलू उत्पाद, जीडीपी, आँकड़े निरन्तर मंदी की ओर इशारा करते हैं। इस दौरान जीडीपी दर कम होकर 7.6 फीसदी हो गयी जबकि एक दशक में पहली बार सालाना विकास दर गिरकर 8 फीसदी से कम हो गयी। चीन, बरबेरी, कैरेफोर और बीएमडब्ल्यू जैसी कई बड़ी कम्पनियों के लिए सबसे बड़ा निर्यात बाजार है और यहाँ मंदी होने से इन कम्पनियों के मुनाफे के लिए बुरी ख़बर है। चीन और भारत में धीमी होती विकास दर का मतलब है कि थाईलैंड और फिलीपींस जैसे एक या दो देशों को छोड़कर ये मंदी एशिया क्षेत्र में भी आयेगी। चीन ने इस वर्ष मार्च में सालाना विकास दर घटाकर 7.5 फीसदी की। वर्ष 2004 के बाद ये पहला मौका है जब चीन की विकास दर 8 फीसदी से कम रही हो। विकास की गति बढ़ाने के लिए चीन के केंद्रीय बैंक ने भी एक महीने से कम समय में ब्याज दरों में दो बार कटौती की है। अब तक प्रॉपर्टी बाजार में तेजी और सरकारी खर्चे के दम पर चीन की अर्थव्यवस्था तेजी से विकास कर रही थी, लेकिन अब गोदामों में जमा हो रहे उत्पादों की वजह से उसका कर्ज बढ़ रहा है।

वैश्विक संदर्भ में पूँजीवाद की सार्थकता समाप्त हो रही है

वैश्विक मुक्त बाजार के जिस उदारवादी रवैये के अमेरिकी अर्थव्यवस्था दुनिया में आर्थिक मंदी का कारण बनी। भारतीय किसान को पारंपरिक खेती से विमुख करने और कर्ज में डूबने में अहम् भूमिका भी इसी अर्थव्यवस्था और मुनाफाखोर बहुराष्ट्रीय कम्पनियों की रही। हमने विकास की अन्धी दौड़ में बहुत कुछ खोया है। अपने हित के लिए सामाजिक विकास और हितों को तिलांजलि दी है। इसलिए आज हमारा देश और विश्व अनेक सामाजिक, आर्थिक समस्याओं से जूझ रहा है। इन समस्याओं का समाधान गांधीजी के उस समाजवाद में छुपा हुआ है, जो अपने हित से ऊपर सामाजिक हितों का प्रमुखता देता है। चीन एशिया की महाशक्ति बनने की ओर अग्रसर है, जिसका कारण है वहाँ समाजवादी व्यवस्था के मॉडल को अपनाना। जहाँ किसी की व्यक्तिगत सम्पत्ति नहीं है, जो भी सम्पत्ति है समाज की है। समाजवादी व्यवस्था एक ऐसी व्यवस्था है जहाँ अमीरों और गरीबों के बीच खाई न हो। जहाँ शोषण और अत्याचार न हो। जहाँ सामाजिक हितों को प्रमुखता दी जाये। इसलिए अब अमेरिकी राष्ट्रपति अपने साप्ताहिक रेडियो अभिभाषण में अगर ये संदेश देते हैं कि विश्व भर में फैली हुई मंदी से निकलने का एक ही तरीका है कि वैश्विक स्तर पर आपसी सहयोग से इसका हल ढूँढ़ा जाये, तो आश्चर्य नहीं होना चाहिए। आज ये भी सच है कि विकसित देशों की फिजूलखर्ची से ही मंदी की शुरूआत हुई है तो उन्हें अपने अनियन्त्रित खर्चों और उपभोग पर लगाम लगानी पड़ेगी और इसके लिए समाजवाद को अपनाना ही होगा।

भारतीय समाजवाद

जहाँ तक भारत की बात है तो देश को फिलहाल कम आर्थिक वृद्धि दर की समस्या

से दो–चार होना पड़ रहा है और वृद्धि दर पिछले लगभग एक दशक के सबसे निचले स्तर पर रह गयी है। इस साल मार्च तक तीन महीनों के दौरान देश की आर्थिक वृद्धि दर 5.3 फीसदी रह गयी है जबकि बीते वर्ष की समान अवधि में यह 9.2 फीसदी थी। इस सुस्ती की वजह से कृषि और निर्माण क्षेत्र प्रभावित हुआ है लेकिन दूसरी ओर बाहरी वातावरण में बेहद प्रतिकूल स्थिति होने के बावजूद हम मानते हैं कि अर्थव्यवस्था की हमारी जड़ें मज़बूत है। ऊपर से यूरोपीय और अमरीकी नेता अपने आर्थिक संकट से उबरने के लिए फिलहाल चीन और भारत जैसी तेजी से बढ़ती अर्थव्यवस्थाओं की ओर देख रहे हैं, तो क्यों देख रहे हैं, उसके पीछे वजह है भारतीयों की हर हालत में सबको एक साथ लेकर चलने की आदत।

इस वैश्विक आर्थिक संकट ने हमें सोचने पर मजबूर कर दिया है कि पूँजीवादी अर्थव्यवस्था हमें सुख साधन तो उपलब्ध करवा सकती है, लेकिन सामाजिक समता के लिए हमें समाजवादी अर्थव्यवस्था के गुणों को ही अपनाना होगा। व्यक्तिगत हितों के स्थान पर सामाजिक हितों को प्रमुखता देनी होगी। अगर गरीब और अभावग्रस्त लोगों के साथ आर्थिक सहयोग किया जाये, तो वे भी अपनी गरीबी और अभावों से छुटकारा पा सकते हैं। अतः यदि हम वास्तव में इस आर्थिक संकट से छुटकारा चाहते हैं, तो हमें समाजवादी व्यवस्था से उस मॉडल को अपनाना होगा, जो हमारे समाज में व्याप्त वर्ग भेद, शोषण, असमानता को दूर कर दें।

वर्तमान वैश्विक आर्थिक संकट का समाधान – समाजवाद नहीं

समाजवाद वह प्रणाली है, जिसमें राज्य या देश की जो सम्पत्ति होती है, उस पर देश के प्रत्येक व्यक्ति का बराबर अधिकार होता है। समाजवाद में व्यक्ति को नहीं, अपितु समाज को अधिक महत्त्व दिया जाता है, क्योंकि इस प्रणाली में एक व्यक्ति के द्वारा किये गये कार्य को महत्त्व नहीं दिया जाता। व्यक्ति चाहे अपने उत्थान के लिए कितना भी कठोर श्रम क्यों न करे, उस कार्य का समस्त श्रेय वहाँ के समाज को ही जाता है। ऐसा इसलिए होता है कि इस प्रणाली में निजी सम्पत्ति की अपेक्षा सामूहिक सम्पत्ति पर अधिक बल दिया जाता है। समाजवादी प्रणाली जो किसी देश या प्रान्त की मंदी में निष्क्रियता तो ला सकती है, लेकिन समाजवाद आर्थिक संकट का समाधान नहीं है। समाजवादी प्रणाली से आर्थिक संकट का असर दोगुना हो सकता है। जब लोग कार्य से विमुख नहीं होंगे तो भला कैसे एक देश आर्थिक संकट से जूझ सकता है।

समाजवादी प्रणाली सक्रिय समाज के लिए घातक

समाजवादी प्रणाली सक्रिय समाज को अपने नियमों के अधीन करके उसे निष्क्रिय बनाती है। समाजवाद और आर्थिक संकट में दूर–दूर तक कोई सम्बन्ध नहीं है। आर्थिक संकट अपना विकराल रुप तब धारण करता है जब मुद्रा का मूल्य गिरता है और वस्तुओं के मूल्य में वृद्धि होती है। जब भी किसी देश में आर्थिक संकट आता है

तो उस देश की अर्थव्यवस्था एकदम से चरमरा जाती है। कारण देश की जरुरतें तो बढ़ती हैं लेकिन साधन सीमित होते हैं। जनसंख्या बढ़ने के साथ वस्तुओं की माँग तो बढ़ जाती है, लेकिन उस अनुपात में उत्पादन नहीं हो पाता जिसके परिणामस्वरुप वहाँ गरीबी और भुखमरी का वातावरण बन जाता है जिसके कारण गरीब देश और भी गरीब हो जाता है। इस स्थिति में वह देश किसी विशेष सुविधा प्राप्त करने के बारे में तो बिल्कुल सोच नहीं सकता। समाजवाद प्रणाली में सबको बराबर पूँजी तो प्राप्त हो जाती है, लेकिन इस प्रणाली में श्रम करने वाले और श्रम न करने वाले दोनों की स्थिति में समानता होती है। जब एक व्यक्ति को मालूम हो कि वह जितना भी धन कमाए उस पर समाज का बराबर अधिकार होना है तो ऐसी अवस्था में वह कैसे अपने कार्य को प्रोत्साहित कर सकता है। उपयुक्त वातावरण न होने के कारण एक दिन श्रम करने वाले भी श्रम से नाता तोड़ेंगें, और देश की हालत बद से बदतर हो जायेगी, क्योंकि जिस देश में श्रम करने वालों का महत्त्व नहीं होता हो तो वह देश पतन के कगार पर खड़ा होता है और कभी आर्थिक विकास नहीं कर पाता।

व्यर्थ के खर्चों पर नियंत्रण जरुरी

आज समूचे विश्व में जो आर्थिक संकट छाया है उसके कारण मुद्रा का मूल्य निरन्तर गिर रहा है और वस्तुओं के मूल्य में निरन्तर बढ़ोतरी हो रही है, जिसके कारण आम जनता की आवश्यक जरुरतें पूरी नहीं होतीं। ऐसी अवस्था में आमतौर पर देखा जाता है कि लोग सरकार के खिलाफ नारेबाजी करते हैं। नारेबाजी करने से आर्थिक संकट से उत्पन्न समस्याओं का हल नहीं हो सकता। आर्थिक संकट से बचने का एक ही उपाय है कि लोग अपने व्यर्थ को खर्चों पर नियंत्रण करें। बाजार में जिन वस्तुओं की माँग ज्यादा हो उन वस्तुओं का संग्रह न करें, क्योंकि किसी एक व्यक्ति के द्वारा किये गये संग्रह से सौ लोगों को वह वस्तु प्राप्त नहीं होती। बाजार में जिस वस्तु का अभाव होता है उस वस्तु की इच्छा रखने वाले कई होते हैं। जो वस्तु कम हो और उसकी माँग ज्यादा हो तब महँगाई अपनी चरम सीमा पर पहुँचती है, जिसके कारण निर्धन व्यक्ति और भी निर्धन हो जाता है। इच्छाओं की अधिकता के कारण आज एक आम नागरिक अपने जीवन की न्यूनतम आवश्यकताएँ भी पूरी नहीं कर पाता। इसका जिम्मेदार भी वह खुद ही होता है, क्योंकि आज विश्व का हर नागरिक अपनी आय से ज्यादा खर्च करने पर बल देता है, जिसके कारण उसकी आर्थिक स्थिति कमजोर हो जाती है। लोगों को अपनी आय को ध्यान में रखकर ही व्यय करना चाहिए और जिन वस्तुओं की माँग ज्यादा हो उसका संग्रह नहीं करना चाहिए।

सहयोगिता की भावना जरुरी

आर्थिक संकट से निबटने के लिए सभी देशों को प्रतिस्पर्धा के स्थान पर सहयोग की भावना पर अधिक बल देना चाहिए। सभी देशों को अपनी आर्थिक नीति नदी की तरह तंग नहीं अपितु सागर की तरह विशाल बनानी चाहिए। आज विश्व के देशों को सिर्फ अपने देश की अर्थव्यवस्था के बारे में सोचना चाहिए और उसे कभी भी ऐसी नीतियों

का निर्माण नहीं करना चाहिए जो किसी अन्य देश के विकास में बाधा उत्पन्न करे और वहाँ की मुद्रा कमजोर हो। सभी देशों को यह बात समझना जरुरी है कि कोई भी देश अपने बलबूते पर खड़ा नहीं रह सकता, क्योंकि आज वो परिस्थितियाँ नहीं रहीं जब किसी भी देश की जरूरत अपने देश तक ही सीमित हों। आज सभी देश धरती आसमान पर भी अपना डेरा जमाने की कोशिश कर रहे हैं, तो ऐसी स्थिति में एक देश कभी अकेला ऊँचाइयों को छू नहीं सकता है, उसे हमेशा एक सहारे की जरुरत होती है जो उसकी बुलंदी में सहायक हो, इसलिए सभी देशों को मिलजुल कर रहना चाहिए जिसमें हमेशा एक दूसरे की जरुरतों का ख्याल हो और एक दूसरे की नीतियों की अनदेखी नहीं हो। ऐसी नीतियाँ जब हर देश लागू करेगा तभी सभी देशों में लोगों के लिए काम होगा और सबके जीवन में आराम होगा। इस स्थिति से हमेशा सभी देशों को फायदा होता है, क्योंकि जब सभी के पास काम होगा, तो कोई भी गलत उद्देश्य का चुनाव नहीं करेगा, सभी अपने कार्य में व्यस्त रहेंगें। इससे विश्व की समूची जाति का उत्थान होगा और इंसानियत का मान होगा।

शेयर बाजार पर लगाम रखें

आर्थिक संकट मुख्य तौर पर तब हावी होती है जब किसी देश के प्रतिष्ठित उद्योगों और व्यापारिक संस्थाओं के शेयरों के मूल्य गिरते हैं। इससे उस देश को हर क्षेत्र में हानि और नुकसान उठाना पड़ता है। कारण बड़े–बड़े उद्योग संस्थान अपनी परियोजनाओं को कार्यरुप देने के लिए सरकारी बैंकों से करोड़ों अरबों रुपये का कर्ज लेते हैं, कभी जब परियोजना का परिणाम सफल नहीं होता, तो उस स्थिति में किसी भी देश को काफी नुकसान उठाना पड़ता है, क्योंकि वह कम्पनी या औद्योगिक संस्थान लिया हुआ ऋण वापस करने की स्थिति में नहीं होते। इस स्थिति से बाजार में उस कम्पनी या औद्योगिक संस्थान की साख में कमी आ जाती है जिसके परिणामस्वरुप उस कम्पनी के शेयरों के दाम गिर जाते हैं, और जिन लोगों ने उस कम्पनी के शेयर खरीदे हैं उन सबको हानि उठानी पड़ती है। शेयर बाजार के उतार–चढ़ाव पर ही सभी देशों की अर्थव्यवस्था निर्भर करती है। जिस देश में शेयरों के दाम गिरते हैं उस देश में आवश्यक वस्तुओं के दाम बढ़ते हैं और फिर उस पर नियंत्रण पाना सरकार के लिए भी मुश्किल हो जाता है।

व्यापारिक संस्थाओं पर पूर्ण रुप से निर्भरता ठीक नहीं

किसी भी देश को उद्योग या व्यापारिक संस्थाओं पर पूर्ण रुप से निर्भर नहीं रहना चाहिए, क्योंकि इससे हमेशा देश की अर्थव्यवस्था को नुकसान होता है पर देश को अपना आर्थिक दायरा औद्योगिक संस्थाओं से अलग रखना चाहिए, ताकि औद्योगिक प्रतिष्ठान के साथ–साथ अन्य कार्यक्षेत्रों को भी महत्त्व दिया जा सके। तभी सभी क्षेत्रों में कार्य का संतुलन बना रहेगा, और किसी एक पर कार्य का बोझ नहीं होगा। सभी लोगों का कार्य में बराबर योगदान होगा। पर देश को एक ऐसा औद्योगिक कानून लागू करना चाहिए ताकि जो लोग उद्योगों से जुड़ें हैं उन पर कुछ पाबंदियाँ लगी हो

जैसे वह कभी भी किसी राजनीतिक पार्टी से न जुड़ पायें और उनका व्यवहार अपने कार्यक्षेत्र तक ही सीमित रहे। सरकारी नीतियों में उनका हस्तक्षेप न हो, जब कभी उद्योगपतियों का राजनीति में हस्तक्षेप होता है, तो इससे हमेशा अव्यवस्था फैलती है, यह बात सही है आज विश्व में कई उद्योगपति सामाजिक एवं जनकल्याण के कार्यें से जुड़े होते हैं, जो किसी भी देश के लिए गर्व की बात है, लेकिन इसके बावजूद उद्योगपति तो उद्योगपति ही होता है, वह जमीन पर कदम नहीं रखता उसके इरादे हमेशा आसमान में विचरण करते हैं, ऐसी अवस्था में वे जनता के साथ क्या तालमेल बिठायेंगे? यह सही है कि उद्योगपति परिश्रमी होता है, लेकिन उसका मकसद हमेशा अपना टर्न ओवर बढ़ाना होता है। वह अपना एक पल भी गँवायें बिना श्रम को महत्त्व देते हैं, लेकिन इस श्रम में देश हित नहीं, बल्कि अपना हित छिपा होता है।

आर्थिक संकट से मुक्त वातावरण बनायें

हर देश की सरकार को अपने राज्य की सीमाओं को बढ़ाने के बदले अपना प्रमुख ध्येय अपने देश में आर्थिक संकट से मुक्त वातावरण बनाना होगा। सरकार को औद्योगिक संस्थाओं पर शिकंजा कसना होगा और उसे उद्योगपतियों की आय का पूरा ब्यौरा रखना चाहिए। सरकार को हमेशा सतर्क रहते हुए उद्योगों में हो रहे मुनाफे की पूरी जानकारी रखनी चाहिए। लाभ को आधार मान कर करों में बढ़ोत्तरी होनी चाहिए। कोई भी औद्योगिक संस्था हो, जो राष्ट्रीय या अन्तर्राष्ट्रीय महत्त्व रखती हो, उसमें सरकार के प्रतिनिधियों की सक्रिय भागीदारी होनी चाहिए ताकि उद्योगपति अपने निजी हितों को ध्यान में रखकर देश के हितों के साथ खिलवाड़ न करे। देश हमेशा सर्वोपरि रहे इसलिए सब देशों के सभी नेताओं को कारगर नीति अपनानी चाहिए, ताकि उद्योग भी देश पर निर्भर हो जाये और उसका स्वतन्त्र अस्तित्त्व न हो, तभी आय का समान वितरण होगा।

15

भारत की गिरती साख के लिए सरकार कितनी जिम्मेवार

(Is Government Responsible for Indias Falling Global Clout)

भारत की गिरती साख के लिए सरकार – जिम्मेदार

पिछले समय में हमारी अर्थव्यवस्था हर आर्थिक मोर्चे पर पिछले पायदान पर ही रही है। आर्थिक आँकड़े उत्साहजनक तो छोड़िए संतोषजनक भी नहीं रहे हैं। अर्थव्यवस्था के सभी पहलू–औद्योगिक उत्पादन, आर्थिक वृद्धि दर, विदेशी निवेश, विदेशी मुद्रा भण्डार, डॉलर के मुकाबले रुपये की कमजोरी, राजकोषीय एवं व्यापार घाटा निराशाजनक रहे हैं।

कार्यकुशलता से अर्थव्यवस्था में आये किसी सकारात्मक आधारभूत परिवर्तन के कारण इस स्तर पर रुपये में कुछ मज़बूती आने के बाद केंद्र सरकार स्वयं की पीठ थपथपाने से बाज नहीं आयेगी, जबकि यह मज़बूती ऊपरी स्तर पर रुपये में बिकवाली के बाद निचले स्तर पर सौदों को कवर करने के कारण आयेगी।

आर्थिक सुधारों के नाम पर जल्दबाजी

यूपीए–2 इस समय अपने कार्यकाल के सबसे बुरे दौर से गुजर रही है। सरकार की साख लगातार नीचे गिरती जा रही है। समूचे विपक्ष के डीजल की कीमतों में बढ़ोत्तरी, घरेलू गैस पर सब्सिडी कम करने तथा प्रत्यक्ष विदेशी पूँजी निवेश (एफडीआई) पर सरकार के फैसले के खिलाफ भारत बन्द की आग अभी ठंडी भी नहीं हुई थी कि सरकार ने प्रत्यक्ष विदेशी निवेश के केबिनेट के फैसले का नोटिफिकेशन जारी कर यह जताने की कोशिश की सरकार अपने फैसले से पीछे नहीं हटेगी। सरकार के इस फैसले ने आग में घी डालने का काम किया। सरकार आर्थिक सुधारों के नाम पर जल्दबाजी में अपने नये–नये फैसलों के कारण समूचे विपक्ष समेत अपने सहयोगियों को भी अचंभित कर उन्हें विरोध करने के लिए मजबूर कर रही है। ध्यान देने योग्य है कि इससे पहले 24 नवम्बर 2011 को खुदरा व्यापार में विदेशी निवेश के सम्बन्ध में सरकार ने फैसला लेकर अपनी मुसीबत और बढ़ा ली थी जिसके चलते शीतकालीन

सत्र के दोनों सदन दिन भर के लिए स्थगित हो गये थे। मँहगाई, भ्रष्टाचार, कोलगेट और कालेधन पर चौतरफा घिरी सरकार ने अपनी नाकामियों को छुपाने एवं अपनी बची–खुची साख सुधारने के लिए जो तुरुप का एक्का चला वही उसके गले की फांस बन गया। वहीं दूसरी ओर कृषि उत्पादित वस्तुओं के भण्डारण के लिए देश में न तो गोदाम है और ना ही बोरी। अब इसी से अंदाजा लगाया जा सकता है सरकार जब बोरियों की व्यवस्था नहीं कर पा रही है तो तेजी से रंग बदलती अर्थव्यवस्था को संभालने के लिए क्या खाक उपाय करेगी। अपनी विफल नीतियों के कारण सरकार देश की अर्थव्यवस्था का मटियामेट कर रही है।

नेतृत्व संकट और राजनीतिक अक्षमता

2012–13 के आम बजट ने संसद का बहुमूल्य समय खराब किया। पूरे बजट में जनता को तो कुछ मिला नहीं उल्टे सरकार ने बजट के बहाने अपनी मजबूरियाँ गिना दी। पूरे बजट में आयकर छूट को मामूली सा बढ़ाकर जनता को लगी सरकारी चोट पर मरहम लगाने की कोशिश की गयी। वहीं बजट में बढ़ाये गये उत्पाद शुल्क ने देश की अर्थव्यवस्था को भारी चूना लगाया। सोने पर उत्पाद शुल्क को कम करने के लिए देश भर में ज्वैलर्स की लम्बे समय तक चली हड़ताल ने भारतीय बाजार को करोड़ों रुपये का नुकसान पहुँचाया जिसका सीधा असर भारतीय अर्थव्यवस्था पर पड़ा। जो नीचे गिरते रुपये का एक गम्भीर कारण है। यदि स्टैंडर्ड एंड पुअर्स रेटिंग की दृष्टि से विचार करें तो आने वाले समय अर्थव्यवस्था की रफ्तार और कम होगी। ऐसे में सरकार द्वारा निर्धारित सात प्रतिशत विकास दर का लक्ष्य भी शायद ही हासिल हो सके। प्रभाव की दृष्टि से देखें तो इसका सबसे ज्यादा प्रभाव गरीबों पर ही पड़ेगा और उनकी स्थिति और अधिक खराब हो सकती है, जिससे देश में एक नये तरह का संकट खड़ा हो सकता है। नक्सलवाद, आतंकवाद, जैसी समस्याएँ पहले ही देश में मुँह बाये खड़ी हैं और अब यदि विकास की दर गिरती है तो हमारी तेज गति से बढ़ रही युवा आबादी के लिए नये रोजगार सृजन की सम्भावनाएँ भी क्षीण होंगी। कुल मिलाकर देश में एक नये तरह का राजनीतिक–आर्थिक संकट पैदा हो गया है। सरकार कोई काम न कर पाने के लिए जहाँ गठबंधन की बाध्यताओं को जिम्मेदार बता रही है वहीं अर्थव्यवस्था की खराब होती हालत के लिए अन्तर्राष्ट्रीय स्थितियों का हवाला दे रही है। वास्तविकता यह है कि देश नेतृत्व संकट और राजनीतिक अक्षमता के बुरे दौर से गुजर रहा है। सही मायनों में स्टैंडर्ड एंड पुअर्स की रिपोर्ट आर्थिक से कहीं ज्यादा राजनीतिक शून्यता को दर्शा रही है और मेडिकल शब्दावली में इसका इलाज कास्मेटिक सर्जरी के बजाय व्यापक सर्जरी है।

सरकार में चापलूसी की संस्कृति

सरकार में चापलूसी की संस्कृति हावी हो गयी है, सब कुछ हाईकमान से तय होता है, जबकि देश में तमाम वरिष्ठ और योग्य अर्थशास्त्री मौजूद हैं। इनमें अमर्त्य

सेन का नाम भी लिया जा सकता है, लेकिन सरकार ऐसे लोगों से सलाह लेना शायद जरुरी नहीं समझती है। देश में लोकतन्त्र को दिनोंदिन कमजोर किया जा रहा है और न तो संसद को ठीक तरह से काम करने दिया जा रहा है और न न्यायपालिका, राष्ट्रपति अथवा दूसरी तमाम लोकतांत्रिक संस्थाओं को। अन्ना हजारे के भ्रष्टाचार मिटाओ अभियान में आखिर गलत क्या है? उत्तर प्रदेश, पंजाब, गोवा समेत मुंबई और दिल्ली नगर निगम चुनावों के परिणाम यही बता रहे हैं कि अब आम लोगों का भरोसा इस सरकार पर नहीं रहा वित्त मंत्रालय और हर मोर्चे पर फेल सरकार अपनी कारगुजारियों को छुपाने में लगी हुई है। फिलहाल पूरे तरीके से पस्त सरकार रुपये की हालत को संभालने के लिए क्या कदम उठाती है ये तो आने वाला समय बताएगा। हालाँकि इस हालात से निपटने के लिए केंद्रीय बैंक ने करीब दो हजार करोड़ डॉलर की बिकवाली की है, जिससे अर्थव्यवस्था की मंद चाल को स्थिर रखा जा सके।

सब्सिडी की गलत नीति

महँगाई लगातार दो अंकों में बनी हुई है और चालू खाते का घाटा और राजकोषीय घाटा निरन्तर बढ़ रहा है। तेल की आसमान छूती कीमतों और सोने की तेज माँग के कारण जहाँ आयात बिल बढ़ रहा है वहीं सब्सिडी की गलत नीति के कारण भी राजकोष पर भार बढ़ता जा रहा है। इससे सबसे ज्यादा असर आम लोगों पर पड़ा है, क्योंकि महँगाई का सबसे ज्यादा प्रभाव खाद्यान्न कीमतों और सब्जियों आदि की कीमतों पर देखने को मिल रहा है। इससे देश में आम आदमी की आर्थिक स्थिति जहाँ दिन–प्रतिदिन खराब हो रही है वहीं सरकार के अधीन काम करने वाला योजना आयोग गरीबी रेखा की ऐसी परिभाषा तय करने पर जुटा हुआ है जिससे गरीबों की संख्या कम से कम दिखायी जा सके। ऊपर से देश के बिगड़ते आर्थिक हालात को सुधारने और बढ़ते राजकोषीय घाटे को कम करने के लिए सरकारी खर्चो में कटौती का अभियान छेड़ने का जो फैसला लिया गया है वह हास्यास्पद है। पाँच सितारा होटलों में सम्मेलन बैठकें न करने, विदेश यात्राएँ कम करने जैसे फैसलों से क्या होगा? जब जरूरत व्यापक बदलावों और बड़े नीतिगत फैसलों की है तो सरकार छोटे–मोटे कदम उठा रही है।

बढ़ते सब्सिडी बोझ और उनका भुगतान

सरकार को अभी तक जितनी आसानी से विदेशी मदद मिल जाती थी वह आने वाले समय में शायद ही मिल सके और मिलने वाला ऋण भी पहले की अपेक्षा महँगा होगा। स्पष्ट है कि महँगे ऋण के कारण देश की कम्पनियों का कारोबार जहाँ राष्ट्रीय और अन्तर्राष्ट्रीय रूप से प्रभावित होगा वहीं विदेशी निवेशक यहाँ लगे अपने पैसे को वापस खींचना शुरू कर सकते हैं। इससे सरकार के सामने भुगतान की समस्या पेश हो सकती है। हालाँकि तत्काल ऐसी कोई संभावना नहीं है, लेकिन यदि सब कुछ इसी तरह चलता रहा और कोई बड़ा कदम नहीं उठाया जाता तो निश्चित ही देश के सामने संकट खड़ा हो सकता है। हमें नहीं भूलना चाहिए कि 1991 में भी तेल की

बढ़ती कीमतों और बढ़ते सब्सिडी बोझ के चलते भुगतान की समस्या पैदा हुई थी तब तत्कालीन चंद्रशेखर सरकार को देश का सोना तक गिरवी रखना पड़ा था। इस घटना के बाद आने वाली सरकारें काफी सतर्क रहीं, लेकिन वर्तमान में हालात फिर से बदतर होते दिख रहे हैं।

आर्थिक नीतियाँ अधिक जिम्मेदार

सरकार ग्रीस संकट का हौवा खड़ा कर रही है, जबकि खुद वह कोई निर्णय नहीं ले रही। ग्रीस और यूरोजोन संकट वास्तव में हमारी अर्थव्यवस्था के लिए घातक हैं लेकिन हमारी आर्थिक नीतियाँ हमारी लचर अर्थव्यवस्था के लिए कहीं अधिक जिम्मेदार हैं। हमें अपने उपभोग का ज्यादातर तेल बाहर से मँगाना पड़ता है, पेट्रोल की कीमतें आसमान छू रही है और इसी के सहारे महँगाई दर तेजी से ऊपर बढ़ती जा रही है। पेट्रोल की कीमतों में वृद्धि के बाद अब डीजल और एलपीजी के दामों में वृद्धि का माहौल बनाया जा रहा है, लेकिन हम भूल रहे हैं कि आम आदमी अब और अधिक बोझ उठा पाने में सक्षम नहीं। ऋण पर ब्याज दरे मँहगी होती जा रही है जिससे महँगाई पर काबू पाना मुश्किल हो रहा है। अब सरकार जल्दी सचेत नहीं हुई तो देश की अर्थव्यवस्था चौपट हो जायेगी और सरकार गठबंधन का रोना रोते रहेगी। इससे अच्छा तो यही होगा की सरकार अपने और देश हित में निर्णय ले और जनता को अपना नया प्रतिनिधि चुनने का मौका दे।

आम आदमी के हितों की रक्षा कैसे होगी?

यदि नेतृत्व करने वाला अकुशल है तो घोटाला करने वाले कुशल हो जाते हैं। सरकार अपनी नाकामी का ठीकरा किसी और के सिर फोड़ना चाहती है। अर्थव्यवस्था में गिरावट की वजह नीति विषयक मामलों में निर्णयहीनता, सुशासन का अभाव और सरकार चला पाने की विफलता है। वैश्विक संकट का बहाना ठीक नहीं। यदि सरकार रुपये की गिरती कीमत को नहीं थामती है तो स्थिति बहुत बिगड़ सकती है। हमें नहीं भूलना चाहिए कि महँगाई अभी भी उच्च स्तर पर बनी हुई है, जिस कारण रिजर्व बैंक के सारे प्रयास नाकाम हो रहे हैं और घरेलू माँग बढ़ाये नहीं बढ़ रही। जीडीपी दर में गिरावट से सरकार की आय कम होगी, जिससे राजकोष पर भार बढ़ेगा। साफ है कि राष्ट्रीय और अन्तर्राष्ट्रीय, दोनों ही मोर्चो पर आने वाले समय में दबाव बढ़ता जायेगा। विश्व बाजार में खराब होती विश्वसनीयता के कारण विदेशी निवेशक भी दूरी बना रहे हैं। हमारे पास पर्याप्त गेहूँ का उत्पादन हुआ है, लेकिन समस्या यह है कि उसे रखने के लिए गोदाम नहीं हैं। यह किसकी विफलता है? सरकार वैश्विक मंदी की बात कर रही है, लेकिन कोई यह नहीं बता रहा कि भारत कैसे बचेगा और आम आदमी के हितों की रक्षा कैसे होगी? सरकार में न तो नेतृत्व बचा है, न उसकी अच्छी नीयत है और न ही उसके पास दीर्घकालिक नीतियाँ हैं, जिसके कारण आज देश की साख गिर चुकी है।

भारत की गिरती साख के लिए सरकार – जिम्मेदार नहीं

भारतीय राजनीति के इतिहास में मौजूदा दौर अपनी तरह का नायाब वक्त है, जब एक साथ आधे दर्जन मंत्रियों के इस्तीफे के बावजूद किसी तरह सत्ता संभाले सरकार खुश है, राहत में है, और उसे लगने लगा है कि पहली बार की तरह विपक्ष के वोट बैंक की उलझनें उसे सत्ता से डिगा नहीं पायेंगी और आर्थिक नीतियों के विरोध के बावजूद मनमोहन सरकार न सिर्फ चलती रहेगी बल्कि आर्थिक सुधार की उड़ान में तेजी भी लायेगी। जाहिर है कि सरकार ये जानती है कि यह मौका आर्थिक नीतियों के विश्लेषण का नहीं है क्योंकि देश की अर्थव्यवस्था जिन वजहों से डांवाडोल है, संयोग से उन्हें थामे हाथ को ही विकल्प देने हैं, तो भविष्य की दिशा होगी क्या इसे इस बार सामाजिक तथा आर्थिक तौर से ज्यादा राजनीतिक तौर पर समझना जरुरी है क्योंकि पहली बार न सिर्फ विपक्ष बँटा खड़ा है बल्कि पहली बार सत्ता की सहुलियत भोग रहे राजनीतिक दल भी बँटे हैं।

अंदरूनी चुनावी राजनीति जिम्मेदार

अर्थव्यवस्था के डांवाडोल होने में भारत की अंदरूनी अर्थव्यवस्था पर इस समय राजनीति हावी है और यही वजह है कि यह अपनी वास्तविक क्षमता से कम गति से वृद्धि कर रही है। केन्द्र में गठबंधन सरकार यदि आर्थिक सुधारों में रोड़े अटकाने का कारण बनी है, तो क्यों बनी है? क्योंकि सुधार के रास्ते पर आगे बढ़ने की कोशिश करने वाली सरकार को उसके सहयोगी दल मुश्किल पैदा करते हैं। जिससे जाहिर तौर पर अर्थव्यवस्था में सुधार और उसे पटरी पर लाने के जो मौके और क्षेत्र सरकार के पास हैं, उनमें सरकार बहुत कुछ कर नहीं पा रही है। आर्थिक बुनियाद मज़बूत होने के बावजूद सुधार न होने से विकास का पहिया जाम हो गया है क्योंकि आगामी आम चुनाव के फायदे और नुकसान का गणित उसे बड़े फैसले करने से रोक देता है। जिन क्षेत्रों से भारतीय अर्थव्यवस्था को उत्साह और ताकत मिलनी है, वहाँ कथित सियासी मजबूरी मज़बूती से सुधारों को ठेंगा दिखा रही है। गठबंधन, सरकार की सबसे बड़ी परेशानी है जिससे सरकार कड़े फैसले नहीं ले पाती। फिर सरकार के सामने केवल विपक्षी दलों से निपटने की चुनौती ही नहीं है बल्कि और भी संकट हैं जिन्होनें साख पर बट्टा लगाने में कोई कसर नहीं छोड़ी है।

सरकार के समक्ष चुनौती एक नहीं कई

साख में गिरावट के लिए जिम्मेदार कारकों से निपटना किसी भी राष्ट्र के लिए आसान नहीं होता। जैसे कि विदेशी निवेशकों के मन में भारतीय अर्थव्यवस्था के प्रति भरोसा बहाल करना होगा, बल्कि अभी तक विदेश से सस्ती दरों पर कर्ज हासिल कर रही भारतीय कम्पनियों को भी एक बेहतर विकल्प देना होगा। उड्डयन, बीमा और मल्टी ब्रांड खुदरा कारोबार में प्रत्यक्ष विदेशी निवेश एफडीआई, की अनुमति सम्बन्धी फैसलों में किसी का ना सुनकर स्वयं फैसले लेने से भी विदेशी

निवेश बढ़ाने में मदद मिलेगी। सरकार को इसके असर से बचने के लिए वस्तु एवं सेवा कर जीएसटी, प्रत्यक्ष कर कोड और कई क्षेत्रों में विदेशी निवेश की सीमा बढ़ाने सम्बन्धी फैसले भी स्वंय करने चाहिए। इससे विदेशी निवेशकों में भारत के प्रति भरोसा बढ़ेगा। क्योंकि भारतीय साख को गिराने वाले कारक एक नहीं कई हैं उन कारकों से निपटने के लिए सरकार को कई कदम उठाने होंगें जैसे कि –

1. घरेलू कम्पनियों को सस्ते कर्ज का विकल्प देना
2. रुपये की अस्थिरता को रोकना
3. शेयर बाजार में निवेशकों के भरोसे को कायम रखना
4. विदेशी निवेशकों के मन में भारतीय अर्थव्यवस्था की छवि बेहतर करना
5. आर्थिक सुधार के लिए राजनीतिक सहमति बनाना
6. आर्थिक सुधारों से सम्बन्धित लंबित विधेयकों को पारित करवाना परन्तु इन कदमों को उठने के बीच आड़े आ रही हैं अन्तर्राष्ट्रीय रेटिंग संस्थाएँ।

अन्तर्राष्ट्रीय रेटिंग संस्थाएँ जिम्मेदार

इस स्थिति के लिए जितनी जिम्मेदार सरकार को समझा जा रहा है, उतनी ही जिम्मेदार सरकार नहीं बल्कि हकीकत में अन्तर्राष्ट्रीय रेटिंग संस्थाएँ है जिन्होंने भारत के रेटिंग स्तर को इतना नीचे कर दिया है कि अब विश्व के तमाम देश भारत में निवेश करने से कतराने लगे है। उसके बाद प्रख्यात रेटिंग एजेंसी स्टैण्डर्ड एंड पुअर ने भारत की गिरती अर्थव्यवस्था की अत्यंत निराशाजनक समीक्षा की है। एसएंडपी और फिच के साख आकलन घटाने के बाद मॉर्गन स्टैनले भी देश की विकास दर में कमी की भविष्यवाणी कर चुका है।इन रेटिंग एजेंसियों ने आशंका व्यक्त करते हुए कहा है कि यदि भारत ने अर्थव्यवस्था सुधार के मद्देनजर शीघ्र ही परिणामदायक कदम नहीं उठाये तो वह अन्तर्राष्ट्रीय रेटिंग घटा देगीं। रेटिंग घटने का सीधा मतलब होता है कि भारत को अन्तर्राष्ट्रीय कर्ज महँगी दरों पर मिलेगा। साथ ही देश में विदेशी निवेश पर असर पड़ेगा। इससे संकेत मिलता है कि किसी देश की आर्थिक विकास दर में सुधार की सम्भावनाएँ कम हैं। वहाँ सुधार को लेकर तत्काल उपाय नहीं हुए तो कारोबारी माहौल और निजी निवेश प्रभावित होगा।ऐसा होने से विदेशी निवेश की स्थिति पर पड़ने वाले प्रभाव का अनुमान लगाया जा सकता है। रेटिंग घटने से विदेशी संस्थागत निवेशकों (एफआईआई) और अन्य निवेशकों की तरफ से भारत में किये जाने वाले निवेश पर सीधा असर पड़ेगा। गौरतलब है कि बीते तीन महीनों में ही एफआरईआरई ने देश से एक लाख करोड़ रुपये खींच लिए हैं। एसएंडपी की रिपोर्ट में कहा गया है कि विकास दर के सुस्त पड़ जाने और अर्थव्यवस्था के झटके सहने की क्षमता इस बात को तय करेगी कि भारत की रेटिंग बरकरार रहती है या इसमें गिरावट आती है। डॉलर के मुकाबले गिरते रुपये ने भी इस इस मुद्दे पर आग में घी का काम किया है, ऊपर से रुपये की गिरती सेहत को देखते हुए अन्तर्राष्ट्रीय रेटिंग कम्पनी स्टैण्डर्ड एंड पुअर ने भारत की

रेटिंग को काफी निचले स्तर पर ला दिया। जिसकी वजह से आज अन्तराष्ट्रीय स्तर पर भारत की साख काफी गिरी है।

बचत करने की क्षमता में कमी

अभी डेढ़ दशक पहले तक भारत विश्व के देशों में सबसे पसन्दीदा बाजार बना हुआ था। वजह भी साफ थी, भारत आर्थिक तौर पर उभरता हुआ देश था यहाँ के निम्न मध्यमवर्गीय परिवारों के पास पैसे की ताकत थी, पर महँगाई दर लगातार बढ़ाने की वजह से लोगों की आमदनी तो उतनी ही रह गयी पर खर्चे बढ़ गये हैं। नतीजतन लोगों के बचत करने की क्षमता में कमी आ गयी अब जब बचत ही नही होगी तो लोग कहीं और निवेश इन्वेस्ट कैसे करेंगे यही मुख्य वजह है कि आज कोई भी देश अपने यहाँ का पैसा भारत में नहीं लगाना चाहता। निम्न मध्यमवर्गीय परिवार और मध्यमवर्गीय परिवार ही विदेशी कम्पनियों को खींचने की ताकत देते थे, पर आज भारत का यही वर्ग है जो सबसे ज्यादा दिक्कतों में है। महँगाई ने इस वर्ग की कमर तोड़ रखी है। सरकार का नियंत्रण खाद्य और उन जरुरी सामानों पर से छूट रहा है जिनकी जरुरत आम मध्यमवर्गीय परिवार को पड़ती है वही सरकार को महँगाई को काबू करने में पसीने आ रहे है। जिससे सरकार आज मुद्रास्फीति दर को नियन्त्रित करने में नाकाम नजर आ रही है।

विश्व अर्थव्यवस्था जिम्मेदार

रुपये की कमजोरी के लिए सीधी तौर पर विश्व अर्थव्यवस्था को जिम्मेदार माना जा सकता है। भारत की लगातार कमजोर होती अर्थव्यवस्था, गिरती विकास दर तथा बढ़ती मुद्रास्फीति रुपये में गिरावट का एक बड़ा कारण है। इसी के कारण केंद्र सरकार अभी भी स्वयं ठोस कदम उठाकर राजकोषीय नीति के द्वारा रुपये की गिरावट को रोकने के बजाय रुपये की कीमत को नियन्त्रित करने के लिए पूर्ण रूप से रिजर्व बैंक की मौद्रिक नीति पर दयनीय रूप से निर्भर बनी हुई है। रुपये की गिरावट के सन्दर्भ में एक महत्त्वपूर्ण बात यह है कि ऊपरी स्तरों पर रुपये में बिकवाली के सौदे करने वालों के द्वारा रुपये के इतने निचले स्तर तक लुढ़कने के बावजूद सौदों को इस स्तर पर भी कवर नहीं किया जा रहा है जिससे कि डालर में बिकवाली आने से रुपये को सहारा मिलता है। भारतीय अर्थव्यवस्था के मौजूदा संकट की सबसे बड़ी वजह निवेश में आई गिरावट भी है। निवेश में गिरावट के कारण माँग पर असर पड़ा है और वृद्धि दर में गिर रही है। निवेश इसलिए नहीं बढ़ रहा है क्योंकि वैश्विक आर्थिक संकट समेत कई कारणों से देशी–विदेशी निजी पूँजी निवेश से हिचक रही है जबकि सरकार मजबूरी में वित्तीय घाटे को कम करने के दबाव में निवेश से कन्नी काट रही है।

16

लोकपाल बिल-कितना फायदा कितना नुकसान

(Will Lokpal be able to cheak the Curruption in India)

लोकपाल बिल–कितना फायदा

जिस तरह से लोकसभा और राज्यसभा में लोकपाल के विषय पर पार्टियों के कटु विचार सामने आये, उससे एक बात तो उभर कर आई कि देश में भ्रष्टाचार का बोलबाला है जिसे मिटाने के लिए देश में लोकपाल का होना अतिआवश्यक है। 44 साल से रुका हुआ लोकपाल बिल आज मुख्य धारा में शामिल हुआ तो यह अन्ना हजारे के आन्दोलन की वजह से है। राजनेता और पार्टियाँ जानती हैं कि अगर यह विधेयक कानून बन गया तो उनकी क्या हैसियत रह जायेगी। कौन–सा नेता या पार्टी चाहती है कि वह फाँसी का फंदा खुद अपने गले में डाले? क्योंकि फिर उसे जनता के हर सवाल का जवाब देना होगा। बहुत कम नेता हैं जिनकी छवि एकदम साफ सुथरी है। इससे सवाल उभरता है कि अगर मन में खोट नहीं तो हिसाब से क्या डरना?

समस्या ये है

यदि कोई व्यक्ति भ्रष्टाचार के खिलाफ आवाज उठाता है तो ऐसी कोई संस्था नहीं है जो विश्वसनीय और प्रभावशाली संरक्षण प्रदान कर सके। वह केवल पुलिस के पास जा सकता है। आमतौर पर पुलिस उन्हीं लोगों के नियंत्रण में होती है जो खुद भ्रष्ट हैं। मिसाल के तौर पर कोई सांसद या विधायक लोगों का उत्पीड़न करता है तो ऐसे में पुलिस कुछ नहीं करती। यही वजह है कि राजनेता कभी नहीं चाहते कि उन पर कोई नकेल लगाने वाला कानून बने। राजनीतिज्ञों की तो यह फितरत बन गयी है जिससे कि वे हर मुद्दे को जनता के समक्ष तोड़ मरोड़ कर प्रस्तुत करते हैं ताकि साँप भी मर जाये और लाठी भी न टूटे। सच बात तो ये है कि कोई भी राजनीतिक दल एक मज़बूत लोकपाल बिल के पक्ष में नहीं है। वे चाहते थे कि हर बार कि तरह इस बार भी लोकपाल बिल अटक जाये और वे इस मनसूबे में कामयाब भी रहे। दूसरी ओर सरकार द्वारा बनाये गये लोकपाल बिल में केवल नेताओं को ही शामिल किया गया है। अधिकारियों और जजों के खिलाफ जाँच करने का अधिकार लोकपाल को नहीं दिया गया है। जाहिर है, भ्रष्टाचार के सबसे बड़े पोषक यानि अफसरशाहों के लिए यह किसी राहत से कम नहीं

है। इसके अलावा इस बिल में लोकपाल किसी के ख़िलाफ मुकदमा चलाने की सलाह तो सरकार को दे सकता है, लेकिन खुद किसी भ्रष्ट नेता के ख़िलाफ केस नहीं चला सकता। जबकि जनता की ओर से बनाये गये जन लोकपाल बिल में लोकपाल को पूर्णरूप से सरकारी नियंत्रण से बाहर रखने की बात है। इस बिल के मुताबिक, किसी मामले में अगर लोकपाल चाहे तो खुद केस चला सकता है। साथ ही सरकारी धन की लूट या नुकसान को वसूलने का अधिकार भी लोकपाल को दिया गया है. सबसे महत्त्वपूर्ण बात यह है कि इस बिल में भ्रष्टाचार के ख़िलाफ आवाज बुलंद करने वाले सच के सिपाहियों की सुरक्षा की जिम्मेदारी भी लोकपाल को देने की बात कही गयी है। जनता चाहती है कि एक स्वतन्त्र लोकपाल का गठन हो, साथ ही सीबीआई, एंटी करप्शन ब्यूरो और सीवीसी जैसी संस्थाओं का विलय भी इसमें कर दिया जाये। इसके पीछे यह तर्क दिया जा रहा है कि लोकपाल संस्था में विलय के बाद सीबीआई, एंटी करप्शन ब्यूरो एवं सीवीसी जैसी संस्थाएं ज्यादा कारगर, निष्पक्ष और स्वतन्त्र रूप से काम कर पायेंगी।

जन लोकपाल बिल में प्रस्तावित व्यवस्था

जन लोकपाल एक स्वतन्त्र संस्था होने के नाते भ्रष्टाचार के खिलाफ आवाज उठाने वाले व्यक्ति को किसी भी हानि से संरक्षण दिलाने के लिए सक्षम तथा उत्तरदायी होगा और साथ ही इन मामलों में जाँच तथा मुकदमें का आदेश देगी। यदि लोकपाल के अधिकारी भ्रष्टाचार के खिलाफ आवाज उठाने वाले व्यक्ति को वाकई में कोई हानि पहुँचती है, तो ऐसे अधिकारी के विरुद्ध आपराधिक कार्यवाही की जायेगी (यदि उसके पास खुद को बेकसूर साबित करने के लिए पर्याप्त कारण नहीं हैं)। भ्रष्टाचार के खिलाफ आवाज उठाने वाले व्यक्ति स्थानीय सतर्कता अधिकारी या जन लोकपाल के अध्यक्ष या सदस्यों से सुरक्षा की माँग कर सकता है। इन्हें मामले की गम्भीरता को देखते हुए निश्चित समय सीमा में कार्यवाही करनी होगी। भ्रष्टाचार के खिलाफ आवाज उठाने वाले व्यक्ति के पास जन लोकपाल के सदस्यों से व्यक्तिगत तौर पर मिलने या वीडियो कॉन्फ्रेंसिंग के द्वारा बात करने का अधिकार होगा (यदि वह स्वयं जनलोकपाल भवन तक जाने में असमर्थ है)। अभी तक तमाम सबूतों के बाद भी कोई नेता या बड़ा अफ़सर जेल नहीं जाता, क्योंकि एंटी करप्शन ब्रांच और सीबीआई सीधे सरकार के अधीन आती हैं। किसी भी मामले में जाँच या मुकदमा शुरू करने के लिए इन्हें सरकार में बैठे उन्हीं लोगों से इजाजत लेनी पड़ती है, जिनके ख़िलाफ जाँच होनी है सरकारी लोकपाल के अनुसार इसके पास शिकायतें आयेंगी, लेकिन इसे खुद किसी मामले की जाँच करने का अधिकार नहीं होगा यानि यह केवल सलाह देने वाली संस्था बनकर ही रहेगी। जन लोकपाल के अनुसार प्रस्तावित कानून के बाद केंद्र में लोकपाल और राज्य में लोकायुक्त सरकार के अधीन नहीं होंगे। एसीबी और सीबीआई का इसमें विलय कर दिया जायेगा। नेताओं या अफ़सरों के ख़िलाफ भ्रष्टाचार के मामलों की जाँच और मुक़दमे के लिए इसे सरकार की इजाज़त लेने की जरूरत नहीं पड़ेगी। जाँच अधिकतम एक साल में और इसी तरह मुकदमे की सुनवाई भी अधिकतम एक साल में पूरी कर ली जायेगी यानि किसी भी भ्रष्ट आदमी को जेल जाने में ज्यादा से ज्यादा दो साल लगेंगे।

नुकसान से संरक्षण मिलेगा

वर्तमान व्यवस्था में भ्रष्ट व्यक्ति के पकड़े जाने पर भी उससे रिश्वतख़ोरी द्वारा कमाया हुआ पैसा वापस लेने का कोई प्रावधान नहीं है। सरकारी लोकपाल के अनुसार इसमें लूट के पैसे की वापसी का प्रावधान नहीं है। लेकिन जन लोकपाल की शर्तों के अनुसार भ्रष्टाचार से सरकार को हुई हानि का आकलन कर उसे दोषियों से वसूला जायेगा। फिर आज अगर आम आदमी भ्रष्टाचार उजागर करता है तो उसकी शिकायत कोई नहीं सुनता। उसे प्रताड़ित किया जाता है। उसकी हत्या कर दी जाती है। सरकारी लोकपाल में भ्रष्टाचार के विरुद्ध आवाज उठाने वालों को सुरक्षा देने का प्रावधान नहीं है। जबकि जन लोकपाल द्वारा लोकपाल और लोकायुक्त किसी की शिकायत को खुली सुनवाई किये बिना खारिज नहीं कर सकेंगे। ये भ्रष्टाचार के ख़िलाफ आवाज उठाने वाले लोगों की सुरक्षा भी सुनिश्चित करेंगे। भ्रष्टाचार के खिलाफ आवाज उठाने वाले व्यक्ति का यदि मानसिक उत्पीड़न होता है तो जन लोकपाल शिकायतकर्ता एक महीने के अन्दर आवश्यक सुरक्षा दिलाएगा। शारीरिक हानि का भय होने पर, जनलोकपाल भ्रष्टाचार के खिलाफ आवाज उठाने वाले व्यक्ति की शिकायत दर्ज कराने के कुछ घण्टों में या अधिक से अधिक एक सप्ताह के भीतर मामले की गम्भीरता को ध्यान में रखकर अनिवार्य सुरक्षा मुहैया कराएगा। यदि शारीरिक नुकसान पहले ही हो चुका है तो जन लोकपाल शिकायत दर्ज कराने के 24 घण्टे के भीतर ही आगे होने वाले किसी और नुकसान से संरक्षण दिलायेगा। साथ ही जन लोकपाल पुलिस को नुकसान पहुँचाने वाले के खिलाफ आपराधिक मुकदमा दर्ज करने का आदेश भी देगा। अगर भ्रष्टाचार के खिलाफ आवाज उठाने वाले किसी व्यक्ति के खिलाफ अधिकारियों द्वारा कोई झूठा मामला दर्ज हुआ हो तो जनलोकपाल ऐसे मामले की वापसी भी सुनिश्चित करेगा

झूठी और भ्रमित करने वाली शिकायतों के खिलाफ सुरक्षा

झूठी शिकायत अगर कोई व्यक्ति बिना किसी आधार के किसी अन्य को परेशान करने की मंशा से शिकायत करता है तो शिकायतकर्ता पर जनलोकपाल की ओर से आर्थिक दण्ड लगाया जायेगा। हालाँकि कमजोर सबूतों के होने की स्थिति में शिकायतकर्ता को दंडित नहीं किया जायेगा। यदि कोई जन लोकपाल या लोकायुक्त या उसके किसी सदस्य के खिलाफ उसे परेशान करने की मंशा से कोई अरोप लगाता है तो सर्वोच्च न्यायालय या उच्च न्यायालय उसके खिलाफ आर्थिक दण्ड लगा सकते हैं तथा जेल की सजा भी दे सकते हैं। इसके अतिरिक्त वर्तमान व्यवस्था में सरकारी दफ़्तरों में लोगों को बेइज्जती झेलनी पड़ती है, उनसे रिश्वत माँगी जाती है। लोग ज्यादा से ज्यादा वरिष्ठ अधिकारियों से शिकायत कर सकते हैं, लेकिन वे भी कुछ नहीं करते, क्योंकि उन्हें भी इसका हिस्सा मिलता है। सरकारी लोकपाल के प्रस्ताव में शिकायतकर्ता या पीड़ित को मुआवजा देने का प्रावधान नहीं है। जबकि जन लोकपाल के प्रस्ताव में लोकपाल और लोकायुक्त किसी व्यक्ति का किसी भी विभाग में तय समय सीमा के अन्दर काम न होने पर दोषी अधिकारियों पर 250 रुपये प्रतिदिन के हिसाब से जुर्माना लगा सकेंगे, जो शिकायतकर्ता को मुआवजे के रूप में मिलेगा।

नौकरशाहों के खिलाफ़ भी कार्रवाई का अधिकार

वर्तमान व्यवस्था में तमाम सबूतों के बावजूद भ्रष्ट अधिकारी सरकारी नौकरी में बने रहते हैं। उन्हें नौकरी से हटाने का काम केंद्रीय सतर्कता आयोग का है, जो केवल केंद्र सरकार को सलाह दे सकता है। किसी भ्रष्ट अफ़सर को नौकरी से निकालने की उसकी सलाह कभी मानी नहीं जाती। इसमें सरकारी लोकपाल को कार्रवाई करने का अधिकार नहीं दिया गया है। जबकि जनलोकपाल के प्रस्ताव में लोकपाल और लोकायुक्तों के पास ताकत होगी कि वे भ्रष्ट लोगों को उनके पद से हटा सकें और केंद्रीय सतर्कता आयोग और राज्यों के विजिलेंस विभागों का इनमें विलय कर दिया जायेगा। न्याय पालिका में आज भ्रष्ट जजों के खिलाफ कोई एक्शन नहीं लिया जाता, क्योंकि एक भ्रष्ट जज के खिलाफ केस दर्ज करने के लिए सीबीआई को प्रधान न्यायाधीश की इजाजत लेनी पड़ती है। इसके लिए सरकारी लोकपाल के प्रस्ताव में इसके दायरे में न्यायपालिका और नौकरशाह नहीं हैं। जबकि जन लोकपाल के प्रस्ताव में लोकपाल और लोकायुक्तों को किसी जज के खिलाफ जाँच करने और मुक़दमा चलाने के लिए किसी की इजाज़त लेने की जरूरत नहीं पड़ेगी। ये नौकरशाहों के खिलाफ भी कार्रवाई कर सकते हैं। यही वजह है कि जिस वर्तमान व्यवस्था में भ्रष्टाचार के मामले में 6 महीने से लेकर अधिकतम 7 साल की कैद का प्रावधान है और सरकारी लोकपाल के प्रस्ताव में लोकपाल खुद सजा का निर्धारण नहीं कर सकता वहाँ जन लोकपाल में कम से कम 5 साल से लेकर आजीवन कारावास तक की सजा का प्रस्ताव किया गया है।

ये बात तो हर नेता गाहे बगाहे कहता मिल जायेगा कि जनलोकपाल बिल अन्तरिम नहीं है, इसमें और भी संशाधनों की आवश्यकता है। ये पूर्ण सत्य है, इसे और भी विस्तृत परिप्रेक्ष्य मे देखा जा सकता है। दुनिया का कोई भी सिद्धान्त, कोई विषय, कोई नियम न तो पूर्ण था न होगा। बेहतर होने की सम्भावना बनी रहे यही प्रमुख प्रयास होना चाहिये। तो किसी नेता को बेहतर सुझाव तो न सूझा, तोड़ मरोड़ जो करनी थी कर डाली। भ्रष्टाचार के अध्ययन की जरूरत नहीं, क्योंकि भ्रष्टाचार की आग वर्षों से जल रही है और इस आग को ये नेता ठंडा नहीं होने देना चाहते है। भारत की जनता इसमें जल रही है लेकिन कोई भी मरहम लगाने वाला नहीं है।

लोकपाल बिल–कितना नुकसान

वर्तमान में देश की सबसे ज्वलंत समस्या और चर्चा का विषय है भ्रष्टाचार उन्मूलन और लोकपाल विधेयक। सरकार लोकपाल विधेयक लाने की बात मान चुकी है और इसके लिए विशेष समिति का गठन भी कर दिया गया। लेकिन अब जबकि इस अभियान का पहला चरण पूर्ण हो चुका है ऐसे में कुछ नये सवाल सिर उठा कर खड़े हो रहे हैं जैसे क्या लोकपाल बिल जिस उद्देश्य से लागू होगा क्या वह उसे पूर्ण कर पायेगा? क्या लोकपाल कानून लागू होने के बाद जनता की अधिकांश समस्याएँ हल हो जायेंगी या फिर आगे कुछ और नये कानूनों की माँग की जायेगी?

निश्चित रूप से ये सवाल वाजिब हैं और इन सवालों पर व्यापक बहस की गुंजाइश है. जैसा कि अधिकांश लोगों को मालूम है कि देश में भ्रष्टाचार से निपटने के लिए कई कानून पहले से ही बने हुए हैं। आईपीसी की धाराएँ तो हैं ही साथ मुद्रा विनियमन से सम्बन्धित कानून भी लागू हैं। फिर भी ऊपर से लेकर नीचे तक भ्रष्टाचार सुरसा के मुख की भाँति फैलता जा रहा है।

ससंद की गरिमा को नुकसान

मज़बूत लोकपाल की बात ही मजाक इसलिए लगती है क्योंकि जो मज़बूती से देश और समाज की रक्षा करेगा और दिशा देगा वही लोकपाल है लेकिन इतने बड़े तन्त्र में यदि लोगों का किसी भी संस्था पर विश्वास नहीं बन पा रहा है तो यह घनघोर क्षोभ और हताशा का विषय है। लोकपाल पर संसद में चर्चा करने का मतलब ही है कि संसद में बैठे अधिकांश सांसद अब देश की उम्मीदों पर खरे नहीं उतर रहे हैं ऐसा करके ये अपनी प्रतिष्ठा खो ही चुके हैं ससंद की गरिमा को भी नुकसान पहुँचा रहे हैं। इसलिए इसमें संदेह है कि लोकपाल के डर से ही तन्त्र ईमानदार बना रहेगा तो यह कितना टिकाऊ रहेगा? मौजूदा राजनीतिक परिस्थितियाँ इस तरह की हैं जिसमें लोकपाल का सशक्त होना नामुमकिन है और आने वाले समय में भी इतना आसान नहीं होगा। लोकपाल में जिस तरह की पेचीदगियाँ सामने आयी, उससे एक बात साफ है कि इसके लिए किसी भी पार्टी का बहुमत में होना अतिआवश्यक है। लेकिन क्षेत्रीयता के मुद्दे का प्रभाव इस पर हावी रहेगा।

देखा जाये तो लोकपाल एक गहरी साजिश का प्रारम्भिक पृष्ठ है। जिस लोकपाल को मिठाई माना जा रहा है वो गले की हड्डी बन सकता है मान लीजिए कि किसी प्रकार ये विधेयक पारित हो गया, किन्तु पिछले 60 सालों से जो लोग सत्ता सुख ले रहे हैं, वही परिवार अपनी चमचों की टोली के साथ लोकपाल के पद पर आसीन हो गये तो अनुमान लगायें कि हमें क्या मिलेगा। उस पर भारतीय नेता भ्रष्टाचार पर लगाम लगाने की दिशा में गम्भीर हों और गरीबों के हमदर्द बन जायें ऐसा हो ही नहीं सकता है क्योंकि ये नेता जन्मजात बेईमान होते हैं।

व्यवस्था को ठीक करने की जरूरत

अपने देश में लोकपाल बिल की नहीं बल्कि व्यवस्था को ठीक करने की जरूरत है, क्योंकि यहाँ सबसे बड़ा सवाल खड़ा है कि क्या लोकपाल बिल से गरीबों को रोटी मिल पायेगी? आम जनों को बिजली, पानी, गैस सिलेंडर और फोन जैसी बुनियादी सुविधा मिल सकती है? गरीबों के लिए स्कूलों की कमी है, गरीब बच्चों को स्कूलों में दाखिला नहीं मिलता है, क्या लोकपाल के जरिए उन्हें दाखिला मिलेगा? इसलिए कहीं से भी यह नहीं लगता है कि लोकपाल बिल से गरीबों का भला होने वाला है। इसमें संदेह नहीं है कि अपने देश को किसी लोकपाल बिल की नहीं बल्कि वास्तव में व्यवस्था बदलने की जरूरत है। अगर व्यवस्था ठीक हो तो किसी बिल की क्या जरूरत होगी। देश में 80 प्रतिशत जनता किसान है और मजदूरी करती है, इनका भ्रष्टाचार से कोई वास्ता नहीं. 8 प्रतिशत बेरोजगार है जो भ्रष्टाचार कर नहीं सकते।

अन्ना के आंदोलन में जो 12 प्रतिशत वकील, डॉक्टर, अफसर, सरकारी कर्मचारी हैं वही भ्रष्टाचार करते हैं और यही लोकपाल माँग रहे हैं। ऐसे में जब तक आम जन जागरूक नहीं होंगे और भ्रष्टाचारियों की मानसिकता नहीं बदलेगी, तब तक व्यवस्था ठीक होने के आसार तो नजर नहीं आते हैं।

किसी का नियंत्रण नहीं रहेगा

प्रस्तावित जन लोकपाल के हिसाब से जन लोकपाल एक स्वतन्त्र संस्था होगी। जिसपर किसी संवैधानिक संस्था का नियंत्रण नहीं होगा। यह जन लोकपाल किसी भी नेता, अधिकारी, संस्था जिनकी पूछताछ कर सकती है बिना किसी वजह के और कोई भी इस संस्था के निर्णय या पूछताछ के खिलाफ कहीं पर भी अपील नहीं कर सकेगा। प्रस्ताव के अनुसार यह संस्था लोगों के नियंत्रण में होगी और वह लोग होंगे 1) दोनों असेम्बली के अध्यक्ष, 2) सर्वोच्च न्यायालय के न्यायाधीश, 3) उच्च न्यायालय के दो मुख्य न्यायाधीश, 4) भारतीय वंश के दो नोबेल पुरस्कार विजेता, 5) राष्ट्रीय मानव अधिकार योग के अध्यक्ष, 6) भारतीय वंश के दो मेगासेस से पुरस्कार विजेता, 7) भारत के नियंत्रक और महालेखा परीक्षक। अब यह लोग नहीं बिक सकते इसकी गारंटी कौन देगा? अगर आगे चल कर यह लोग भ्रष्ट साबित हुए तो इन्हें कौन सजा देगा? क्योंकि इनके ऊपर किसी का नियंत्रण नहीं होगा। इस विधेयक की वजह से भारत के जनतन्त्र को खतरा है, क्योंकि इस विधेयक के माध्यम से चंद लोगों के हाथ में अनियन्त्रित ताकत आ जायेगी। यह संविधान की नीति के खिलाफ है। प्रस्ताव का कहना है कि यह विधेयक जनता को भ्रष्ट नेताओं से निपटने की शिक्षा का अधिकार देगा क्योंकि इसमें जनता के प्रतिनिधि होंगे, इस पर सवाल यह है कि जो अभी संसद में बैठे है वे भी जनता के प्रतिनिधि कहलाते है, और उन्हें जनता ने ही चुनकर वहाँ तक पहुँचाया है तो ऊपर निर्देशित लोग जनता के प्रतिनिधि कैसे हो सकते है? और इस प्रस्ताव को रखने वालों को जनता के प्रतिनिधि चुनने का अधिकार किसने दिया? उधर लोकपाल पूरी तरह से सरकार के हाथ की कठपुतली होगा, जिसको इस्तेमाल करके सरकार सभी संस्थानों पर शिकंजा कस सकती है।लोकपाल का चयन पूरी तरह से सरकारी नियंत्रण में होगा। पाँच सदस्यीय चयन समिति में तीन सरकार के अपने होंगे (चयन समिति में प्रधानमन्त्री, नेता विपक्ष, स्पीकर, चीफ जस्टिस और सरकार द्वारा चयनित एक वकील)। खोज समिति और चयन प्रक्रिया के बारे में बिल पूरी तरह से शांत है। लोकपाल के सदस्यों को हटाना भी सरकार के नियंत्रण में होगा। सरकार अथवा 100 सांसदों की शिकायत पर सुप्रीम कोर्ट जाँच करेगा और जाँच के दौरान सरकार उस सदस्य को निलंबित कर सकती है। लोकपाल के वरिष्ठ अधिकारीयों का चयन सरकार द्वारा बताए गये नामों में से होगा।

सीबीआई के ऊपर सरकार का नियंत्रण

प्रस्तावित जनलोकपाल के माध्यम से जनता चाहती है कि एक स्वतन्त्र लोकपाल का गठन हो, साथ ही सीबीआई, एंटी करप्शन ब्यूरो और सीवीसी जैसी संस्थाओं का विलय भी इसमें कर दिया जाये। इसके पीछे यह तर्क दिया जा रहा है कि जन लोकपाल संस्था में विलय के बाद सीबीआई, एंटी करप्शन ब्यूरो एवं सीवीसी जैसी संस्थाएँ ज्यादा कारगर, निष्पक्ष और स्वतन्त्र रूप से काम कर पायेंगी। जबकि

लोकपाल कानून के आने के बाद सीबीआई पूरी तरह से निष्क्रिय हो जायेगी। आज सीबीआई पूछताछ, जाँच, अभियोजन खुद करती है। अब सीबीआई से पूछताछ और अभियोजन को छीना जा रहा है, तो सीबीआई के टुकड़े–टुकड़े करके निष्क्रिय बनाया जा रहा है। सीबीआई निदेशक का चयन राजनैतिक नियंत्रण में कर दिया गया है। अब इसका चयन प्रधानमन्त्री, नेता विपक्ष और चीफ जस्टिस करेंगे। जाहिर है प्रधानमन्त्री और नेता विपक्ष कमजोर निदेशक की ही सिफारिश करेंगे। सख्त निदेशक आ गया तो उन्हीं के खिलाफ जाँच शुरू कर देगा। सीबीआई पर लोकपाल का निरीक्षण का अधिकार होगा– ऐसा बताया जा रहा है। यह बिल्कुल भ्रामक है और पूरे देश के साथ धोखा किया जा रहा है। लोकपाल का सीबीआई के ऊपर किसी भी प्रकार का नियंत्रण नहीं होगा। सीबीआई पूरी तरह से सरकार के नियंत्रण में रहेगी। लोकपाल केवल पोस्टमैन की तरह सीबीआई को शिकायत भेजने का काम करेगा।

लोकपाल के दायरे के बाहर कौन

ग्रुप सी और डी कर्मचारी पूरी तरह से लोकपाल के दायरे के बाहर हैं। ग्रुप 'सी' और 'डी' कर्मचारियों के मामले में लोकपाल केवल पोस्ट ऑफिस की तरह सारी शिकायतें सीवीसी को भेजेगा। सीवीसी पर लोकपाल का किसी भी तरह से नियंत्रण नहीं होगा। नियंत्रण के नाम पर सीवीसी लोकपाल को केवल त्रैमासिक रिपोर्ट भेजेगा। सीवीसी के 232 कर्मचारी 57 लाख ग्रुप सी और डी के भ्रष्टाचार की तहकीकात कैसे करेंगे? यह एक बहुत बड़ा प्रश्न है? इस बिल की एक बड़ी विडंबना यह है कि ग्रुप सी और डी के मामलों की जाँच भी सीबीआई करेगी और अपनी रिपोर्ट सीवीसी को भेजेगी। लेकिन जाँच का अभियोजन डालने की ताकत सीबीआई को नहीं होगी।

लोकपाल तो भ्रष्टाचार होने के बाद सक्रिय होगा

एक विचारणीय बात ये भी है कि लोकपाल तो भ्रष्टाचार होने के बाद सक्रिय होगा, इसलिए हमें ऐसे उपायों की जरूरत है, जो इसे पनपने से भी रोकें यानि 'प्रीवेंटिव' उपाय अपनाए जायें। इसके लिए एक बात साफ तौर पर कही जा सकती है कि जो भी परिवर्तन हों वह एकांगी न होकर बहुस्तरीय हों और व्यवस्थागत खामियाँ दूर करने के साथ व्यक्तिगत और सामाजिक स्तर पर व्याप्त बुराइयों पर भी लगाम लगाने की कवायद हो। नैतिक शिक्षा को दृढ़ता से लागू किया जाये ताकि बचपन से ही बुराइयों लड़ने की प्रेरणा मिल सके। विषय व्यापक है इसलिए उपचार भी व्यापक होना चाहिए जिससे इनसानी मन को ही बुरी प्रवृत्तियों में संलग्न होने से बचाया जा सके। प्रस्तावित लोकपाल कानून के प्रावधान भले ही कुछ भी हों, लेकिन उसकी मूल प्रकृति भ्रष्टाचार निरोधक होनी चाहिए ताकि उसमें निहित सजा का भय किसी व्यक्ति को अपराध करने से रोके। जितने प्रभावी तरीके से कानून लागू होता है, नतीजे भी उतने बेहतर होते हैं। वैसे हमारे देश में कानूनों की कमी नहीं है। फर्क बस उनके इस्तेमाल का है। मसलन नियंत्रक और महालेखा परीक्षक उच्चतम न्यायालय और चुनाव आयोग ने कई मौकों पर अपनी भूमिका से इसे साबित किया है। बहरहाल हमें नये कानून के प्रति इतनी दीवानगी के साथ ही यह भी सुनिश्चित करना होगा कि इसका सही

क्रियान्वयन हो, तभी भ्रष्टाचार से प्रभावी तरीके से निपटा जा सकता है। वाकई यह प्रश्न अभी तक अनुत्तरित ही है कि कैसे बदलाव लाया जाये।

17

देश से गरीबी दूर करने के लिए व्यक्तिगत सम्पत्ति का अधिकार नष्ट कर देना चाहिए?

(Should right to property be abolished for peverty alleviation)

व्यक्तिगत सम्पत्ति का अधिकार नष्ट कर देना चाहिए

व्यक्तिगत सम्पत्ति का अधिकार नष्ट करने से ही साम्यवाद की स्थापना होती है। साम्यवाद उतना ही पुराना है, जितना इतिहास। उसके एक रूप की शिक्षा बुद्ध दिया करते थे और उनके शिष्य उसे अपनाकर चलते थे। स्वयं ईसा मसीह साम्यवादी थे। प्लेटो, मूर, मारिस और अन्य लोग मानव जाति को ऐसे, साम्यवाद की शिक्षा देते थे जो अस्पष्ट और काल्पनिक था। कार्ल मार्क्स ने साम्यवाद को वैज्ञानिक रुप दिया। भारत में साम्यवाद लाने का पीछे जो तात्कालिक लक्ष्य थे वो थे–भारतवासियों के लिए स्वराज्य प्राप्त करना, उपयुक्त भूमि और उद्योग सम्बन्धी कानून बना कर मजदूर किसानों का शोषण बन्द करवाना। रोटी कमाने वालों के लिए ऐसी न्यूनतम मजदूरी का प्रबंध करना जिससे वे और उनके बाल–बच्चे अच्छी जिंदगी की जरुरी चीजें पा सकें, तथा राजनीतिक और आर्थिक सम्बन्धों में जाति, धर्म या संप्रदाय के भेदभावों को समाप्त करना।

श्रमिकों का हुआ कल्याण

आर्थिक समानता के लिए काम करने का मतलब है, पूँजी और मजदूरी के बीच के झगड़ों को हमेशा के लिए मिटा देना। इसका अर्थ यह होता है कि एक ओर से जिन मुट्ठीभर पैसे वाले लोगों के हाथ में राष्ट्र की सम्पत्ति का बड़ा भाग इकट्ठा हो गया है उनकी सम्पत्ति को कम करना और दूसरी ओर से जो करोड़ों लोग अधापेट खाते और नंगे रहते हैं उनकी सम्पत्ति में वृद्धि करना। जब तक मुट्ठीभर धनवानों और करोड़ों भूखे रहनेवालों के बीच असमानता की खाई बनी रहे तब तक अहिंसा की बुनियाद पर चलने वाली राज–व्यवस्था कायम नहीं हो सकती। रचनात्मक काम का यह अंग अहिंसापूर्ण स्वराज्य की मुख्य चाबी है। चूँकि अर्थशास्त्र बताता है कि किसी भी तरह के उद्योग

को स्थापित करने के लिए 4 आधारभूत तत्त्वों की आवश्यकता होती है–(1) भूमि, (2) पूँजी, (3) श्रम और (4) बाजार। बदलते समय के साथ इनका आनुपातिक महत्त्व भी घटता–बढ़ता रहता है। यही वजह है कि बहुत पहले जब इंग्लैंड में औद्योगिक क्रांति हुई तब वहाँ के श्रमिकों की दशा काफी ज्यादा ख़राब थी शायद जानवरों से भी ज्यादा ख़राब। धीरे–धीरे वहाँ के श्रमिक जागरूक हुए और बाद में उन्होंने एक राजनीतिक दल लेबर पार्टी ही बना डाली जो आज भी वहाँ की मुख्य विपक्षी पार्टी है। श्रमिकों के मुख्यधारा से जुड़ने पर इंग्लैंड की संसद ने समय–समय पर श्रमिकों के कल्याण के लिए कई कानून बनाये। धीरे–धीरे ऐसे कानूनों का निर्माण दुनिया के अन्य देशों में भी किया गया। भारत में भी ऐसा कानून आने से श्रमिकों की स्थिति में सुधार हुआ है और जिस दिन भारत में अम्बानी, मोदी, बिरला और टाटा के इशारों पर चलने वाली सरकार न होकर, देश के सर्वहारा और मेहनतकशों के आदेश पर भारत की शासन व्यवस्था चलेगी, उस दिन भारत में साम्यवाद या समाजवाद का शासन होगा।

पूँजीवादियों की असलियत

आज के युग में समाज और साम्य के सहयोग से ही व्यवसाय में सफलता प्राप्त होती है। समाज ही व्यवसाय को उत्पन्न करने के मानवीय, वित्तीय, प्राकृतिक साधन प्रदान करता है। ऐसी हालत में यह जरुरी हो जाता है कि व्यवसाय समाज के प्रति अपने उत्तरदायित्त्वों को तत्परता एवं निष्ठा से निभाये। लेकिन जिस वक्त 1990 में सोवियत संघ के विघटन के साथ वक्त ने करवट बदली उसी के साथ श्रम धीरे–धीरे पूरी दुनिया में हाशिए पर जाने लगा। पूरी दुनिया की सरकारें अधिक–से–अधिक विदेशी पूँजी देश में लाने की जद्दोजहद में श्रमिकों की अत्यावश्यक माँगों की भी अनदेखी करने लगी। आज जब दुनिया भर में खास तौर से पूर्वी यूरोप में 'बाजार व्यवस्था 'के अन्तर्गत जीवन का जो अनुभव आम जनता को हो रहा है, तब उससे उन्हें बेहद आत्मग्लानि का बोध होने लगा है और जिन्होंने तत्कालीन प्रतिक्रान्ति में बढ़–चढ़कर हिस्सा लिया था, तथा जो अपने ही देशों में छिपे हुए पूँजीवादी साम्राजवादी–सी आई ए के एजेंटों को पहचानने में भी असफल रहे थे वे अब ये जान चुके हैं कि व्यक्तिगत सम्पत्ति का अधिकार नष्ट कर देने से ही देश का विकास सम्भव है। अब वर्तमान सर्वनाशी, सर्वग्रासी, सर्वव्यापी पूंजीवादी आर्थिक संकट से चक्रवात में फँसते हुए वे सभी भयानक आर्थिक संकट से जूझते राष्ट्रों की जनता के साथ स्वयं आर्तनाद करते हुए छाती पीट रहे हैं, कि काश...हम भी साम्यवाद का आसरा लेते तो हमें यह दिन न देखने पड़ते।

एकता की ताकत

अहमदाबाद के मजदूर संघ का नमूना समूचे हिन्दुस्तान के लिए अनुकरणीय है। अपने अब तक के कार्यकाल में उसे कभी पीछे हटने का मौका नहीं आया। बिना किसी तरह के शोरगुल, धांधली या दिखावा किये ही उसकी ताकत बराबर बढ़ती गयी है। उसका अपना अस्पताल है, मिल–मजदूरों के बच्चों के लिए उसके अपने मदरसे हैं, बड़ी उमर

के मजदूरों को पढ़ाने के स्कूल हैं, उसका अपना छापाखाना और खादी–भण्डार है, और मजदूरों के रहने के लिए उसने घर भी बनवाये हैं। अहमदाबाद के करीब–करीब सभी मजदूरों के नाम मतदाताओं की सूची में दर्ज हैं और चुनावों में वे पुरजोर तरीके से हाथ बँटाते हैं। कांग्रेस की स्थानीय प्रदेश कमेटी के कहने से अहमदाबाद के मजदूरों ने मतदाता के नाते अपने नाम दर्ज करवाये थे। यह मजदूर–संघ कांग्रेस की दलबन्दी वाली राजनीति में कभी शरीक नहीं हुआ। शहर की म्युनिसिपैलिटी की नीति पर संघ वालों का असर पड़ता है। संघ अब तक अनेक हड़तालों को अच्छी सफलता के साथ चला चुका है और ये सब हड़तालें पूरी तरह अहिंसक रही हैं। यहाँ के मजदूरों और मालिकों ने अपने आपसी झगड़े मिटाने के लिए ज्यादातर अपनी राजी–खुशी से पंच की नीति को स्वीकार किया है। सबको साथ लेकर चलने की भावना से उपजे साम्यवाद पर आधारित यह संघ एकता की ताकत का अच्छा उदाहरण है।

प्रेरणा देने वाला

यह अनायास नहीं है कि उनीसवीं और बीसवीं शताब्दी के प्रायः सभी मौलिक विचारक, साहित्यकार, दार्शनिक और वैज्ञानिक समाजवाद के समर्थक रहे हैं। इनमें जान स्टुअर्ट मिल, बर्ट्रेंड रसेल, ऑस्कर वाइल्ड, अल्बर्ट आइंस्टाइन, जान रस्किन, एमाइल दुर्खीम, अन्तोनियो ग्राम्शी, रोजा लेक्जमबर्ग, पीटर क्रोप्टोकिन, थोरो, चे ग्वेरा, चार्ल्स डिकेंस, ऑस्कर वाइल्ड जैसे लेखक, विचारक समाजवाद के समर्थक रहे हैं। इस अवधि में पूँजीवाद यदि मज़बूत हुआ तो समाजवाद ने भी स्वयं को नये–नये विचारों से लैस किया है। पूँजीवाद के एक से बढ़कर एक विकल्प वह लाया है, दुनिया के प्रायः सभी क्षेत्रों में उसकी सार्थक–सशक्त–सारगर्भित उपस्थिति है। इस बीच पूँजीवाद और समाजवाद के बीच भी परस्पर आदान–प्रदान हुआ है। समाजवादी हलचलों से प्रेरणा लेते हुए पूँजीवाद ने स्वयं को उदार बनाया है तथा श्रमिक बीमा, स्वास्थ्य बीमा, आवास जैसी सुविधाएँ भी जोड़ी हैं, हालाँकि उनकी पहुँच सीमित क्षेत्रों तक है और असंगठित क्षेत्र के श्रमिकों को अभाव और शोषण की स्थितियों में जीना पड़ता है। पूँजीवाद से मुक्ति की छटपटाहट अलग–अलग देशों में अलग–अलग तरीके से दिखायी पड़ रही है। कहीं वह आर्थिक औपनिवेशीकरण की प्रक्रिया से आने के लिए उत्सुक है, तो कहीं समाज में बड़ी आर्थिक असमानता अन्तःसंघर्ष की स्थिति पैदा कर रही है, और असंतुष्ट वर्ग शोषण से मुक्ति के लिए आर्थिक व्यवस्था में बदलाव की माँग कर रहे हैं। कुछ देशों में जनता में बढ़ रहा क्रांतिबोध तानाशाही से मुक्ति का जोश पैदा कर रहा है। विशेषकर 2011 के प्रारम्भिक महीनों लीबिया, यमन, मिश्र में नागरिक चेतना ने जो अंगड़ाई ली, उसने अन्याय और दमन की प्रतीक सामंती सत्ताओं को हिलाकर रख दिया है।

साम्यवाद एक वैज्ञानिक दृष्टिकोण

व्यक्तिगत सम्पत्ति के अधिकारों को लेकर 2007 में जब लातीनी अमेरिका में समानांतर वित्तीय व्यवस्था के प्रयोजनार्थ प्रयास तेज किये जा रहे थे तब 'बैंको देल–ओ–सूर'

नामक विश्वस्तरीय बैंक की स्थापना भी की गयी थी, विशेष तौर पर वेनेजुएला, अलसल्वाडोर, वोलिविया, चिली तथा ब्राजील की वाम–जनवादी–कतारों ने इसमें बेहतर योगदान दिया। विश्व राजनीति के विश्लेषक–बुद्धिजीवी, एवं पूँजीवादी अर्थशास्त्री हैरान हैं कि सोवियत संघ में प्रतिक्रांति के वावजूद, चीन में पूँजीवादी सुधारों के बरक्स्स दक्षिण अमेरिकी देशों में वामपंथ या साम्यवाद की बयार क्यों बह रही है? वेनेजुएला के राष्ट्रपति ह्यूगो चवेज, क्यूबा के महानायक फिदेल कास्त्रो तो अमेरिका की नाक में दम कर ही रहे थे अब ब्राजील में भी ऐतिहासिक राजनीतिक परिवर्तन की सम्भावनाएँ तेज होती जा रहीं हैं। 2010 में ब्राजील में एक पूर्व मार्क्सवादी गैरिल्ला एक्टिविस्ट सुश्री दीलिमा रूसेफ को वहाँ के राष्ट्रपति के चुनावों में भारी बहुमत से जीत हासिल हुयी थी और वे ब्राजील कि पहली महिला राष्ट्रपति होते हुए चार साल के लिए चुनी गयी थीं। भारत और विश्व सर्वहारा के लिए यह एक आशाजनक स्फूर्तिदायक सन्देश था, जो क्रांति की ताकतों को एकजुट संघर्ष के लिए प्रेरणास्पद होगा और यह सिद्ध करता है कि साम्यवाद एक वैज्ञानिक दृष्टिकोण है जो न केवल मेहनत करने वालों का अपितु सारी मानवता का सर्वांग सार्वदेषिक हितेषी है, जिसका अस्तित्त्व कभी खत्म नहीं होगा इसका सूरज कभी नहीं डूबता।

व्यक्तिगत सम्पत्ति का अधिकार नहीं नष्ट करना चाहिए

ये जाँचा परखा सच है कि जिस समाजवाद के नाम पर, जिन मजदूरों के नाम पर कभी सभी समाजवादी देशों का शासन चलता था, वहाँ उन्हीं मजदूरों की स्थिति बाद में बद से बदतर होती चली गयी। समाजवादी देशों में मजदूरों का जीवन घोर पूँजीवादी देशों के मजदूरों से भी खराब था। पूँजीवादी देशों मे मजदूरों को संगठन बनाने और हड़ताल का अस्त्र प्राप्त था और है भी। मजदूरों का यह अधिकार समाजवादी देशों में तुरन्त समाप्त किया गया। अपनी सुविधाओं और वेतन में वृद्धि के लिए पूँजीवादी देशों में मजदूरों का हड़ताल पर जाना एक आम बात है, लेकिन समाजवादी देशों में मजदूर ऐसा सपने में भी नहीं सोच सकता।

समाजवाद की सच्चाई

सातवें दशक में जब सोवियत रूस समाजवाद की गिरफ्त में था, एक बार अमेरिका ने मास्को में अमेरीकी मजदूरों के जीवन पर एक प्रदर्शनी का आयोजन किया। अमेरिका में मजदूर किस तरह के घर में रहता है, क्या खाता है, क्या पहनता है, किन सुविधाओं का उपयोग करता है, आदि सारी बातें चित्रों और माडलों के माध्यम से प्रदर्शित की गयीं। रूस के मजदूरों की विशाल भीड़ उसे देखने के लिए उमड़ पड़ी। वे देखना चाहते थे कि एक पूँजीवादी देश में जहाँ समाजवादियों के अनुसार मजदूरों का क्रूर शोषण होता है, कैसे रहते हैं? किन्तु जब उन्होंने देखा कि उनकी तुलना में अमेरिका के मजदूरों को न केवल सुख–सुविधाएँ ही अधिक हैं, उनका जीवन–स्तर भी ऊँचा है, आश्चर्यचकित रह गये। ऐसा भी हो सकता है, उन्हें विश्वास ही नहीं हुआ।

वे कहने लगे कि यह एक प्रचार है। किन्तु जब प्रदर्शनी के आयोजकों ने वस्तुस्थिति को प्रत्यक्ष देखने के लिए पाँच रूसी मजदूरों के प्रतिनिधि मण्डल को अपने खर्चे से अमेरिका भेजने की पेशकश की और यह कहा की प्रदर्शनी में वर्णित तथ्यों में यदि तनिक भी अतिरंजना पायी गयी तो वे समाजवाद स्वीकार कर लेंगे। प्रदर्शनी देखने के बाद स्थानीय मजदूरों में असंतोष विकराल रूप लेने लगा। सरकार ने डरकर प्रदर्शनी ही बन्द करा दी।

व्यक्तिगत सम्पत्ति का अधिकार नष्ट करने से नये वर्गों का जन्म

समाजवादी देशों में तथाकथित वर्गहीन समाज में नये वर्गों ने जन्म लेना आरम्भ कर दिया। समाजवाद के जनक कार्ल मार्क्स ने कहा था कि जब सभी वर्ग नष्ट हो जायेंगे, तब वर्गविहीन समाज का निर्माण होगा, लेकिन हुआ इसके ठीक विपरीत। एक ओर सरकारी स्तर से पुराने वर्गों को ध्वस्त करने की प्रक्रिया चलती रही, तो दूसरी ओर नये वर्ग बनते और मूलबद्ध होते गये। युगोस्लाविया के भूतपूर्व उपप्रधानमन्त्री ने अपनी पुस्तक 'द न्यू क्लास' में लिखा है दृ हमने पुराने वर्ग नष्ट किये, किन्तु नये वर्गों का निर्माण हुआ। स्वयं एक लेख में लिखा था – 'मुझे पता नहीं चलता की क्या किया जाय? छोटे बच्चों में भी अलग–अलग वर्ग की भावना का निर्माण हो रहा है। शासक, उच्चाधिकारियों, इंजीनियरों, डाक्टरों के बच्चे स्कूल के मध्यावकाश में अलग ग्रूप बनाकर बैठते हैं और मजदूर–किसानों के बच्चे अलग ग्रूप में। बचपन में ही वर्ग भावना निर्मित हो रही है। इसे कैसे दूर किया जाय?'

भयंकर सामाजिक विषमता

किसी वर्ग को विशेष सुविधा और अधिकार देना कम्युनिज्म या मार्क्सवाद के घोषित सिद्धान्तों के प्रतिकूल है। बात विशेषाधिकार प्राप्त एक या दो वर्गों की नहीं, आज विश्व के एकमात्र घोषित साम्यवादी देश चीन में लघुत्तम और महत्तम आमदनी में 1 और 90 का अनुपात है। आय में तो अन्तर है ही, भयंकर सामाजिक विषमता भी है। कम्युनिस्ट देशों में समानता और वर्गहीनता की बात एक छलावा सिद्ध हुई। मार्क्स ने कहा था कि सर्वहारा जिसके पास भगवान के द्वारा प्रदत्त दो हाथों के सिवा कुछ भी नहीं है, वे ही क्रान्ति का नेतृत्व करेंगे। लेकिन लेनिन को इससे समस्याओं का सामना करना पड़ा। मार्क्स ने सिर्फ सिद्धान्त–सारणि दी थी, लेकिन लेनिन को प्रत्यक्ष क्रान्ति का काम करना था। उन्होंने अनुभव किया कि सर्वहारा क्रान्ति के लिए मर तो सकता है, क्योंकि उसके लिए मार्क्स ने कहा था कि तुम्हारा कुछ भी नुकसान नहीं, क्रान्ति में सिर्फ तुम्हारे बंधन टूटेंगे (You have nothing to lose but your chains), लेकिन नेतृत्व नहीं कर सकता। नेतृत्व के लिए बुद्धि, संगठन क्षमता और प्रशासनिक दक्षता की आवश्यकता होती है। लेनिन ने मार्क्स के सिद्धान्त में परिवर्तन करते हुए कहा कि सर्वहारा नेतृत्व नहीं करेगा। वह सिपाही का काम करेगा, नेतृत्व तो कम्युनिस्ट पार्टी के अनुभवी क्रान्तिकारी (Professional Revolutionaries) ही करेंगे, और इस तरह एक विशिष्ट वर्ग का निर्माण हुआ। रूस

में एक परम्परा–सी बन गयी थी कि शासन के विभिन्न संगठनों के प्रमुख जैसे न्यायाधीश, प्रबंधक, प्राचार्य, कुलपति, सचिव, निदेशक, सेनापति आदि सभी पार्टी के नेतृत्व वर्ग से ही चुने जायेंगे, भले ही उनमें अपेक्षित योग्यता हो या न हो। किसी विज्ञान–संस्था का प्रमुख एक गैरविज्ञानी भी हो सकता था। इससे चापलूसी को प्रश्रय मिला और अयोग्य लोग भी उच्च पदों पर पहुँचने लगे। इस वर्ग को विशेष सुविधाएँ, जैसे फार्म हाउस, समस्त सुविधाओं से युक्त आलीशान बंगला, फर्नीचर, कारें, प्रसिद्ध शिक्षा संस्थानों में बच्चों के प्रवेश की सुविधा, आयातित वस्तुओं की प्राप्ति की सुविधा, सर्वोत्त्कृष्ट चिकित्सा सेवा की सुविधा आसानी से प्राप्त होने लगी। यहाँ तक कि मास्को के प्रसिद्ध नाट्यगृह के टिकट भी पहले उन्हें ही प्राप्त होते थे।

तानाशाही की जड़ें साम्यवाद में

मार्क्स को मानव–मन की अत्यन्त अल्प जानकारी थी। मनुष्य के मन के विकास के लिए उनके साहित्य में कुछ भी नहीं है। उन्होंने इस ओर ध्यान ही नहीं दिया कि किसी भी कार्यक्रम के सुचारु क्रियान्यवन के लिए चरित्रवान मनुष्य की आवश्यकता प्रथम शर्त है। या तो उन्होंने इस विषय का अध्ययन नहीं किया था या किया भी होगा तो अत्यन्त अल्प अध्ययन किया होगा। वे मनुष्य को एक यंत्र मानते थे जिसके कारण उनके समस्त सिद्धान्त व्यवहार के धरातल पर असफल हो गये। अनिर्बाध और अनियन्त्रित सत्ता प्राप्त होने पर कट्टर कम्युनिस्ट भी मार्क्स को भूल गये। रूमानिया के कम्युनिस्ट राष्ट्राध्यक्ष चाउसेस्कू ने उस देश पर लगातार २४ वर्षों तक तानाशाही के बल पर शासन किया था। यह भी कैसा संयोग है कि जिस अधिनायकवाद का विरोध मार्क्स ने अपनी हर पुस्तक और लेख में किया था, कम्युनिस्ट देशों में वही सबसे पहले आया। प्रत्येक कम्युनिस्ट देश का प्रमुख तानाशाह ही होता है। रूस का स्टालिन, युगोस्लाविया का मार्शल टीटो, क्यूबा का फिडेल कास्त्रो, चीन का माओ और रूमानिया का चाउसेस्कू इसके प्रत्यक्ष उदाहरण हैं।

भ्रष्टाचार और भाई–भतीजावाद को बढ़ावा

रूमानिया में अपनी 24 साल की तानाशाही के दौरान, चाउसेस्कू के भ्रष्टाचार और भाई–भतीजावाद की चर्चा के बिना यह लेख अधूरा ही रहेगा। चाउसेस्कू की पत्नी एलीना, प्रथम उप प्रधानमन्त्री, जो चाउसेस्कू के बाद सर्वाधिक शक्तिशाली पद था पर आसीन थी। चाउसेस्कू का भाई रक्षा मन्त्री, दूसरा योजना आयोग का अध्यक्ष, तीसरा राजदूत, चौथा कम्युनिस्ट पार्टी के मुख्य पत्र का संपादक, एक साला कृषि सचिव, दूसरा ट्रेड यूनियन का प्रमुख तथा सबसे छोटा लड़का ट्रान्ससिल्वानिया में पार्टी के सचिव पद पर काबिज था।चीन के माउत्से तुंग भी इस विकृति से बच नहीं सके। उन्होंने चीन की एक खूबसूरत अभिनेत्री जियान किंग से शादी की थी, जिसे कालान्तर में उन्होंने पोलिट ब्यूरो का सदस्य बना दिया। जियान किंग माओ के बुढ़ापे के दिनों में इतनी शक्तिशाली और प्रभावशाली हो गयीं कि अपने तीन

और वफादारों के साथ माओ को किनारे करते हुए वर्षों तक चीन पर राज किया। गया। रूस में ब्रेजनेव के प्रधानमन्त्रीत्व काल में उनके दामाद प्रशासन में बहुत ताकतवर हो गये थे। उसी समय रूसी सेना ने अफगानिस्तान पर कब्जा किया था। वहाँ की भौगोलिक दशा और स्थानीय लड़ाकों के खूनी आक्रमण के डर के कारण कोई रूसी सैनिक वहाँ जाना नहीं चाहता था। वहाँ जाने का अर्थ था! फिर कभी लौट के नहीं आना। इसका फायदा उठाते हुए ब्रेजनेव के दामाद ने अफगानिस्तान में सैनिकों की पोस्टिंग रोकने के लिए अकूत धन कमाया। भारत में स्व. ज्योति बसु के पुत्र चन्दन बसु ने सत्ता का दुरुपयोग कर पश्चिम बंगाल में कई उद्योग लगाये। वे आज बंगाल के अग्रणी पूँजीपति हैं।

साम्यवाद अव्यवहारिक

साम्यवाद अव्यवहारिक है इसका सबसे बड़ा उदाहरण रुस का विखंडन है।सोवियत रूस के पूर्व शासक गोर्वाचोव ने, जो एक कट्टर कम्युनिस्ट थे, उन्होंने समय रहते यह पहचान लिया कि साम्यवाद अव्यवहारिक है और सिर्फ मार्क्सवाद के खोखले नारे से जनता की समस्याओं का समाधान तथा देश का उत्थान नहीं किया जा सकता। उन्होंने 'पेरेस्त्रोइका (पुनर्रचना) और ग्लासनोस्त (खुलापन) के नाम से स्वतन्त्र चिन्तन और आलोचना को स्थान दिया। उन्होंने रूस में परिवर्तन का मार्ग प्रशस्त किया। जून 1990 की कम्युनिस्ट पार्टी की 28वीं कांग्रेस में जो प्रस्ताव स्वीकार किया गया उसमें मार्क्सवाद और लेनिनवाद का दूर–दूर तक कोई नाम नहीं था। उसमें प्रमुख बातें थीं– 1. सोवियत रूस के संविधान की धारा 6 को निरस्त कर दिया गया जो कम्युनिस्ट पार्टी को एकमात्र अधिकृत पार्टी मानती थी। इससे अन्य दलों के चुनाव लड़ने का मार्ग प्रशस्त हुआ। 2. जेनरल सेक्रेटरी के अधिकार राष्ट्राध्यक्ष को सौंपकर पार्टी और प्रशासन को अलग करने की दिशा में कदम उठाया गया। 3. व्यक्तिगत सम्पत्ति न रखने के मार्क्सवादी कम्युनिस्ट पार्टी के मौलिक सिद्धान्त को तिलांजलि देते हुए कहा गया कि – पार्टी व्यक्तिगत सम्पत्ति के अधिकार को मानती है और उत्पादन के साधनों पर व्यक्ति के स्वामित्व को स्वीकार करती है।

18

क्या टेक्नीकल मशीन शिक्षकों का स्थान ले सकती हैं?

(Can technology replace teacher?)

हाँ! टेक्नीकल मशीन शिक्षकों का स्थान ले सकती हैं

ऑनलाइन शिक्षा बाजार विश्व भर में धूममचा रहा है और वर्तमान में इसे शिक्षा का तेजी से उभरता हुआ क्षेत्र माना जा रहा है। वास्तव में, प्रमुख वैश्विक बाजार अनुसंधान फर्मों द्वारा किये गये सर्वेक्षणों से यह संकेत मिला है कि ऑन–लाइन शिक्षा की गति का ग्राफ ऊपर की ओर जायेगा तथा अधिक से अधिक संगठन और व्यक्ति, प्रशिक्षण की इस विधि को क्रियान्वित करेंगे। अध्ययनों से विदित हुआ है कि लगभग 92 प्रतिशत बड़े संगठन प्रशिक्षण के नेटवर्क को कार्यान्वित करेंगे। यह भी उल्लेख किया गया है कि विश्व के 41 प्रतिशत बड़े संगठनों ने कर्मचारियों के लिए कम से कम एक पाठ्यक्रम ऑनलाइन रखा है। उत्पादों, प्रणालियों और नये सेवा प्रस्तावों के संदर्भ में, ऑनलाइन और प्रौद्योगिकी मेडिएटिड अध्ययन के लिए बाजार में कम से कम 516 ऐसे प्रस्ताव उपलब्ध हैं। इस घटक के विकास का महत्त्वपूर्ण श्रेय 500 कम्पनियों को जायेगा जो अपने संगठन के अन्दर ज्ञान (नॉलेज) प्रबंधन पर बढ़ी हुई धनराशि खर्च करेगीं।

भारत के लिए अवसर

आजादी के बाद शिक्षा के प्रचार–प्रसार के लिए स्कूल और कॉलेज स्तर पर रेगुलर के अलावा पत्राचार माध्यम अपनाया गया। इस माध्यम में छात्रों को घर बैठे ही प्रिंटेड अध्ययन सामग्री मुहैया करा दी जाती है। इसके बाद सिर्फ परीक्षा देने की जरूरत होती है। पत्राचार माध्यम में हाजिरी और क्लास रूम में आने के झंझट से मुक्ति दे दी गयी। बाद में पत्राचार माध्यम को विकसित और अपडेट करके विश्वविद्यालयों ने दूरस्थ शिक्षा का तन्त्र विकसित किया। बदलाव की इस बयार में पत्राचार माध्यम दूरस्थ शिक्षा का एक अंग बन रह गया है। दूरस्थ शिक्षा में अब पत्राचार के अलावा छात्रों को पर्सनल कॉन्टेक्ट क्लासेज और ऑनलाइन के रूप में भी अध्ययन की

सुविधा मुहैया कराई जा रही है। दूरस्थ शिक्षा के लिए 25 साल पहले इग्नू की स्थापना की गयी। अब दूसरे विश्वविद्यालय भी इस राह पर चल पड़े हैं। पत्राचार माध्यम को अपडेट करते हुए उसे नया रूप देते हुए दूरस्थ शिक्षा का मॉडल अपनाया जा रहा है। इसका ताजा उदाहरण है दिल्ली विश्वविद्यालय का 'स्कूल ऑफ कोरसपोंडेंस'। दस साल पहले संस्थान के नाम के अनुरूप इसे पत्राचार स्कूल के रूप में जाना जाता था, लेकिन 2002 के बाद इसका नाम बदल कर कैम्पस ऑफ ओपन लर्निंग कर दिया और पत्राचार माध्यम इसका एक अंग बन कर रह गया, जिसे स्कूल ऑफ ओपन लर्निंग के नाम से जाना जाता है। यह संस्थान इसके बाद धीरे–धीरे दूरस्थ शिक्षा के मॉडल को साकार करने की दिशा में आगे बढ़ा। आज इसकी लोकप्रियता का आलम यह है कि इसमें रेगुलर से दोगुने यानि तीन लाख छात्र अध्ययनरत हैं।

एमआईटी और हार्वर्ड आपके कम्प्यूटर पर

मई 2012 में मैसाच्यूसेट्स इंस्टीट्यूट ऑफ टेक्नोलॉजी और हार्वर्ड यूनिवर्सिटी द्वारा एडक्स के नाम से शुरू किया एक ऑनलाइन प्रोग्राम आज विश्व भर में प्रसिद्ध पा रहा है। इस प्रोग्राम में मैसाच्यूसेट्स इंस्टीट्यूट ऑफ टेक्नोलॉजी और हार्वर्ड यूनिवर्सिटी की ऑनलाइन पठन सामग्री, वर्तमान शिक्षा में तमाम बाधाओं को नये तरीके से दूर करने का विकल्प है। जिसमें अपनी गति से अध्ययन, ऑनलाइन विचार समूह, पाठ्यक्रम में आगे बढ़ने के साथ आकलन, इस शिक्षा को पाने के तरीके हैं।

एडक्स अमेरिका के दो नामी विश्वविद्यालयों का बिना लाभ के मकसद से शुरू किया गया साझा प्रयास है और यह खुला मंच वह तकनीकी प्लेटफॉर्म उपलब्ध कराएगा जिससे इन संस्थानों की कक्षाओं का ऑनलाइन संस्करण निःशुल्क उपलब्ध हो सके। चूँकि यह खुला मंच है, इसलिए यह लगातार बेहतर होता रहेगा। वीडियो देखकर ऑनलाइन शिक्षा हासिल करने के स्टैंडर्ड मॉडल से अलग यह प्लेटफॉर्म छात्रों को इंटरएक्टिव अनुभव देगा और तुरन्त ही फीडबैक भी। इंटरनेट कनेक्शन के जरिए यह सबके लिए उपलब्ध है। मामूली फीस लेकर प्रमाणपत्र भी दिये जायेंगे, लेकिन प्रमाणपत्र हार्वर्ड या एमआईटी के नाम जारी नहीं होंगे।

एडक्स प्रोग्राम दोनों संस्थानों में जारी दूरस्थ शिक्षा पहले से अलग होगा। एडक्स हार्वर्ड और एमआईटी के शिक्षकों को भी शिक्षण और अध्ययन पर अनुसंधान करने में मदद करेगा। एमआईटी और हार्वर्ड को आशा है कि दूसरे विश्वविद्यालय भी उनसे एडक्स प्लेटफार्म से जुड़ेंगे।

ऑनलाइन विश्वस्तरीय शिक्षा

वर्ष 2008 से दुनियाभर में गणित, फाइनेंस से लेकर जीव विज्ञान और रसायन विज्ञान तक सीखने में मदद करने वाला एक गैर लाभकारी संगठन खान एकेडेमी करोड़ों लोगों को लाभान्वित कर रहा है। किसी को भी, कहीं भी ऑनलाइन विश्वस्तरीय शिक्षा

मिल जाने के लिए प्रतिबद्ध यह संगठन अब तक 15 करोड़ लेसन डिलिवर कर चुका है। इसकी साइट की लोकप्रियता सिर्फ इसीलिए नहीं है कि इस पर सीखने के लिए निर्देशात्मक वीडियो बड़ी संख्या में हैं जो 10 मिनट से कम के हैं, बल्कि इसलिए भी है कि इसमें खुद ही क्विज लेने की व्यवस्था भी है। इस वेबसाइट से अध्यापक या प्रशिक्षक अपने छात्रों को अभ्यास करने के लिए काम भी दे सकते हैं और लेसन के मुताबिक उनकी प्रगति पर निगाह भी रख सकते हैं।

इस वेबसाइट की भविष्य की बड़ी योजनाओं में अपने वीडियो हिन्दी, उर्दू, बंगाली और तमिल में अनुवादित करवाने की भी है जिसके साथ वे विभिन्न भाषाओं के प्लेटफॉर्म का स्थानीयकरण करने की योजना भी बना रहे हैं। इससे इस अनुभव का लाभ कहीं भी उठाया जा सकेगा। इसमें ज्यादा वीडियो और अभ्यास प्रश्न डाले जायेंगे तथा इसे और ज्यादा इंटरएक्टिव बनाने के लिए इसमें वाणिज्य, कानून और चिकित्सा जैसे ज्यादा जरूरत के विषय भी लाए जा रहे हैं। इसके पीछे यही मकसद हैं कि इससे विद्यार्थियों को ऐसे तौरतरीके सिखायें जायें जिससे कि इसका प्रयोग करने वाले एक–दूसरे की बेहतर तरीके से मदद कर सकें, और सीखने वालों का ऐसा समुदाय बन जाये जहाँ लोग एक–दूसरे की मदद करें।

शिक्षा जनसंवाद का भी हिस्सा

अगर कोई विद्यार्थी रेगुलर कॉलेज में किसी कारण से प्रवेश लेने से वंचित रह गया है या पसन्द का कोर्स उसे नहीं मिला है तो उसके लिए और भी बहुत से वैकल्पिक रास्ते खुले हैं। पत्राचार, दूरस्थ शिक्षा के अलावा ऑनलाइन शिक्षा माध्यम से वह अपने सपनों को साकार कर सकता हैं। इन माध्यमों से पढ़ाई करने का एक फायदा यह भी है कि आप पढ़ाई के साथ–साथ नौकरी का अनुभव भी हासिल कर सकते हैं। इस तरह की ऑनलाइन एकेडमी का मकसद शिक्षकों का स्थान लेना नहीं है, हालाँकि कई लोग इस बात की आशंका जताते हैं। बल्कि इससे कक्षा के अनुभव विद्यार्थियों और शिक्षकों के लिए ज्यादा गतिशील, बेहतर और इंटरएक्टिव बन सकते हैं। अभी बहुत–सा अध्यापन कार्य लेक्चर के जरिये होता है जो विद्यार्थियों को सिखाने का यह बहुत ही निष्क्रिय तरीका है। यदि लेक्चर ऑटोमेटेड हों तो कक्षा के समय का उपयोग विद्यार्थी एक–दूसरे से सीखने, शिक्षकों से परामर्श करने और ज्यादा रचनात्मक तौर पर कर सकेंगे। यदि छात्र कक्षा में हैं तो उन्हें संवाद करना चाहिए, न कि निष्क्रिय होकर बैठना चाहिए। ऑनलाइन शिक्षा से न सिर्फ लोगों को सीखने में मदद मिल रही है बल्कि शिक्षा जनसंवाद का भी हिस्सा ही बन गयी हैं, यह बड़ी अच्छी बात है। यही वजह बनी बृहस्पति के विकास की। भारतीय प्रौद्योगिकी संस्थान, कानपुर द्वारा स्थापित बृहस्पति एक वेब आधारित ई–शिक्षा कार्यक्रम है, जिससे अनुदेशक पाठ्यक्रम सामग्री द्वारा परिसर में शिक्षा दे सकते हैं, कक्षा की चर्चाएं कर सकते हैं और वेब पर ही आकलन कर सकते हैं। इसे परिसर के बाहर और मेंटोर शिक्षा के लिए ई–शिक्षा सामग्री उपयोग करने में भी इस्तेमाल किया जा

सकता है। यह एक खुले स्रोत वाला सॉफ्टवेयर है तथा इसे किसी भी विश्वीविद्यालय द्वारा उपयोग किया जा सकता है।

ऑनलाइन प्रशिक्षण और प्रभाव का विस्तार

ऑनलाइन प्रशिक्षण केवल कम्प्यूटर क्षेत्र का ही विशेषाधिकार नहीं है। ऐसे प्रशिक्षण का प्रभाव व्यापक होता है और इसका विस्तार कई प्रकार के उद्योगों के विभिन्न घटकों तक होगा। शिक्षा की इस प्रकार की विधि छात्रों (विद्यालयों, उच्च शिक्षा के कॉलेजों और संस्थानों, दोनों स्तरों पर) और कॉरपोरेट्स द्वारा उपयोग की जायेगी ताकि उनके अपने संस्थान में ही दक्ष जनशक्ति का आधार बढ़ाया जा सके। वस्तुतः, कॉरपोरेट्स के मामले में, कई प्रमुख संगठन ज्ञान को बढ़ाने के लिए कर्मचारियों के लिए ऑनलाइन वीडियो कान्फ्रेसिंग, स्वतः निर्धारित अध्ययन मानदण्ड जैसे माध्यमों का उपयोग कर रहे हैं। इसी प्रकार, शिक्षा संस्थाएँ विभिन्न स्तरों के पाठ्यक्रमों की पेशकश करने के लिए सामने आयी हैं जिनका लक्ष्य छात्रों, अध्यापकों और व्यवसायिकों को शिक्षा देना है। एनआईआईटी और अपटेक जैसे भारत के प्रमुख कम्प्यूटर शिक्षा घरानों ने भी अपनी गतिविधियों में विविधता लाकर ऑनलाइन प्रशिक्षण देना शुरू किया है और अपनी साइट्स का विस्तार किया है ताकि वे पाठ्यक्रम चलाए जा सकें जिनका संचालन वेब पर किया जा सके।

टेक्नीकल मशीन शिक्षकों का स्थान नहीं ले सकती हैं

आपने कभी चाक के पहिए पर मिट्टी के लोंदे को आकार लेते देखा है। पल–पल घूमता, हर पल एक रहस्यमय ढ़ंग से सुगढ़ होता मिट्टी का लोंदा। शायद कोई कल्पना भी न कर सके कि मिट्टी का इतना सामान्य–सा दिखने वाला पिंड इतनी बेहतरीन शक्ल अख्तियार कर सकता है। यह कोई जादू नहीं है बल्कि यह तो कमाल है सधे हुए उन हाथों का। उस एकग्रता का, जिसकी धुरी पर चक्कर काटते–काटते बेजान मिट्टी भी जिंदगी की रौनक से लबरेज हो जाती है। अब तक जिंदगी के कई प्रसंगों में व्यवहारिक रूपकों की भाँति इस्तेमाल हुई मिट्टी आज गुरु–शिष्य सम्बन्धों के ताने–बाने को नये सिरे से जाहिर कर रही है।

नये जमाने और नये मूल्यों ने हर रिश्ते पर बनावट की चादर डाल दी है। बदलते जमाने के साथ बच्चों की परवरिश में भी काफी बदलाव देखने को मिल रहा है। पहले बच्चों को छोटी उम्र में ही गुरुकुल भेज दिया जाता था, जहाँ उन्हें शिक्षा की प्राप्ति होती थी, लेकिन आज के आधुनिक जमाने के बच्चे गुरुकुल का अर्थ तक नहीं जानते।

इंटरनेट नहीं है शिक्षा का उचित मार्ग

आज का युग कम्प्यूटर युग है, कम्प्यूटर के आने से देश, समाज में एक नई क्रांति का आह्वान हुआ है। बच्चे अपना ज्यादातर समय कम्प्यूटर पर व्यतीत करते हैं। इंटरनेट भले ही जानकारियों का खजाना है, लेकिन बच्चों के मन में ज्ञान की ज्योति

जगाने वाले शिक्षकों का आज भी उतना ही महत्त्व है जितना पुराने जमाने में था। माता–पिता के बाद बच्चों को सही शिक्षा देने में शिक्षकों का महत्त्वपूर्ण स्थान होता है। ये शिक्षक ही हैं, जो बच्चों के अन्दर संभावना का विकास कर उन्हें उन्नति की राह पर ले जाते हैं। इंटरनेट से छात्र कई तरह की जानकारियाँ हासिल कर रहे हैं। स्कूल में कम्प्यूटर प्रशिक्षण शुरू होने से छात्रों का तकनीकी ज्ञान भी बढ़ रहा है। इसके बावजूद पुस्तकों की जगह कोई नहीं ले सकता। पुस्तकों को पढ़ने से जो ज्ञान मिलता है, वह इंटरनेट से नहीं मिल सकता, क्योंकि हर स्तर पर ज्ञान बढ़ाने में पुस्तकों का काफी योगदान है।

शॉर्टकर्ट के रास्ते पर नई पीढ़ी

शहरों में पढ़ रही नई पीढ़ी की समझ और सूचना का संसार बहुत ही व्यापक हो चुका है। उनके पास ज्ञान और सूचना के अनेक साधन हैं, जैसे इंटरनेट। इस इंटरनेट की दुनिया ने बच्चों को खोखला कर दिया है। इंटरनेट से मिल रहा ज्ञान बच्चों के लिए खतरनाक साबित हो रहा है क्योंकि उस ज्ञान में नैतिक मूल्य और संस्कृति शामिल नहीं है। जल्दी और ज्यादा पाने की होड़ में नई पीढ़ी गलत माध्यमों की तरफ रुख मोड़ रही है।

उनके सामने एक अध्यापक की भूमिका बहुत सीमित हो गयी है। एक रोबोट भले ही आपके सारे काम कर जाये, लेकिन उसमें मनुष्यता, ईमानदारी और प्रमाणिकता की शिक्षा कभी नहीं जागृत हो सकती। अगर कोई विद्यार्थी शिक्षक को एक दोस्त, दार्शनिक और मार्गदर्शक के रूप में देखें तो वही शिक्षक उनके रोल मॉडल भी हो सकते हैं। डॉ. राधाकृष्णन कहा करते थे कि मात्र जानकारियाँ देना शिक्षा का उद्‌देश्य नहीं है। यद्यपि जानकारी का अपना महत्त्व है और आधुनिक युग में तकनीक की जानकारी महत्त्वपूर्ण भी है तथापि व्यक्ति के बौद्धिक झुकाव और उसकी लोकतांत्रिक भावना का भी बड़ा महत्त्व है। ये बातें व्यक्ति को एक उत्तरदायी नागरिक बनाती हैं। शिक्षा का लक्ष्य है ज्ञान के प्रति समर्पण की भावना और निरन्तर सीखते रहने की प्रवृत्ति। वह एक ऐसी प्रक्रिया है जो व्यक्ति को ज्ञान और कौशल दोनों प्रदान करती है तथा इनका जीवन में उपयोग करने का मार्ग प्रशस्त करती है। करुणा, प्रेम और श्रेष्ठ परम्पराओं का विकास भी शिक्षा के उद्देश्य हैं।

गुरु –शिष्य का सम्बन्ध सबसे महत्त्वपूर्ण

प्राचीन काल से भारतीय समाज में शिक्षकों का स्थान सबसे ऊँचा और पुज्यनीय रहा है अर्थात् ईश्वर के बाद दूसरा स्थान गुरु का ही आता है। जे. कृष्णमूर्ति के शब्दों में दृष्य जानकारी इकठ्‌ठा करना और तथ्यों को बटोरकर आपस में मिलाना ही शिक्षा नहीं है, शिक्षा तो जीवन के अभिप्राय को उसकी समग्रता में देखना–समझना है जो गुरु के रुप में एक शिक्षक बखूबी कर सकता है।

गुरु और शिष्य के बीच एक अनोखा रिश्ता होता है। गुरु एक पथप्रदर्शक की भूमिका निभाते हैं। गुरु और शिष्य के बीच इस अनूठे बंधन को मज़बूत करने के लिए

अगर किसी चीज की जरूरत होती है तो वह है गुरु के प्रति शिष्य का विश्वास, श्रद्धा और सम्मान।

कहते हैं, यदि दुनिया में शिक्षक नहीं हों तो शिक्षण सम्भव नहीं है। शिक्षण का शाब्दिक अर्थ शिक्षा देने से है, लेकिन इसकी आधारशिला तो शिक्षक ही रखता है।

शिक्षक जीवन को पूर्ण बनाता हैं

बचपन से लेकर आखिर तक सभी व्यक्ति सीखने की प्रक्रिया से गुजरते हैं। जरुरी नहीं कि यह प्रक्रिया केवल कॅरियर या किताबी परिप्रेक्ष्य में ही हो। व्यावहारिक जीवन की बहुत सी चीजें इसी से जुड़ी हैं। भारतीय परिवेश में देखें तो हम पायेंगे कि देश में शिक्षक का खासा महत्त्व रहा है। खुद प्राचीन गुरुकुल परम्परा में गुरु सर्वोपरि हुआ करता था, जिसकी सेवा, शिष्य का सबसे बड़ा सौभाग्य और जिसकी कृपादृष्टि शिष्य का सबसे बडा पुरस्कार माना जाता था। गुरुकुल की एक और विशेषता, ज्ञान का क्रमशः स्थानांतरण भी थी, जिसमें स्वयं शिक्षित हो जाने के बाद छात्र अपने से छोटी कक्षा वाले छात्रों को अपना ज्ञान बाँटा करते थे। यह क्रम उसी गुरुकुल में क्रमशः चलता रहता था। गुरुकुल परम्परा तो आज नहीं रही, लेकिन उसकी विरासत समाज के लिए आज भी महत्त्वपूर्ण है। शिक्षक शिष्य के मस्तिष्क में पहले से विद्यमान मेधा को विकसित करता है। वह शिष्य के अन्दर अनुशासन की भावना भरकर उसका चरित्र निर्माण करता है, इस प्रकार शिक्षक अपने शिष्य के लिए पिता से बढ़कर सहायक होता है। वह विद्यार्थी की अज्ञानता दूर करके उसे ज्ञान का सटीक उदाहरण बनाता है। शिक्षक विद्यार्थी को निरन्तर पारदर्शी और योग्य बनाता है। शिक्षा का अर्थ मनुष्य की दैवीय प्रकृति को पहचानना है।

हमेशा प्रासंगिक हैं शिक्षक

शिक्षक वह नहीं जो छात्र के दिमाग में तथ्यों को जबरन ठूंसे बल्कि वास्तविक शिक्षक तो वह है, जो उसे आने वाले कल की चुनौतियों के लिए तैयार करे। आज शिक्षकों का रोल कई लिहाज से पहले से अलग है। बदलते सामाजिक, आर्थिक समीकरण, व्यापक होती सोच के बीच अध्यापकों की भूमिका भी व्यापक हुई है। यहाँ केवल कोर्स के अनुरूप पढ़ाना भर उसकी जिम्मेदारी नहीं रह गयी है, बल्कि परीक्षा के तनावग्रस्त माहौल से लेकर छात्रों की कांउसिलिंग, पैरेंट्स व छात्र के बीच बेहतर तालमेल, भविष्य की संभावित योजनाओं तक से परिचित कराना इनके ही काम में शुमार है। ऐसे में यदि वे अपने काम को बखूबी अंजाम देने में सफल रहते हैं तो देश के भविष्य को एक खूबसूरत आकार मिलना तय है। यही कारण है कि प्रत्येक देश की सरकार आधुनिक तरीके से शिक्षा देने के लिए प्रयत्नशील रहती है और शिक्षकों की महत्ता बनी रहती है।

शिक्षा नैतिकता है, जो मनुष्य और समाज का सृजन करती है। शिक्षक का ध ार्म है अपनी आन्तरिक ज्योति से विद्यार्थी के मनस्थल को प्रकाशित करके सत्य का रूप दे, जिससे उसका अपना जीवन सार्थक हो जाये। श्रेष्ठ अध्यापक एक विद्वान

ही नहीं, बल्कि वह है जो निरन्तर बिना किसी पुरस्कार की कामना के किसी शिष्य के उत्थान और कल्याण का ध्यान रखता है। शिक्षा का उद्देश्य ज्ञान प्राप्ति है। अपने सदाचरण से शिक्षक बच्चों को समाजसेवा के योग्य बनाता है। अध्यापक का दायित्व ही अपने ज्ञान से अपने शिष्य का पूर्ण विकास करना है। विद्यार्थियों का अध्ययन के लिए कष्ट सहना तप है। उनकी दृष्टि ज्ञान और विद्या की आभा से ज्योतिर्मय होती है। आत्मनिर्भर सज्जन मानव बनना जीवन का उद्देश्य है। जीवन मूल्य से सही दिशा मिलती है। शिक्षक की आत्मिक ऊर्जा लेने के बजाय देने की भावना है। वह निर्धन होकर विद्या देता है।

19

क्या प्रतिभा पलायन देश हित में है?
(Is brain drain good for the country?)

प्रतिभा पलायन देश हित में है

महान जर्मन विचारक हेगेल ने 19वीं शताब्दी में लिखा था कि भारत के प्रति सभी की विशेष जिज्ञासा बनी रहती है। हम सभी के लिए इसका एक जादुई महत्त्व अब से नहीं, बल्कि शताब्दियों से रहा है। यह देश बड़े–बड़े खजानों का देश है और इसमें ईश्वर की दी हुई हर नेमत है। आप किसी भी चीज का नाम लें, वह भारत में मौजूद है। वास्तव में भारत सोने की चिड़िया है।

यह कहावत आज एक बार फिर सच साबित हो रही है, क्योंकि भारत ने अपनी खोई हुई ताकत को फिर से तलाश लिया है। अब भारत न केवल एशिया, बल्कि पूरी दुनिया के भविष्य की लकीरें बदलने की हैसियत रखता है। ग्लोबल लीडर के तौर पर उसकी स्वीकार्यता बढ़ती जा रही है। इसे व्यापार वार्ताओं में देखा जा सकता है, जहाँ भारत की कही एक–एक बात को ध्यान से सुना जाता है। मैगजीन द इकॉनमिस्ट द्वारा कुछ दिन पहले किये गये सर्वे के मुताबिक अमेरिका में बसे 68 प्रतिशत भारतीय मूल के बिजनेसमैन भारत लौटने के बारे में सोचते हैं। 12 प्रतिशत ने तो इस बारे में पक्का इरादा बना लिया है।

प्रतिभा पलायन देश हित में

हमारे बहुत से अपने, जो देश के बाहर रह रहे हैं और जो आज व्यवसाय, शिक्षा एवं रोजगार की वजह से भले ही बाहर हैं, लेकिन वे हमेशा ही अपने देश, अपने लोगों के लिए कुछ कर गुजरने की चाहत ही नहीं रखते, बल्कि कुछ करते भी हैं। जिससे हम सभी को तथा इस देश को बड़ा ही नाज होता है, चाहे वो सुनीता विलियम्स, कल्पना चावला हों या उद्योगपति लक्ष्मीनिवास मित्तल क्यों न हों। वे कोई भी प्रगति का कार्य करते हैं, तो हम यह महसूस करते हैं, कि हमारा तिरंगा आज ब्रिटेन में लहरा रहा है, आज ब्रिटेन जिसने भारत पर लगभग 200 सालों से अधिक दिनों तक राज किया, वहाँ पर लक्ष्मी मित्तल अपनी सफलता का डंका बजा रहे हैं। उद्योगपति लक्ष्मी मित्तल का उदाहरण देकर हम कह सकते हैं कि प्रतिभा पलायन देश हित में है।

साइंस एंड टेक्नॉलजी मंत्रालय की ताजा रिपोर्ट पढ़ें तो पता चलेगा कि प्रतिभा पलायन (ब्रेन ड्रेन) के कारण पश्चिमी देशों में चले गये लोग अब स्वदेश लौट रहे हैं। इस बदलाव को ब्रेन गेन कहा जा रहा है। भारत की कामयाबी आईटी और इंजीनियरिंग तक ही महफूज नहीं है। एक खामोश क्रांति हर तरफ जारी है। यह हमारा ही कमाल है कि आज हेपटाइटिस–बी का इंजेक्शन महज 30 रुपये में मिल रहा है। मोबाइल, टेलिफोन और इंटरनेट के क्षेत्र में घट रहा चमत्कार किससे छिपा हुआ है। उच्च शिक्षा में भारत दुनिया के लिए मिसाल बन गया है। शिक्षा की चाहत अब हर तरफ फैल रही है, यहाँ तक कि उन लोगों में भी, जो बुरी तरह पिछड़े हैं। चीन की आर्थिक स्थिति पर नजर रखने वाले अमेरिका की पेन्सिल्वेनिया यूनिवर्सिटी के प्रो. ऐलन मैक्लॉय ने यू एस टुडे के अपने एक लेख में इसीलिए लिखा है कि आज दुनिया के आर्थिक नक्शे पर भले ही चीन छाया हुआ हो, मगर जल्द ही भारत उसकी बराबरी कर लेगा और अपना सामान उससे भी सस्ते दामों पर पश्चिमी देशों को बेचेगा। उनका व्यक्तव्य साबित करता है कि देश से बाहर गये प्रतिभाशाली लोगों के वापिस आते ही भारत किस तरह विकास करेगा।

ज्यादा भी और विश्वसनीय भी

हाल ही में भारतीय रिजर्व बैंक द्वारा जारी किये गये आँकड़ों के अनुसार भारत मूल के लोग या प्रवासी भारतीयों द्वारा भेजी गयी राशियाँ वर्ष 2011–12 में एक बार फिर विदेशी निवेश (प्रत्यक्ष एवं पोर्टफोलियों–दोनों मिलाकर) से कहीं ज्यादा रहीं। 2011–12 में अनिवासी भारतीयों ने 63.5 अरब डालर स्वदेश भेजे, जबकि विदेशी निवेशकों से हमें 39.2 अरब डालर ही प्राप्त हुए। इनमें 22 अरब डालर प्रत्यक्ष विदेशी पूँजी निवेश से और 17.2 अरब डालर पोर्टफोलियो (शेयर बाजारों में) निवेश से प्राप्त हुए। महत्त्वपूर्ण बात यह है कि पिछले कई सालों में लगातार अनिवासी भारतीयों द्वारा विदेशी निवेशकों से कहीं अधिक पैसा स्वदेश भेजा गया, जबकि विदेशियों द्वारा निवेश में उतार–चढ़ाव चलता रहा उल्लेखनीय है कि वर्ष 2008–09 की मंदी के दौरान पोर्टफोलियो निवेश ऋणात्मक हो गया था और इस प्रकार कुल विदेशी निवेश घटकर मात्र 8.3 अरब डालर ही रह गया था। उस वर्ष भी अनिवासी भारतीयों द्वारा स्वदेश को 44.8 अरब डालर भेजे गये। यानि स्पष्ट तौर पर कहा जा सकता है कि अनिवासी भारतीयों की राशियाँ विदेशी निवेशकों से कहीं ज्यादा तो हैं ही, उनकी उपलब्धता की विश्वसनीयता भी विदेशी निवेशकों से कहीं अधिक है। भारत के निवासियों की महत्त्व को देखते हुए ही सन् 2003 में ही तत्कालीन प्रधानमन्त्री श्री अटल बिहारी वाजपेयी ने पहले 'प्रवासी भारतीय दिवस' का उद्घाटन किया था। अनिवासी भारतीय कहीं ज्यादा धन लाते हैं, लेकिन इसके कारण कोई बड़ी देनदारी देश पर नहीं बढ़ती। जहाँ 1999 में अनिवासी भारतीयों के पक्ष में विदेशी मुद्रा देनदारी 13.9 अरब डालर थी वह 2011–12 तक मात्र 58.6 अरब डालर तक ही बढ़ी। अनिवासी भारतीयों ने स्वदेश में 420.5 अरब डालर रुपये की राशि भेजी। संसाधनों की दृष्टि से अनिवासी भारतीयों

की बचत वास्तव में बेहतर हैं। इसलिए अनिवासी भारतीयों की बचत को प्राथमिकता दी जानी चाहिए और उन्हें अधिकाधिक सुविधाएँ देते हुए, अनिवासी भारतीयों के धन को देश के विकास एवं व्यापार शेष के सुधार हेतु अधिकाधिक उपयोग में लगाया जाना चाहिए।

दूर रह कर देश सेवा

डॉ. त्रिलोकचंद पपनेजा इंदौर डेंटल कॉलेज के विद्यार्थी रहे हैं और टोरंटो के सर्वश्रेष्ठ डेन्टिस्टों में शामिल किये जाते हैं। वे अपनी सफल प्रेक्टिस के साथ समाजसेवा में भी संलग्न हैं। सुदूर टोरंटो में रहकर डॉ. पपनेजा भारत में रहने वाले गरीब छात्रों के लिए जो कार्य कर रहे हैं, वह दूसरों के लिए प्रेरणास्त्रोत है। वे भारत में हर साल गरीब और पिछड़े इलाकों में एक होस्टल का निर्माण करवाते हैं ताकि छात्रों के रहने की समस्या कुछ हद तक दूर हो सके। अभी तक वे 25 होस्टलों का निर्माण करवा चुके हैं। पहले वे हर साल भारत में बनने वाले इन होस्टलों के लिए 25 से 30 लाख रुपये दान करते थे। फिर उन्होनें कनाडा (टोरंटो) में छात्रों को इकट्ठा किया, जो भारतवासी हैं और जिन्हें अपने देश के लिए कुछ करने की इच्छा है। उन्हें सीडी के साथ–साथ पुराने होस्टलों के फोटोग्रॉफ दिखाये। अब वे भी उनकी मदद के लिए आगे आये हैं। इस तरह वे देश में कुल 25 होस्टल बना चुके हैं। डॉ. पपनेजा की तरह कितने ही ऐसे अप्रवासी भारतीयों में भारत को शक्तिशाली, विकसित और सुंदर देश के रूप में देखने की तीव्र और सच्ची उत्कंठा है। भारतीयों और भारत सरकार की नज़र भले ही अप्रवासियों के धन पर हो, लेकिन अप्रवासी सच्चे दिल से भारत को शक्तिशाली राष्ट्र के रूप में देखना चाहते हैं। इसके लिए वे न केवल दोनों हाथ खोलकर भारतीय संस्थानों और सामाजिक संस्थाओं में दान देते हैं बल्कि विदेशों में भी वे भारत के पक्ष में माहौल बनाने का प्रयास करते हैं।

बेहतर विकल्प के लिए प्रस्थान

अमेरिका के राष्ट्रपति अगर अपने देश के बच्चों से कहें कि दिल लगाकर पढ़ो वर्ना भारतीय बच्चा तुमसे आगे निकल जायेगा तो किसी को भारतीय प्रतिभा पर संदेह करने की गुंजाइश बाकी नहीं रहती। जिस तरह से भारत के लोग पूरे विश्व में फैलकर अपने देश का नाम रोशन कर रहे हैं उसे देखकर भारत की बढ़ती जनसंख्या में अब समस्या नजर नहीं आती। अभावों में पैदा हुए भारतीय अपनी जिंदगियों को बेहतर बनाने के लिए कमरतोड़ मेहनत करते हैं। विदेशों में भी भारतीयों ने अपना परचम लहराकर अपनी काबिलियत बार–बार सिद्ध की चाहे राजनीति हो या आईटी हो या स्पेस टेक्नोलॉजी विदेशों में रह रहे भारतीय हर क्षेत्र में अपनी प्रतिभा का लोहा मनवा रहे हैं।

अपनी संस्कृति का विस्तार

भारतीय अपने देश में भले ही एक–दूसरे की गर्दन काटने को आतुर रहते हों, लेकिन दूसरे देशों की धरती पर वे 'अत्यन्त' एकजुटता के साथ रहते हैं और एक–दूसरे को

प्रोत्साहित भी करते हैं। भारत में भले ही पश्चिमी संस्कृति को अपना लिया हो, लेकिन अप्रवासी भारतीयों ने भारतीय संस्कृति को बखूबी संजो रखा है। चाहे संयुक्त परिवार संस्था हो या तीज–त्योहार अगर कुछ अपवादों को छोड़ दिया जाये तो मोटेतौर पर अप्रवासी भारतीय अपनी जड़ों से जुड़े हुए हैं। हम भले ही नमस्ते का अर्थ न जानते हों, लेकिन अप्रवासी भारतीयों ने विदेशियों को इसका मतलब बखूबी समझा दिया है। अप्रवासी भारतीय अपनी हर परम्परा, रीति–रिवाज और तीज–त्योहार के पीछे छिपे तर्कों को अच्छी तरह जानते हैं, क्योंकि वहाँ उन्हें हर चीज के पीछे प्रश्न झेलने पड़ते हैं जैसे– कि आप बिन्दी क्यों लगाते हैं, माथे पर टीका क्यों लगाते हैं, माँग में सिंदूर क्यों भरते हैं वगैरह–वगैरह। भारत में क्योंकि ये प्रचलन है इसलिए न कोई पूछता है और न कोई इस पर ध्यान देता है. लेकिन विदेशियों के सवालों पर अप्रवासी भारतीयों ने अपनी हर परम्परा के पीछे छिपे विज्ञान और तर्क को खोजकर उनका जवाब दिया है। ये एक अच्छा संकेत है।

देश के विकास में योगदान

प्रवासी भारतीय लगातार भारत के विकास के सहभागी बनते जा रहे हैं। कई सफल भारतीयों और ताइवानियों ने अमेरिका में उच्च तकनीकी वाले उद्योगों की स्थापना की। साथ ही अपने मूल देश में हार्डवेयर और साफ्टवेयर की कम्पनियाँ खोलकर अपने देश के विकास में योगदान दिया। भारत में आज सब कुछ है, इन्फॉर्मेशन टेक्नॉलॉजी का अन्तर्राष्ट्रीय अनुभव हासिल करने के लिए भारत से बेहतर कोई जगह नहीं है। इस समय भारत एक उभरती हुई कम्पनी में काम करने का मजा देता है जबकि पश्चिमी देश थकी हुई पुरानी कम्पनी के जैसे लगते हैं। भारत में जबर्दस्त रोमाँच है, पूरब और पश्चिम के बीच टेक्नॉलॉजी का अन्तर मिट रहा है। ये कहना है उन प्रतिभाओं का जो पश्चिमी देशों से अपना अनुभव लेकर अपने देश वापिस आ गये हैं। पिछले कई दशकों में भारतीय प्रतिभाओं ने दुनिया भर में अपने ज्ञान, कौशल और समर्पण से समृद्धि और खुशहाली के उपहार बाँटे हैं। विदेशी धरती पर अपनी प्रभावी भूमिका निभाने के साथ साथ प्रवासी भारतीय अब अपने देश के भी काम आने लगे हैं। मोबाइल फोन और इंटरनेट के जरिए वे अब अपने वतन से लगातार सम्पर्क में रहते हैं। प्रवासी भारतीय अब अपने देश की कम्पनियों में खुलकर निवेश भी करने लगे हैं। यही नहीं, नेटवर्किंग पर फोकस करके वे पूरी दुनिया से भारत को जोड़ने में भी मददगार साबित हो रहे हैं।

प्रतिभा पलायन देश हित में नहीं

साल दर साल हम देखते आये हैं कि आई.आई.टी. जैसे उत्कृष्ट संस्थानों से निकलकर देश की बेहतरीन प्रतिभाएँ अपने कॅरिअर को दूसरी दिशा में मोड़ देती हैं। जिन उद्देश्यों से ये प्रतिष्ठित संस्थान स्थापित किये गये थे उन उद्देश्यों में पलीता लगाकर देश के ये श्रेष्ठ नौजवान 'नौकरशाह' या 'मैनेजर' बनने चल पड़ते हैं। यह एक नये प्रकार का प्रतिभा पलायन (brain drain) नहीं तो और क्या है? क्या यह एक कारण नहीं है

कि हमारे देश में एक भी मौलिक खोज या आविष्कार नहीं हो पाता जिनसे मानव जीवन को बेहतर बनाया जा सके और पूरी दुनिया उसकी मुरीद हो जाय? यहाँ का कोई वैज्ञानिक नोबेल पुरस्कार के लायक क्यों नहीं बन पाता? हमें राष्ट्र की रक्षा या वैज्ञानिक विकास कार्यों हेतु आवश्यक अत्याधुनिक तकनीकों के लिए परमुखापेक्षी क्यों बने रहना पड़ता हैं? साधारण मशीनरी के लिए भी विदेशों से महँगे सौदे क्यों करने पड़ते हैं? आखिर क्यों हमारे देश की प्रतिभाएँ अपने वैज्ञानिक कौशल का प्रयोग यहाँ करने के बजाय अन्य साधारण कार्यों की ओर आकर्षित हो जाती है? क्या यह किसी राष्ट्रीय क्षति से कम है?

प्रतिभा पलायन एक गम्भीर समस्या

विकसित देशों को एक बड़ा लाभ भारत के इस युवा प्रतिभाओं के वहाँ पहुँचने से मिलता है जो सुनहरे भविष्य की खोज में भारत जैसे देशों से वहाँ जाती है। प्रोद्यौगिक विज्ञान तथा अन्य महत्त्वपूर्ण विषयों में शिक्षा पाकर जो लोग देश को उसका कुछ भी लाभ दिये बगैर ब्रिटेन, अमेरिका, जर्मनी आदि देशों में चले जाते हैं वे उन देशों को न सिर्फ आर्थिक और बौद्धिक बल्कि ऐतिहासिक लाभ पहुँचाते हैं।

'सेंटर फॉर प्लानिंग रिसर्च एंड एक्शन' (नई दिल्ली) के अध्ययन के मुताबिक प्रतिभा पलायन से भारत को अब तक '130 अरब' का नुकसान हो चुका है और अगर यह नहीं रुका तो शताब्दी के अन्त तक 75 करोड़ से ज्यादा कुशल और प्रशिक्षित भारतीय विदेशों में काम कर रहे होंगे। फिलहाल 2.5 करोड़ भारतीय विदेशों में काम कर रहे हैं। विदेशों में 32% भारतीय इंजीनियर, 28% डॉक्टर और 5% वैज्ञानिक काम कर रहे हैं।

जब एक डॉक्टर भारत छोड़कर अमेरिका जाता है तो देश को 3.5 करोड़ रुपये का नुकसान होता है लेकिन वह अमेरिका को 60 करोड़ यानि 20 गुना धन कमाकर उस देश की समृद्धि में भागीदार होता है। जबकि दूसरी ओर भारत एक विकासशील देश है जहाँ डॉक्टरों का अभाव है, जहाँ शहर में 5 हजार तथा गाँव में 45 हजार लोगों पर एक डॉक्टर है। भारत से निकलने वाली प्रतिभाओं की बड़ी संख्या अमेरिका चली जाती है। 1957 से 1965 तक अमेरिका में भारतीय डॉक्टरों, इंजीनियरों, वैज्ञानिकों की संख्या सिर्फ 1000 थी, वहीं 1966 से 1968 तक वह संख्या 4000 हो गयी। 1977 तक भारत के 16, 849 डॉक्टर, इंजीनियर, वैज्ञानिक अमेरिका चले गये।

सरकार का नुकसान

सरकारी संस्थाओं में सब्सीडाईज्ड फीस होती है, एक डॉक्टर या इंजीनियर बनाने के लिए सरकार को पंद्रह से बीस लाख रुपये खर्च करने पड़ते हैं जो असल में छूट नहीं लूट है, क्योंकि हर साल देश से चार हजार प्रशिक्षित डॉक्टर मलायी खाने को अमेरिका और कनाडा पलायन कर जाते हैं। सबसे शर्मनाक बात तो ये है कि इन तथाकथित शिक्षितों का शिक्षाजगत में कोई योगदान नहीं है ये किसी भी तरह का

शोध नहीं करते हैं, कोई नया रिसर्च पेपर नहीं लिखते क्योंकि इनमें वो धैर्य और जज्बा नहीं होता कि रिसर्च कर सकें। अभी लगभग 46, 000 करोड़ रूपए विदेशी डिग्रियों के लिए देश से बाहर चले जाते हैं। पैसों के इस आँकड़े से पता चलता है कि हर साल विदेश जाने वाले लगभग पाँच लाख छात्र देश को कितनी आर्थिक चपत लगा रहे हैं। चपत आर्थिक ही नहीं, बौद्धिक भी है। एसोचौम ने इस ओर भी इशारा किया है कि विदेश जाने वाले अनेक भारतीय छात्र वहीं बस जाते हैं। दूसरी ओर देखा जाये तो तेजी से बढ़ती अर्थव्यवस्था और फैलते हुए मध्यवर्ग की महत्त्वाकांक्षाएं जिस तेजी से बढ़ी हैं, उसे पूरा करने में भारतीय उच्च शिक्षा का ढ़ाँचा नाकाम साबित हुआ है। इसका नतीजा यह हुआ है कि पिछले एक–डेढ़ दशक में भारत से बाहर जाकर उच्च शिक्षा हासिल करने वाले छात्रों की तादाद तेजी से बढ़ी है। इसका एक सबूत यह है कि अकेले आस्ट्रेलिया में इस समय लगभग 97 हजार भारतीय छात्र उच्च शैक्षणिक संस्थानों में पढ़ रहे हैं जिससे आस्ट्रेलिया को करोड़ों डालर की आमदनी हो रही है। जाहिर है सरकार के कोष में जाने वाला यह धन विदेश में जाने से सरकार को नुकसान ही है।

सोची समझी साजिश

जब अमरीकी राष्ट्रपति रोनाल्ड रीगन रिटायर हो रहे थे तो राष्ट्रपति के तौर पर अपने अन्तिम भाषण में उन्होंने कहा कि सोवियत संघ के खत्म होने के बाद हमारे दो ही दुश्मन बचे हैं, एक चीन और दूसरा भारत। रोनाल्ड रीगन के बाद जो राष्ट्रपति आये उसने तो पहले दिन संसद में भाषण दिया उसमें उसने कहा कि मिस्टर रोनाल्ड रीगन ने अपने आर्थिक और विदेश नीति के बारे में जो वक्तव्य दिया, उसी पर हमारी सरकार काम करेगी। अमेरिका की नीतियों के अनुसार राष्ट्रपति कोई भी हो जाये, नीतियाँ नहीं बदलती, इसलिए रोनाल्ड रीगन ने जो कहा बुश, बिल क्लिंटन, जॉर्ज बुश और ओबामा उसी राह पर चले और आगे आने वाले राष्ट्रपति उसी राह पर चलेंगे। उस राह पर चलते हुए अमेरिका ने अपने दुश्मनों को बर्बाद करने के कई तरीके अपनाए जो हमको समझ में नहीं आ रहा है, खास कर पढ़े लिखे लोगों को अमेरिका ने एक ऐसा जाल बिछाया है जिसके अन्तर्गत भारत में जितने भी अच्छे स्तर की प्रतिभा हो उसे अमेरिका में खींचने के लिए कई प्रलोभन देने की योजनाएँ बनायी, उसी के अन्तर्गत हमारे देश के अन्दर जितने बेहतरीन तकनीकी संस्थान हैं, जैसे IIT, IIM, AIIMS, आदि, उनमें से जितनी अच्छी प्रतिभाएँ हैं वे सब अमेरिका की और पलायन कर जाती हैं।

कम होती देशभक्ति

आज बहुत कम लोग हैं जो अपनी प्रतिभा का उपयोग समाज और देश के लिए करते हैं। यह सही नहीं है कि जिस देश, जिस परिवार, जिस समाज से उनको पहचान मिलती है, उनको दरकिनार कर संवेदनाओं की लाश पर पैर रखकर अपनों की कई उम्मीदों को चकनाचूर करके ऐसी दुनिया में पलायन किया जाये जहाँ अपनों के सुख

दुःख सिर्फ सुनाई दें पर आप उस अहसास को कभी समझ ही न पायें। यह कैसी विडंबना है कि आप अपने देश, अपने मुल्क की बुराईयाँ तो जी भरकर करें मगर जब उन बुराईओं को दूर करने के योग्य बने, जब आपको अपनी प्रतिभा का बोध हो तो आप अपनी जिम्मेदारी से मुँह मोड़ कर देश से पलायन कर जायें। आखिर क्यों युवा ये नहीं सोचते कि जो कुछ पराये देश में कर सकते हैं, वो अपने देश में भी कर सकते हैं वे अपनी प्रतिभा से देश में रह कर देश को समृद्धि बना सकते हैं, बिगड़े हालातों को सुधार सकते हैं। जबकि वे अपनी प्रतिभा को मात्र कुछ रुपयों के लालच में बेच कर उन देशों को मज़बूती देते हैं जो कहीं न कहीं हमारे देश के बिगड़ते हालत के लिए जिम्मेदार हैं। चाहे देश के लोकतांत्रिक पैरोकार हों या फिर प्रसाशनिक व्यवस्था से लेकर न्यायिक व्यवस्था को एक नई दिशा देने वाले प्रतिभावान योद्धा हो। सब के सब अपने स्वार्थरूपी परिधि में घिरे बैठे हैं। बात सत्य है जब लोगों की सोच संकीर्णता के दायरे में सिमटती चली जायेगी तो निश्चित तौर पर इससे निकली चिंगारी सामाजिक, सांस्कृतिक विखण्डन की राह तैयार करेगी। जिसका परिणाम आज हम सभी के सामने है।

परिवार के बिखराव के जिम्मेदार

प्रतिभा का पलायन इस देश के लिए हित में नहीं हैं ये जन्म लेने के उपरान्त शिक्षा तो यहाँ की ग्रहण करते है परन्तु अपने निजी स्वार्थों की पूर्ति के लिए दूसरे देशों को लाभान्वित करते हैं। बहुत सोच–विचार करने के बाद मन ये सोचने पर मजबूर है कि आज का युवा परिवार, माँ–बाप, देश सब कुछ छोड़ कर चकाचौंध, विलासिता और भव्यता की ओर दौड़ने का मन क्यों बना रहे हैं? क्यों उन अनजानी खुशियों की तलाश में लगे हैं, जो सिर्फ पैसों से खरीदी जा सकती हैं! क्यों उन तमाम संस्कारों को छोड़ रहे हैं! जो अनमोल है आज बच्चा सोचने लायक होता है, तो उसकी सोच विदेश जाकर रूकती है! वहीं रहना है, वहीं काम करना है। यहाँ कुछ नहीं, देश भ्रष्ट है, माँ–बाप की उम्र हो चुकी, यहाँ जिंदगी खत्म है, गरीबी है, बेकारी है, भूख है, आतंकवाद है, ऐसी तमाम बातें लेकर बच्चा युवा होता है, और अपना सब छोड़कर किसी दूसरे देश में जिंदगी बिताने का सपना आँखों में संजोता है। जिसका नतीजा यही होता है कि वे अपने ही परिवार को छोड़ कर विदेश जा बसते हैं और कभी उसकी सुध लेने वापस नहीं आते हैं।

बदलाव एक नियति है जिसे रोका नहीं जा सकता। हर समय हर परिस्थिति में बदलाव होता रहता है। अब रही बात कि बदलाव का स्वरुप कैसा हो, उसकी संरचना उसकी सार्थकता किस प्रकार से तय की जा रही है।

आज भी प्रत्येक क्षेत्र में बदलाव देखने को मिल रहा है। जैसे विज्ञान एवं प्रोद्यौगिकी से लेकर रहन–सहन एवं खान–पान तक का बदलाव। लोगों में कुछ

करने, कुछ पाने की क्षमता तथा उसके प्रति दृढ़संकल्पता, प्रतिबद्धता का दिखना। मगर किसके लिए? केवल मात्र अपने व्यक्तिगत स्वार्थ की पूर्ति के लिए या फिर सामूहिक हित के लिए? आज इस बदलाव रूपी परिवेश में जो अन्तर दिख रहा है यही मूल कारण है समाज और राष्ट्र के प्रति लगाव में कमी होने का।

20

राजनीति में छात्र संघों की भूमिका
(Role of student unions in politics)

राजनीति में छात्र संघों की भूमिका सकारात्मक

इतिहास गवाह है कि दुनिया में जितनी भी क्रांती हुई हैं, उनमें छात्रों की प्रमुख सहभागिता रही है। अगर सुभाष चंद्र बोस केवल यह सोचते कि मुझे तो आई.सी.एस. की परीक्षा पास करके सरकारी नौकरी करनी है, देश की स्वतन्त्रता के लिए संघर्ष नहीं करना तो शायद ही आज हमारा देश आजाद होता। दरअसल छात्र राजनीति एक ऐसा प्लेटफार्म है जिसने आजादी के समय में भारत छोड़ो आंदोलन से अब तक देश को सकारात्मक दिशा देने में महत्त्वपूर्ण योगदान दिया है। तब इलाहाबाद विवि के 16 वर्षीय छात्र शहीद लाल पद्मधर को भारत छोड़ो आंदोलन के दौरान यूनियन जैक उतारकर तिरंगा फहराते समय अंग्रेजों ने गोली का निशाना बनाया था। इसी छात्र राजनीति से निकले नेताओं में भूतपूर्व प्रधानमंत्री वीपी सिंह और चंद्रशेखर सिंह थे। इनके अतिरिक्त दौलत सिंह कोठारी जैसे शिक्षाविद और वर्तमान समय में वरिष्ठ संविधानवेत्ता सुभाष कश्यप जैसे लोग भी इसी छात्र राजनीति की ही उपज हैं। जो छात्र राजनीति ऐसे नेताओं को पैदा करती है उसे नकारना आज की सबसे बड़ी भूल है। क्योंकि छात्रसंघों की जरूरत सिर्फ इसलिए नहीं है कि वहाँ से नेता निकलकर देश की राजनीति में शामिल हों, बल्कि छात्रसंघ इसलिए भी जरुरी हैं कि इसके जरिए हर क्षेत्र में नेतृत्व की कमी नहीं हो। लोकतन्त्र को समझकर ही छात्र देश के लिए बेहतर नागरिक की भूमिका निभा सकते हैं।

राजनीति में प्रवेश की पहली पीढ़ी

आमतौर पर छात्र संघों की राजनीति में छात्रों की दिलचस्पी यूनिवर्सिटी या कॉलेज में पैदा होने वाली समस्याएँ सुलझाने को लेकर पैदा होती है। जिन नौजवानों की कोई राजनीतिक पृष्ठभूमि नहीं है, उनके लिए कॉलेज स्तर पर छात्र संघों की राजनीति देश की मुख्यधारा की राजनीति में प्रवेश का जरिया मानी जाती रही है। देश में ऐसे नेताओं की कमी नहीं है जो छात्र राजनीति में प्रवेश कर आगे बढ़े और सियासत में एक अहम मुकाम हासिल किया। स्वाधीनता संग्राम के दौरान भारत के इतिहास में वर्ष 1965–99 के बाद के दो दशकों में विद्यार्थी आंदोलनों की विशेष भूमिका रही है। जिसमें काशी

विश्वविद्यालय छात्रसंघ के देवव्रत मजुमदार के नेतृत्व में 1967 में 'अंग्रेजी हटाओ, भारतीय भाषा लाओ' चला। एक बुनियादी सवाल पर व्यापक जनजागृति के साथ–साथ इसी आन्दोलन के दौर में पूर्वी उत्तर प्रदेश के महाविद्यालयों में छात्रसंघों की स्थापना भी हो गयी। सातवें दशक में छात्रसंघों और छात्र संगठनों के प्रतिनिधियों के निमंत्रण पर ही जयप्रकाश नारायण ने बिहार आन्दोलन को अपनी शर्तों पर नेतृत्व देना स्वीकार किया। आन्तरिक आपात्काल के दौरान सभी मौलिक अधिकारों के निलम्बन के क्रम में छात्रसंघों पर भी राष्ट्रव्यापी प्रतिबन्ध रहा फिर असम के समस्त महाविद्यालयों के छात्रसंघों के महासंघ 'अखिल असम छात्रसंघ' द्वारा छेड़ा गया आन्दोलन बुनियादी प्रश्नों से जुड़ा एक सकारात्मक जन आन्दोलन था। इसके अलावा 1965 में हिंदू विधेयक विरोधी विद्यार्थी आंदोलन, 1969–70 में छात्रसंघ बचाओ आंदोलन, 19712–72 में शिक्षा का जनतांत्रिक आंदोलन, 1973–75 में भ्रष्टाचार विरोधी आंदोलन कभी संसोपा तथा जनसंघ के बढ़ते असर का पैमाना बना तो कभी पूरे देश में फैले छात्र आक्रोश का प्रतिबिंब साबित हुआ। जिसकी लहरों पर सवार हो कर अनेक छात्र नेता राजनीति की मुख्य धारा में चले आये।

राजनीति में हुआ बदलाव

स्वतन्त्रता प्राप्ति के उपरांत भी जब तब, देश और समाज के लिए कुछ कर गुजरने का दमखम रखने वाले छात्रों ने जब राजनीति में प्रवेश किया तो राज्य व केंद्र सरकारों को भी अपनी नीतियों में बदलाव करना पड़ा। वर्ष 1959 में, लखनऊ विश्वविद्यालय के छात्रों ने जब भ्रष्टाचार और जातिवाद के खिलाफ मोर्चा उठाया तो इसके परिणामस्वरूप, राज्य सरकार को इस सम्बन्ध में जाँच समिति बैठानी पड़ी। सन् 1968–71 के दौरान, पश्चिम बंगाल के छात्रों का अभियान लगातार जारी रहा इस अभियान के जरिये न केवल पाकिस्तानी जेल से शेख मुजीबुर्रहमान की रिहाई की माँग उठती रही, बल्कि स्वतन्त्र बंगलादेश के मुद्दे पर विश्व भर के बुद्धिजीवी और आमजन इन छात्रों की माँगों के साथ खड़े नजर आये। इसी तरह, देश में आपातकाल के दौरान, छात्र नेताओं ने तत्कालीन सरकार के तानाशाही रवैये का मुँहतोड़ जवाब दिया। जयप्रकाश नारायण के साथ–साथ उस पीढ़ी के तमाम युवा छात्र नेता उस समय के सरोकारों के प्रति कितने गम्भीर और निष्ठावान थे, यह बताने के लिए किसी प्रमाण की आवश्यकता नहीं है।

जनजागृति और छात्रों की सहभागिता

पिछले दिनों में 'सोशल नेटवर्किंग' के माध्यम से 'जेसिका लाल हत्या प्रकरण' से सम्बन्धित युवाओं का संगठित अभियान जनजागृति का ताजातरीन उदाहरण है। आजकल सूरत जिले के माँडवी में किसान और छात्र संघ मिलकर प्रकृति संरक्षण अभियान चला रहे हैं। इस वक्त लगभग 2000 एकड़ भूमि में पौधारोपण करने सहित पर्यावरण तथा भूजल संवर्धन की योजना में लगभग 500 छात्र–छात्राएँ और किसान शामिल हैं। साथ–साथ लोग यह भी संकल्प ले रहे हैं कि सरकार पर एक नीतिगत निर्णय लेने के लिए दबाव बनाया जाये, ताकि गैर कृषि कार्यों के लिए कृषि भूमि के

हस्तांतरण को रोका जा सके। इसके अलावा हाल ही में उठा भ्रष्टाचार का मुद्दा हो या फिर देश में एक समय पर लगा आपातकाल, हमेशा युवा वर्ग ने अपनी जिम्मेदारी को पूरी ईमानदारी से निभाया है। वर्तमान में देश के समक्ष भ्रष्टाचार के अनेक मामले सामने आये हैं जैसे ही युवाओं को भान हुआ कि भ्रष्टाचार की आड़ में देश अगर यूं ही लुटता रहा तो हमारी भावी पीढ़ी का भविष्य क्या होगा, वैसे ही उसने अपनी जिम्मेदारी निभाते हुए इसे रोकने की जिम्मेदारी उठा ली है। आज का युवा चाहता है कि ऐसे लोग जो भ्रष्टाचार के लिए जिम्मेदार हैं, वे सत्ता से हटें, भ्रष्टाचार के विरुद्ध सख्त कानून बने और इससे भी बड़ी बात देश में भारत केन्द्रित व्यवस्था लागू हो। भ्रष्टाचार को जड़ से उखाड़ने के लिए जरुरी है कि पढ़ाई के दौरान हर छात्रा–छात्रा किसी न किसी छात्र संगठन से जुड़ जाये। भले ही वह दक्षिणपंथी हो, वामपंथी हो या फिर समाजवादी हो। क्योंकि, किसी छात्र संगठन में काम करने से सोचने और किसी बात पर प्रतिक्रिया देने की जो आदत बनती है वह उसे ताउम्र जारूक बनाये रखती है।

राजनीति से देश–दुनिया के मुद्‌दों पर पैनी समझ

छात्र राजनीति से न केवल जागरुकता बढ़ती है बल्कि देश–दुनिया के मुद्दों पर समझ भी विकसित होती है। छात्र राजनीति हममें नेतृत्व क्षमता तो विकसित करती ही है, साथ ही हालात से लड़ने और चुनौतियों से सामना करना भी सीखाती है, इसलिए निजी विश्वविद्यालयों और कालेजों को भी छात्र संघ के गठन और अन्य कार्यों में छात्रों की सहभागिता पर विचार करना चाहिए। चूँकि किसी भी देश का विकास तभी सम्भव है जब वहाँ की जनता जागरूक हो। बात अगर दुनिया के सबसे बड़े लोकतन्त्र की हो, तो यह और भी जरुरी हो जाता है। ऐसे में, व्यापक स्तर पर यदि कोई जागरूकता की लहर पैदा कर सकता है तो वह कालेजों–विश्वविद्यालयों में पढ़ रहा युवा वर्ग है, जो न केवल शिक्षा के इन मठों में मिल रहे ज्ञान को आत्मसात कर सकता है, बल्कि लोगों के बीच भी इसका प्रचार–प्रसार भी कर सकता है। आई आई एम और जेएनयू जैसे देश के चोटी के शिक्षण संस्थानों में अनुशासन समिति से लेकर अकादमिक और सांस्कृतिक गतिविधियों में छात्रों की सक्रिय भूमिका रहती है। इन परिसरों में बौद्धिक बहस और विचार–विमर्श का ऐसा माहौल बना रहता है, जिससे बौद्धिक रूप से सचेत नागरिकों की नई पीढ़ी तैयार करने में मदद मिलती है। ये छात्र चुनाव द्वारा या फिर सर्वसम्मति से चुने जाते हैं। इन संस्थानों को शिखर तक पहुँचाने में छात्रों की भी भूमिका है। इसलिए अगर दूसरे निजी शिक्षण संस्थान और विश्वविद्यालय इस शिखर को छूना चाहते हैं तो उन्हें भी अपने छात्रों का सशक्तिकरण करना होगा और इस तरह की आजादी देनी होगी ।

छात्रसंघ बदलाव और क्रांति के वाहक

कॉलेज और विश्वविद्यालय परिसर केवल शिक्षा के गढ़ ही नहीं रहे हैं, वे व्यवस्था में बदलाव और क्रांति के वाहक भी रहे हैं। दुनिया का इतिहास इस बात का गवाह भी है। देश में जब आपातकाल लगा तो इसके विरोध की चिनगारी सर्वप्रथम

विश्वविद्यालय परिसरों से ही उठी। आज जब देश में भ्रष्ट नेताओं और गंदी राजनीति का बोलबाला बढ़ रहा है, तब ऐसे में छात्र संघों के जरिए युवाओं और नौजवानों का देश की राजनीति में हस्तक्षेप जरुरी हो गया है। ऐसे समय में छात्र राजनीति देश के उन युवाओं की टीस को समझने का एक माध्यम हैं, जिस देश की आबादी में दो तिहाई हिस्सा युवाओं का है। आज देश में अशिक्षित और अपराध ी किस्म के नेताओं की भरमार है, अगर इनका सफाया करना है तो छात्र राजनीति को बढ़ावा देना होगा। क्योंकि देश को पढ़े लिखे और नौजवान नेता विश्वविद्यालय के परिसरों में ही मिलेंगे। छात्रों की ताकत का महत्त्व समझने के लिए आसाम के पूर्व मुख्यमन्त्री प्रफुल्ल कुमार महंत की चर्चा जरुरी है। छात्र नेता महंत के नेतृत्व में आसाम में विदेशी भगाओ आंदोलन इस कदर परवान चढ़ा की छात्रों ने वहाँ की सत्ता ही पलट दी। चुनाव में प्रफुल्ल की पार्टी असम गण परिषद को भारी बहुमत मिला। सारा आंदोलन और चुनाव विश्वविद्यालय परिसर और छात्रावासों से संचालित किया गया। प्रफुल्ल कुमार महंत ऐसे छात्र नेता थे, जो छात्रावास से निकल कर सीधे मुख्यमन्त्री निवास में पहुँचे थे।

राजनीति में छात्र संघों की नकारात्मक भूमिका

भारत में छात्र राजनीति को हमेशा ही मुख्य धारा की राजनीति के अनुगामी के तौर देखा जाता रहा है। सच तो यह है की छात्र राजनीति मुख्यधारा की राजनीति का एक महत्त्वपूर्ण अंग है। यह लोकतन्त्र का इतना महत्त्वपूर्ण भाग है कि इसके अभाव में पूरी लोकतान्त्रिक व्यवस्था के चरमराने का खतरा बन जाता है।ऐसे में छात्र राजनीति को जो शक्ल देंगे, उसी का व्यापक आकार हमें देश की राजनीति के रूप में दिखायी देगा। छात्रसंघ चुनाव को लोकतन्त्र की पहली सीढ़ी के रूप में देखा जाता है। हमें यह पता है कि 18 वर्ष के युवा को चुनावों में मतदान करने का अधिकार है। इस मताधिकार के कारण छात्रों को मोहित करने के लिए राजनीतिक दल सक्रिय रहते हैं। इनकी सक्रियता को कई रूपों में देखा जाता है। विद्यार्थी जीवन में अध्ययन के प्रति जागरूक रहना और अपने भविष्य के प्रति सचेत रहना एक छात्र के लिए आवश्यक है। साथ ही उसका राष्ट्रीय मुद्दों पर चिंतन और मनन करना भी राष्ट्रहित में है। विद्यार्थी जीवन में राजनीतिक दलों से पूर्ण परहेज करना उचित नहीं है, लेकिन पूरी तरह से किसी राजनीतिक दल का पिट्ठू बनकर कार्य करना भी छात्रहित में नहीं है।

छात्र संघ से राजनीति का अपराधीकरण

राजनैतिक अपराधीकरण की आसान शुरूआत छात्र राजनीति से होती है। पिछले कुछ दशकों में छात्र राजनीति से समाज और व्यवस्था में बदलाव के सपनों, आदर्शों, विचारों और संघर्षों के कमजोर पड़ने के साथ अपराधीकरण का बोलबाल बढ़ा है। मुद्दों की कमी और छात्र नेताओं द्वारा सस्ती लोकप्रियता के लिए गलत हथकंडे इस्तेमाल किये जाने

के बाद आगजनी, उत्पात आदि लोकतान्त्रिक अभिव्यक्ति का महत्त्वपूर्ण अंग माने जाने लगे हैं जिससे आये दिन बन्द और शैक्षिक अनुसूची में जानलेवा देरी छात्रों के भविष्य का खिलवाड़ करने लगी। सच तो यह है कि छात्रों के एक बहुत बड़े वर्ग को छात्र राजनीति के पतन ने ऐसे दोराहे पर लाकर खड़ा कर दिया है जब अपने ही सहपाठी की राजनैतिक अभिव्यक्ति की कीमत उन्हें अपने भविष्य से चुकानी पड़ रही है। फिर छात्रसंघ चुनाव में देश की राजनीति की छाया दिखती है। इसलिए किसी भी यूनिवर्सिटी में होने वाले छात्रसंघ चुनावों को देश की राजनीति से अलग करके नहीं देखा जा सकता। अगर देश की राजनीति का अपराधीकरण हो रहा है, तो विश्वविद्यालयों की छात्र राजनीति उससे अछूती कैसे रहेगी?

देखा जाये तो छात्र संघ की राजनीति देश की राजनीति की बागवानी है। अगर इस बागवानी में जातिवाद, क्षेत्रवाद, सम्प्रदायवाद के कीड़े लग जायेंगे तो देश का लोकतन्त्र खतरे में पड़ जायेगा। दरअसल छात्रसंघों के चुनाव के कारण शैक्षणिक संस्थाओं में बिगड़ता माहौल, राजनीतिक दलों की बढ़ती दखलअंदाजी, शैक्षणिक गतिविधियों की उपेक्षा और सबसे बढ़कर आपराधिक घटनाओं में बढ़ोत्तरी के कारण यह महसूस किया जाने लगा कि छात्रसंघों से युवाओं का और शिक्षण संस्थाओं का हित नहीं हो रहा, बल्कि इनकी आड़ में राजनैतिक दलों को अपना स्वार्थ साधने का मौका मिल रहा है। छात्र राजनीतिक पार्टियों का हाथ सिर्फ राजनीति में शामिल होने के लिए पकड़ते हैं और राजनीतिक पार्टियाँ सिर्फ इसलिए उनका साथ देती हैं कि उनके साथ बहुत बड़ा वोट बैंक है।

अगर छात्र राज़नीति से ही अपराधों को दूर कर स्वस्थ राजनीतिक परम्पराएं विकसित करने की कोशिश की जाये तो बाद में दलगत राजनीति में होने वाले अपराधों पर अंकुश लगाया जा सकता है।

राजनीति और छात्र का चुनावी समीकरण

यूँ अगर देखा जाये तो नब्बे के बाद तेजी के साथ उभरे क्षेत्रीय दलों के समीकरण में छात्र संघ से निकले तमाम नेता उनके जातीय और राजनीतिक समीकरण में फिट नहीं हो सके। क्षेत्रीय दलों की कमोवेश कुछ ऐसी ही स्थिति है कि वे छात्र नेताओं को टिकट देने के पहले उनके जातीय समीकरण की समीक्षा करते हैं। इस समीक्षा में खरा उतरने के अलावा धन और बाहुबल भी होना जरुरी है। और संघर्षों से निकले अधिकांश छात्र नेताओं के पास ये चीजें नहीं होती हैं। राजनीति पर बाहुबल, धनबल और जातीय समीकरण हावी हो चुका है लिहाजा छात्र नेता हाशिये पर हैं।

दूसरी ओर कॉलेजों में मुद्दों और सिद्धान्तों से शुरू हुई राजनीति का रंग रूप बदल चुका है। सुविधा की छात्र राजनीति हो रही है। जाति के आधार पर प्रत्याशी तय होते और जीतते हैं। ये परम्परा रुकने का नाम नहीं ले रही है। छात्रसंघ चुनाव में धनबल, बाहूबल, जातिबल, क्षेत्रीयता, संप्रदायवाद आदि बुराइयाँ देखने को मिलती हैं। विश्वविद्यालयों और महाविद्यालयों में राष्ट्रीय राजनीतिक पार्टियों ने अपने छात्र

संगठन बना रखे हैं। वे अपनी राजनीतिक गतिविधियों के संचालन में उनका सीधा उपयोग करते हैं। छात्र नेता अपने भविष्य को सुरक्षित करने के उद्देश्य से उनके कहने के अनुसार परिसर में गतिविधियों को अंजाम देते हैं।

छात्र संघों का नाम खराब राजनीति से

छात्रसंघ गुंडागर्दी, अराजकता, तोड़–फोड़, जातिवाद, क्षेत्रवाद और अशैक्षणिक गतिविधियों के केंद्र बन जाते हैं, जिससे पढ़ाई लिखाई के माहौल पर बुरा असर पड़ता है। इससे परिसरों में राजनीतिकरण बढ़ता है, जिसके कारण छात्रों शिक्षकों और कर्मचारियों में गुटबन्दी, खींच–तान और संघर्ष शुरू हो जाता है और यही शिक्षा संस्थाओं के वातावरण को बिगाड़ देता है। इससे छात्रसंघों का भी पतन तो हुआ ही साथ ही आम छात्रों की छात्रसंघ और छात्र राजनीति से अरूचि भी बढ़ी है। इस सच्चाई को भी अनदेखा नहीं किया जा सकता है कि अधिकांश परिसरों में इन्हीं कारणों से आम छात्र, शिक्षक और कर्मचारी भी छात्र राजनीति और छात्रसंघों के खिलाफ हो गये हैं। विश्वविद्यालयों के अधिकारियों ने इसका ही फायदा उठाकर परिसरों में छात्र राजनीति और छात्रसंघों को खत्म कर दिया है। चूँकि छात्र राजनीति के एजेंडे से जब बड़े सपने, लक्ष्य आदर्श, विचार और संघर्ष गायब हो गये तो छात्र संगठनों और छात्र नेताओं को भ्रष्ट बनाना आसान हो गया। सवाल यह है कि छात्र राजनीति और छात्रसंघों का पतन क्यों और कैसे हुआ और इसके लिए जिम्मेदार कौन है? यही नहीं, सियासी दलों और उनके नेताओं को विश्वविद्यालयों के अधिकारियों और कुलपतियों ने भ्रष्ट क्यों बनाया है?

छात्रसंघ का चुनाव राजनीतिक दलों का अखाड़ा

छात्रों का झुकाव किस दल के प्रति है? वह किस दल की नीति को पसन्द करता है? इस स्थिति का आकलन छात्र संघ चुनाव के परिणाम के आधार पर राजनेता करते हैं। इस कारण छात्रसंघ चुनाव मात्र छात्रों के चुनाव नहीं रहकर देश के राजनीतिक दलों की शक्ति परीक्षण का जरिया बन गये हैं। छात्रों की समस्याओं के समाधान के प्रति जागरूक रहने के स्थान पर छात्र प्रतिनिधि राजनीतिक दलों के स्वार्थों का पोषक बन रहा है। छात्रसंघ चुनाव राजनीतिक दलों का अखाड़ा बन चुके हैं। छात्रसंघों के चुनाव सक्रिय राजनीति में प्रवेश का सीधा और सरल माध्यम बन चुके हैं। विभिन्न राजनीतिक दलों के नेताओं का हस्तक्षेप इन चुनावों में स्पष्ट तौर देखा जाता है। यदि छात्रसंघ चुनाव के निकट लोकसभा और विधानसभा चुनाव हो तो छात्रसंघ चुनाव अति महत्त्वपूर्ण हो जाते हैं। यह माना जाता है कि छात्रसंघों के चुनाव परिणाम सीधे–सीधे आम चुनाव को प्रभावित करेंगे। चुनावों में युवाओं का सोच प्रदर्शित होगा। इस कारण राजनीतिक दल जातीय समीकरणों को ध्यान में रखते हुए छात्रसंघ चुनाव के प्रत्याशियों का चयन करते हैं। विश्वविद्यालय परिसर, जिसे सरस्वती का मंदिर माना जाता है, चुनाव के समय राजनीतिक अखाड़ा बन जाते हैं।

आज जिन लोगों ने इस युवा–शक्ति को कालेज कैम्पस और घरों में घुसाया, उन्हीं लोगों ने इसका 'राजनैतिक इस्तेमाल' करते हुए इन युवाओं को अपना राजनैतिक अनुयायी बनाकर रख दिया देश के हर राजनैतिक दल को युवा और छात्र संगठन नामक विस्फोटक हथियार चाहिए। युवा और छात्र संगठन के नाम पर इन युवाओं को गुंडों और अराजकता फैलने वाले नेताओं की सूची में बदल कर दिया गया। यह बहुत बड़ी गलती थी हमारे नेताओं और देश के कथित कर्णधारों की जिन्होंने अपने राजनैतिक स्वार्थ के लिए युवाओं को बेरोजगारों की भीड़ जिससे हमारा राजनैतिक पतन तो हुआ ही, हमारा सामाजिक, सांस्कृतिक, आर्थिक और धार्मिक चरित्र भी ढ़ह गया। इस त्रासदी को आजादी के बाद की दो पीढ़ियाँ भोग चुकीं हैं। अब तीसरी पीढ़ी हमारे समक्ष तैयार बैठी है। देश के रीढ़ की हड्डी मानी जाने वाली युवा शक्ति को सृजनात्मक दिशा नहीं दी गयी।

छात्रसंघ से छोटी उम्र में सत्ता की चमक और रुतबा

छात्र संघों की बहाली बेशक स्वागत योग्य है लेकिन छात्रसंघों की गतिविधियों कालेजों के भीतर तक ही सीमित रहे तो बेहतर होगा। यह अगर परिसर के बाहर फैल गयी तो सत्ताधारी दल के लिए आफत बन सकती है। आजादी के बाद के वर्षों से लेकर 70–80 के दशक तक कालेज और विवि के छात्रों में राष्ट्र निर्माण की सोच उनके जीवन का एक अहम हिस्सा थी 90 के दशक के बाद इससे उपेक्षा होने लगी। आज के दौर में छात्रों को यह बात किताबी लगने लगी है। आज छात्र मानने लगे हैं कि हम एक पूर्ण विकसित दौर में हैं, हमारा कार्य सिर्फ उपभोग करना और लेना है, देने से मतलब उन्हें नहीं।

आज राजनैतिक दलों की कार्यशैली बदल गयी। वे कार्पोरेटोक्रेसी के शिकार हो गये। जनता की बजाय वो सत्ता से जुड़ने लगे। फलतः कार्यकर्ता की जगह कर्मचारियों को अहमियत मिलने लगी। लीडर की जगह मज़बूत डीलर बन गये। फलतः राजनैतिक दलों का स्वरूप तो व्यापक और बड़ा बन गया, मगर अन्दर से वे खोखले हो गये। जब राजनीतिक दल उद्देश्यहीन सत्ता प्राप्ति में उलझी जमातों की शक्ल पा गये तो उनके छात्र संगठन भी उसी स्वरूप में ढल गये। उनके अन्दर भी राजनीति के माध्यम से सिर्फ आर्थिक हैसियत बढ़ाने, सामाजिक रूतबा बढ़ाने और किसी के आभामंडल में रहकर प्रकाशित होने की इच्छा शेष रह गयी। इधर राजनीति में एक अतिरिक्त तत्त्व जुड़ गया है, वो है वंशवाद का। इसलिए नेता का बेटा नेता, कार्यकर्ता का बेटा कार्यकर्ता बनकर रह गया है। ऐसे में सारे ही नियमों को बदलने की जरूरत है। ये नियम आंदोलनों की गर्मी से बदलते हैं।

21

इंटरनेट - वरदान या अभिशाप

(Internate boon or bane)

इंटरनेट वरदान है

साइबर दुनिया की विशाल क्रांति के बावजूद कम्प्यूटर, टी.वी. और टेलीफोन अभी तक अलग–अलग उपकरण के तौर पर रहे हैं, किन्तु इंटरनेट के माध्यम से एक ऐसी क्रांति भारत की दहलीज पर खड़ी हुई है, जिससे तीनों साधनों का संयुक्त रूप से प्रयोग करने की सुविधा उपलब्ध हो चुकी है अर्थात् आप कम्प्यूटर को टेलीफोन और मोडेम नामक उपकरण के साथ जोड़कर घर बैठे हुए कम्प्यूटर के स्क्रीन पर विश्व के किसी भी कोने में स्थित व्यापारिक संस्थान के साथ संवाद स्थापित कर सकते हैं, अपने माल को विज्ञापित कर सकते हैं, किसी भी पुस्तकालय की पुस्तक को पढ़ सकते हैं, कोई भी फिल्म देख सकते हैं, अपने पसन्दीदा कलाकार से सम्पर्क कर सकते हैं अर्थात् सारा विश्व सिमटकर आपके कम्प्यूटर स्क्रीन पर आ गया है। अभी तक ई–मेल के नाम से प्रचलित सुविधा स्क्रीन पर संदेशों के लिखित आदान–प्रदान तक ही सीमित रहती थी, किन्तु इंटरनेट के माध्यम से आप अपने प्रियजनों की आवाज ही नहीं सुन सकते, बल्कि उनकी सूरत भी देख सकते हैं और उनसे बाकायदा संवाद कर पाते हैं कम्प्यूटर की भाषा में ध्वनि, दृश्य और पाठ के सम्मिलित इस रूप को मल्टीमीडिया कहा जाता है।

ई–मीडिया एक नई लहर

अगर हम अपने देश भारत की बात करें तो देश में आठ करोड़ से अधिक नेट उपभोक्ता हैं, जबकि 60 करोड़ से ज्यादा यानि भारत की कुल आबादी के 54 प्रतिशत से अधिक लोगों के पास मोबाइल हैं, जिनमें से एक तिहाई से अधिक मोबाइल फोन पर इंटरनेट की सुविधा है। गौरतलब है कि पोर्टल और न्यूज बेवसाइट्स ने छपायी, ढुलायी और कागज का खर्च बचाया तो ब्लॉग ने शेष खर्च भी समाप्त कर दिये। ब्लॉग पर तो करीब–करीब सभी प्रकार की जानकारी और सामग्री वीडियो छायाचित्र तथा तथ्यों का प्रसारण निःशुल्क हैं, साथ में संग्रह की भी सुविधा है। यह ई–मीडिया का ही असर है कि अब वेब जर्नलिज्म पर पुरस्कार और कोर्स शुरू हो गये हैं।

अभी दुनिया में ब्लॉगरों की संख्या 13.3 करोड़ के लगभग है जबकि भारत में 32 लाख से अधिक लोग ब्लॉगिंग कर रहे हैं। वैसे तो ब्लागर की संख्या से लेकर ब्लाग की भाषा शैली में कई परिवर्तन आये हैं लेकिन आर्थिक रूप से यह अभी बहुत पीछे है, हिन्दी ब्लाग का आर्थिक मॉडल बनने में अभी न केवल समय लगेगा, वरन् इसमें सुधार की भी गुंजाइश है। क्योंकि एक अनुमान के अनुसार भारत में एक इंटरनेट कनेक्शन का लगभग 6 व्यक्ति उपयोग करते हैं।

टूट गये बंधन

आज हम इंटरनेट जैसे आधुनिक संचार माध्यमों से लैस हैं। संचार तकनीक ने वैश्विक समाज के गठन में अहम भूमिका अदा की है। मानव इतिहास में यह एक अहम घटना है, जिसके कारण हम एक बेहद दिलचस्प युग में जी रहे हैं। पिछले कुछ सालों के दौरान वियतनाम, सूडान, ईरान व अन्य जगहों की दर्दनाक घटनाएं इंटरनेट के जरिये दुनिया के सामने आईं। इनसे एक बात तो तय हो गयी कि चाहे हम दुनिया के किसी भी कोने में हों, हम सब एक ही समुदाय का हिस्सा हैं। इंटरनेट ने मानव समुदाय के बीच मौजूद अदृश्य बंधनों को खोल दिया है। दरअसल हम सबके बीच धर्म, नस्ल और क्षेत्र से बढ़कर आगे भी कोई रिश्ता है और वह रिश्ता नैतिक भावना पर आधारित है। यह नैतिक भावना न केवल हमें दूसरों का दर्द समझने, बल्कि उसे दूर करने की भी प्रेरणा देती है। यह भावना हमें प्रेरित करती है कि अगर दुनिया के किसी कोने में अत्याचार और जुल्म हो रहा है, तो हम सब उसके खिलाफ एकजुट हों और जरूरतमंदों की मदद करें।

आधुनिक संचार से मदद

इंटरनेट से लेकर तीसरी पीढ़ी (थ्री–जी) के मोबाइल तक का असर यूँ है कि दुनिया की सरहदों की सीमा आज के युवाओं के लिए खत्म हो गया है। इनके सपनों की उड़ान को तकनीक ने मानों पंख लगा दिये हैं। ब्लॉगिंग के जरिए जहाँ आज के युवा अपनी समझ–ज्ञानपिपासा–जिज्ञासा–कौतूहल और भड़ास निकालने का काम कर रहे हैं। वहीं सोशल मीडिया साइट्स के जरिए दुनिया भर में अपनी समान मानसिकता वालों लोगों को जोड़ कर सामाजिक सरोकार–दायित्व को पूरी तन्मयता से पूरी कर रहे हैं। हाल में अरब देशों में आयी क्रांति इसका सबसे तरोताजा उदाहरण है। इन आंदोलनों के जरिए युवाओं ने सामाजिक बदलाव में अपनी भूमिका का लोहा मनवाया तो युवाओं के जरिए मीडिया का भी दम पूरी दुनिया ने देखा। इसके अलावा इन्टरनेट के द्वारा हम काफी दूर बैठे व्यक्ति से बिना किसी अतिरिक्त शुल्क के घंटों तक बातें कर सकते हैं, सूचनाओं के आदान प्रदान के लिए ई–मेल कर सकते हैं।

आज हम पलक झपकते दुनिया भर के लोगों तक अपनी बात पहुँचा सकते हैं। इन्टरनेट के जरिए हमारा संवाद बेहद आसान हुआ है। दुनिया भर की जानकारियाँ हमारी पहुँच में हैं। हमें इन संचार माध्यमों का इस्तेमाल मानवीय भलाई के लिए करना होगा। हमारे लिए ऐसे लोगों के बारे में जानना और समझना आसान हुआ है, जिनसे

हम कभी नहीं मिले। हमारे पास संवाद के ऐसे माध्यम उपलब्ध हैं, जिनकी मदद से हम घर बैठे दुनिया भर के लोगों को आपस में संगठित कर सकते हैं। हम आपसी सहयोग से अहम मसलों पर संयुक्त कार्रवाई कर सकते हैं। आज से सौ साल पहले यह मुमकिन नहीं था।

वैश्विक समुदाय

हम एक विलक्षण युग में जी रहे हैं। आज से दो सौ साल पहले की घटना को याद कीजिए, जब ब्रिटेन में गुलामों के व्यापार को लेकर जबर्दस्त विरोध–प्रदर्शन हुए थे। उस आंदोलन को जनता का पूरा समर्थन मिला था, लेकिन ऐसा होने में 24 साल का लम्बा वक्त लगा। काश! उस जमाने में आज की तरह ही आधुनिक संचार माध्यम होते। लेकिन पिछले एक दशक में बहुत कुछ बदला है। वर्ष 2011 में फिलीपींस में करीब दस लाख लोगों ने वहाँ की भ्रष्ट सरकार के खिलाफ मोबाइल पर संदेश भेजकर विरोध किया और जिसके फलस्वरूप वहाँ की सरकार को सत्ता से जाना पड़ा। इसी तरह जिम्बॉब्वे में चुनाव के दौरान वहाँ की सत्ता के लिए धांधली करना मुश्किल हो गया, क्योंकि जनता के हाथ में मोबाइल फोन था, जिसकी मदद से वे मतदान केंद्रों की तस्वीरें लेकर कहीं भी भेज सकते थे। बर्मा के लोगों ने ब्लॉगों के जरिये दुनिया को अपने देश के हालात से अवगत कराया। तमाम कोशिशों के बावजूद वहाँ की सत्ता आंग सान सू की की आवाज को दबा नहीं पायी। आजकल इसका चलन इंटरनेट की वजह से बहुत ही तेजी से बढ़ रहा है। सभी सेलिब्रिटीस तक अपनी बातों को पहुँचने के लिए जमकर इसका उपयोग कर रहे है। इसके कई फायदे है, अलग अलग विचारों वाले दोस्त बनते है, जिनसे नई–नई जानकारियाँ मिलती हैं।

इंटरनेट के माध्यम से दुनिया को बदलें

आधुनिक तकनीक ने हमें वैश्विक रूप से एकजुट होने की अवसर प्रदान किया है। यह पहला मौका है, जब आम लोगों को दुनिया को बदलने की ताकत मिली है। अब चन्द तानाशाह मनमाने ढ़ंग से अपने देश की विदेश नीति तय नहीं कर सकते। विदेश नीति तय करते समय उन्हें लोगों की भावनाओं का ध्यान रखना होगा, जो इंटरनेट के जरिये बाकी दुनिया से जुड़े हैं। समय के साथ समस्याओं का स्वरूप बदला है। दो सौ साल पहले हमारे सामने दासता से छुटकारा पाने का मुद्दा था, 150 साल पहले ब्रिटेन जैसे देश में बच्चों को शिक्षा का अधिकार देने जैसा मुद्दा छाया था, सौ साल पहले यूरोप के ज्यादातर देशों में राइट टू वोट का मुद्दा गूँज रहा था। पचास साल पहले सामाजिक सुरक्षा और कल्याण का मुद्दा गरम था। आज हमारा सामना नस्लवाद और लिंगभेद जैसी समस्याओं से हुआ। इन मुद्दों पर इंटरनेट के माध्यम से वे लोग अभियान चला रहे थे, जिनके अन्दर दुनिया को बदलने का जज्बा है। आज विश्व के सामने और भी बड़ी चुनौतियाँ हैं। जैसे गरीबी व ग्लोबल वार्मिंग। इनका हल एक देश नहीं खोज सकता। इसके लिए पूरे विश्व

को एक साथ पहल करनी होगी। हम उस पहली पीढ़ी के सदस्य हैं, जिसमें बड़े मुद्दों पर वैश्विक पहल करने की क्षमता है। हाल ही में विश्व ने आर्थिक मंदी का दौर देखा, जिसमें एक दूसरे से जुड़े रहने के लिए इंटरनेट बेहतर विकल्प के रुप में सामने आया जाहिर है, इस समस्या का हल अकेले अमेरिका या यूरोप के बस की बात नहीं थी

इंटरनेट से आय

आज विश्व के अनेक देशों में लाखों–करोड़ों लोग इंटरनेट से आय प्राप्त कर रहे हैं। इंटरनेट विश्व का सबसे बड़ा बाजार है और वहाँ पर संसार भर के देशों में रहने वाले लोग ग्राहक हैं। बहुत से लोग तो हजारों से लाखों डॉलर हर महीने कमा रहे हैं। बहुत ही कम पूँजी लगाकर इंटरनेट से आय अच्छी खासी प्राप्त की जा रही है, यहाँ तक कि कुछ ऐसे भी तरीके हैं जिनमें आपको जेब से एक फूटी कौड़ी भी नहीं लगानी पड़ती। मजे की बात तो यह है कि यदि किसी का अपना कोई वेबसाइट नहीं है तो भी वह इंटरनेट से पैसे कमा सकते हैं। इसके अलावा एक रिपोर्ट के अनुसार फेसबुक पर अत्यधिक सक्रिय प्रोफाइल रखने का भविष्य में अच्छा असर हो सकता है। इससे लोगों की जान–पहचान बढ़ती है और व्यापारिक लाभ भी होते हैं। इस तरह की बातचीत से जाने अनजाने कई सम्भावनाएँ खुल जाती है और नये उद्योगपति जन्म ले सकते हैं। आज सोशल मीडिया की वजह से व्यक्तिगत रूचियाँ उजागर हो जाती है। किस व्यक्ति को क्या पसन्द है यह आसानी से जाना जा सकता है। इससे सम्पर्क में रहने वाले व्यक्ति इसका लाभ अपने व्यापार के लिए कर सकते हैं। इस तरह के नेटवर्क से लोगों को नौकरी, घर, व्यापार तथा अन्य कई विषयों से सम्बन्धित सहायता भी मिल जाती है। एक नई शोध के बाद उन शीर्ष 10 लोगों की सूची जारी की गयी है जिन्होनें पिछले वर्ष यूट्यूब पर रखे अपने वीडियो पर आ रहे विज्ञापनों की वजह से सालाना करीब 1लाख डॉलर यानि की करीब 50 लाख रूपयों से अधिक की कमाई की है।

सिडनी मोर्निंग हेराल्ड की खबर के अनुसार सिडनी की नताली ट्रान ऐसी ही एक प्रयोक्ता हैं जिन्होनें अपने मात्र 10 वीडियो के एक चैनल की मदद से पिछले एक वर्ष के दौरान 1 लाख डॉलर की आय अर्जित की है। यूट्यूब एनालिटिक्स और ट्यूबमोगुलयूज्ड ने प्रयोक्ताओं के वीडियो को देखे जाने की दर और यूट्यूब के वार्षिक पार्टनर प्रोग्राम के आधार पर यह आँकडे जारी किये हैं। यूट्यूब पार्टनर प्रोग्राम कुछ सबसे लोकप्रिय प्रयोक्ताओं को उनकी क्लिप के नीचे आ रहे विज्ञापनों में से 50% हिस्सा उनको देता है।

इंटरनेट अभिशाप है

आज इन्टरनेट का नाम सभी जानते है, ये नाम हमारे लिए नया नहीं रह गया है। आज ये हमारे जीवन का एक अभिन्न हिस्सा बन चुका है। इन्टरनेट से हमारा जीवन कितना सरल हो गया है।

इंटरनेट मीडिया का वो हिस्सा है जिसने पूरी दुनिया को गाँव में तब्दील कर दिया है। जिसने न सिर्फ तमाम देशों के बीच की दूरी कम कर दी है बल्कि भौगोलिक सरहदों के मायने भी खत्म कर दिये हैं। सूचना क्रांति के अग्रदूत बन चुके न्यू मीडिया ने अपना ठौर–ठिकाना लोगों की जेब में बना लिया है। जी हाँ, सूचना क्रान्ति के इस युग में मोबाइल के रुप में इंटरनेट ने लोगों की जेबों में अपनी पैठ बना ली है।

जैसे–जैसे इंटरनेट पर नई–नई तकनीकों का आना तेज हो रहा है उसी तेजी से बढ़ रहा है साइबर अपराधों का खतरा। इनमें कुछ तकनीकों को सिमेंटेक और मैकफी जैसी एंटीवायरस सोफ्टवेर बनाने वाली कम्पनियों ने चिह्नित किया है।

नेटवर्क को पूरी तरह से जाम कर देना

इनमें सबसे प्रमुख है स्ट्क्सनेट (Stucnet)। जुलाई 2010 में बेलारूस की एक सुरक्षा एजेंसी ने इस तरह की तकनीक के बारे में सूचित किया था और फिर इरान ने राष्ट्रीय मीडिया एजेंसी ने भी दावा किया कि उनके कम्प्यूटर नेटवर्क को एक साथ कई नेटवर्कों के माध्यम से जाम किया जा रहा है। स्टक्सनेट यानि कि किसी छोटे से मलवेर कोड के द्वारा किसी लोकप्रिय हो रहे नेटवर्क को पूरी तरह से जाम कर देना।

इसके अलावा डेनायल ऑफ सर्विस हमला भी एक खतरनाक माध्यम है जिसके द्वारा किसी सिस्टम को हैक किया जा सकता है। अभी हाल ही में विकीलीक्स के समर्थकों ने विजा और मास्टरकार्ड की साइटों पर एक साथ हमला कर उन्हें जाम कर दिया था। अमेरिकी सरकार द्वारा दबाव बनाये जाने के बाद इन साइटों ने विकीलीक्स को दान देने वाले नेटवर्क को बन्द कर दिया और इससे क्रोधित विकीलीक्स के करीब 50000 समर्थकों ने एक साधारण कम्प्यूटर प्रोग्राम के माध्यम से एक साथ हमला कर डिनायल ऑफ सर्विस प्रभाव उत्पन्न किया जिससे ये साइटें खुलनी ही बन्द हो गयी।

स्मार्ट मोबाइल फोनों के आगमन के बाद से लोग अब अपने मोबाइल डिवाइज पर ही इंटरनेट सर्फिंग करने लगे हैं और ये डिवाइजें भी वायरस और मलवेर हमलों की शिकार होने लगी हैं।अनुमान है कि इस वर्ष मोबाइल फोनों पर होने वाले साइबर हमलों मे तेजी आयेगी।

स्पामिंग

ये अवांछनीय ई–मेल होती है जिनका मकसद गोपनीय दस्तावेजों की चोरी करना होता है।इस संदर्भ में एक और बदलाव जो देखा जा रहा है वह है स्पामिंग का

ईमेल से हटकर सोशल नेटवर्किंग साइटों पर ध्यान केन्द्रित करना। आजकल ईमेलों पर स्पाम संदेश कम आ रहे हैं परन्तु सोशल नेटवर्किंग साइटों पर प्रयोक्ताओं तक कड़ियाँ पहुँचाने और फिर उन्हें एक के बाद एक कई वेब पन्नों पर ले जाने का चलन बढ़ रहा है।

इंटरनेट सुरक्षा के लिए कार्यरत कम्पनी ट्रेंड माइक्रो के अनुसार भारत, एशिया में सातवाँ बड़ा देश है जहाँ स्पैमिंग भारी मात्रा में की जाती है। भारत से किया जाने वाला स्पैम पूरे विश्व के स्पैम का लगभग 4 प्रतिशत है, जो एशिया के सभी देशों से ज्यादा है। अगर बाकी देशों से किये जाने वाले स्पैम पर नजर डालें तो चीन से किये जाने वाला स्पैम विश्व में किये जाने वाले स्पैम का 3.39 प्रतिशत, कोरिया में यह संख्या 2.57 प्रतिशत और थाईलैंड से 2.04 प्रतिशत है। एशिया विश्व में होने वाली स्पैमिंग में 16.57 प्रतिशत का योगदान करता है।विश्व के स्पैमर्स की सूची को देखें तो रूस 11 प्रतिशत के साथ पहले और अमेरिका दूसरे स्थान पर है जो 9.36 प्रतिशत का योगदान करता है।

विश्व के सभी स्पैमर देश 57.4 प्रतिशत का योगदान करते हैं। एक शोध के अनुसार यह बताया जा रहा है कि स्पैम मैसेज इंटरनेट पर आदान या प्रदान किये जाने वाले डाटा का 80 प्रतिशत है। आजकल ज्यादातर स्पैम विज्ञापन मैसेज द्वारा किये जाते हैं। स्पैमिंग की बढ़ती हुई इस संख्या से कहीं ना कहीं इंटरनेट ट्रैफिक के साथ–साथ, सुरक्षित नेट सर्फिंग पर भी असर पड़ेगा।

व्यक्तिगत जानकारियों की चोरी

व्यक्तिगत जानकारियों की चोरी के कई मामले सामने आये है जैसे की क्रेडिट कार्ड नम्बर, बैंक कार्ड नम्बर इत्यादि की चोरी। इसका उपयोग देश की सुरक्षा व्यवस्था को भेदने के लिए भी किया जाता है।इंटरनेट के जनक कहे जाने वाले टिम बर्नर ली का मानना है कि फेसबुक जैसी सोशल नेटवर्किंग साइटों की वजह से इंटरनेट की मूलभावना को धक्का पहुँच रहा है। टिम का मानना है कि वर्ल्ड वाइड वेब का भविष्य अंधकारमय है क्योंकि फेसबुक और लिंक्डइन जैसी साइटों की लोकप्रियता तेजी से बढ़ रही है परन्तु इनका इस्तेमाल पूरी तरह से गोपनीय और निजी नहीं है। टिम का कहना है कि फेसबुक जैसी साइटें अपने प्रयोक्ताओं को अपनी जानकारियाँ वापस लेने की सुविधा नहीं देती, इससे प्रयोक्ताओं के लिए मुश्किलें खड़ी हो जाती है और इससे इंटरनेट का भविष्य भी डाँवाडोल हो रहा है। टिम के अनुसार भविष्य में इंटरनेट छोटे–छोटे द्वीपों की तरह हो जायेगा, जहाँ अलग अलग समूहों और साइटों का वर्चस्व होगा। फेसबुक के प्रयोग की शर्तों पर पहले भी काफी विवाद होता रहा है। फेसबुक अब अपने प्रयोक्ताओं को अपनी प्रोफाइल जानकारी, स्टेटस अपडेट तथा तस्वीरें डाउनलोड करने की सुविधा देता है परन्तु प्रयोक्ता के सम्पर्क अभी भी

फेसबुक के लिए ज्ञात रहते हैं। इसका उपयोग विज्ञापनप्रदाता कम्पनियाँ कर सकती है। टिम का ये भी मानना है कि इंटरनेट की शुरूआत कुछ ठोस नीतियों के साथ हुई थी, जिनके कुछ विशेष मानदण्ड थे जिन्हें अपनाया गया था। परन्तु अब वे सब अप्रासंगिक हो चुके हैं। अब सोशल नेटवर्किंग साइटों का प्रभुत्व बढ़ रहा है। हर कोई इनका सदस्य है और वे नहीं जानते कि उनकी जानकारियाँ जेल की तरह बन्द की जा रही है जहाँ उनका नियंत्रण नहीं होगा। सोशल नेटवर्किंग साइटें 'मोनोपोली' की तरफ बढ़ रही है। इससे भविष्य में खतरा उत्पन्न हो सकता है।

कम्प्यूटर वायरस

कम्प्यूटर वायरस अपने आप कम्प्यूटर में आ जाने वाला प्रोग्राम कोड होता है, जो बाहरी स्रोत द्वारा तैयार किया जाता है। दुनिया का पहला कम्प्यूटर वायरस म्सा ब्सवदमत था, जो 'इन द वाइल्ड' ने प्रकट किया था। यह कम्प्यूटर वायरस एप्पल डॉस 3.3 ऑपरेटिंग सिस्टम में फ्लॉपी डिस्क के जरिए फैलता है। कम्प्यूटर वायरस हमारे कम्प्यूटर में तबाही लाने वाला प्रोग्राम होता है, जो आपकी फाइलों और ऑपरेटिंग सिस्टम में उपस्थित सूचनाओं को बिना आपकी जानकारी अथवा चेतावनी के नुकसान पहुँचाता है।

कम्प्यूटर वायरस के फैलने का सबसे आसान जरिया नेटवर्क, इंटरनेट और ई–मेल का बढ़ता हुआ उपयोग है। आमतौर पर कम्प्यूटर वायरस आपके कम्प्यूटर में निम्न प्रकार से आ सकता है–

1. संक्रमित प्रोग्राम के उपयोग
2. संक्रमित फ्लापी डिस्क के साथ डिस्क ड्राइव में कम्प्यूटर बूट करने से
3. पाइरेटेड सॉफ्टवेयर के उपयोग से कम्प्यूटर वायरस अपने आप जेनरेट नहीं होते, बल्कि ये वायरस लोगों द्वारा पूरी सूझ–बूझ से तैयार किये गये प्रोग्राम होते हैं। कुछ लोग इसे अपने कम्प्यूटर की सुरक्षा के लिए प्रयोग करते हैं तो कुछ लोग इसे विध्वंस मानने के लिए तैयार करते हैं। इनका उपयोग कम्प्यूटर की कार्य प्रणाली को नुकसान पहुँचाने के लिए किया जाता है।

अश्लीलता

अश्लीलता से जुड़ी वेबसाइटों की कुल संख्या 4.2 मिलियन है। इंटरनेट पर करीब 370 मिलियन पोर्न पेज हैं। रोजाना के आँकड़ों पर नजर डालें तो हर रोज 68 मिलियन बार पोर्न शब्द को सर्च किया जाता है। अनुमान है कि प्रतिदिन लोगों के ईमेल आईडी पर 2.5 मिलियन स्पैम पोर्न ईमेल आते हैं। दुनिया में करीब 20 प्रतिशत लोग ऑफिस में काम करते हुए पोर्न सामग्री देखते हैं। जबकि ऑफिस में पोर्न देखने का महिलाओं का आँकड़ा 13 फीसदी है। वेब की सूचना देने वाली कम्पनी एलेक्सा के मुताबिक भारत की शीर्ष 500 वेबसाइटों में 12 अश्लील साइटें हैं। इनमें छह साइटों

पर मुफ्त में अश्लील वीडियो अपलोड करने की सुविधा है। जबकि सूचना प्रौद्योगिकी कानून, 2000 की धारा 67(ए) कहती है कि अश्लील गतिविधि वाली कोई भी वस्तु इलेक्ट्रॉनिक माध्यम से प्रकाशित या प्रसारित करने वाले किसी भी व्यक्ति को पाँच साल की कैद और 10 लाख रु. तक के जुर्माने की सजा हो सकती है।

ये इन्टरनेट के लिए जहर की तरह है, जिसमें कई लोग समा जाते है। इस तरह की साईट पर ढ़ेरों अश्लील सामग्री रहती है, जिनको देखकर लोग बर्बादी की तरफ अग्रसर हो रहे है और इस तरह का व्यापार चलाने वाले अच्छी आमदनी कर रहे है। ये हमारे समाज में जहर की तरह घुल रहा है। बच्चे इसको देखकर बर्बाद हो रहे है छोटी उम्र में पोर्न साइट देखने का परिणाम बेहद खतरनाक होता है इसे रोकने के लिए सख्त नियम बनने चाहिए।

पाइरेसी

पाइरेसी से काफी नुकसान हो रहा है आई.टी. जगत और फिल्म नगरी को, क्योंकि कोई भी सॉफ्टवेयर या मूवी हो इस पर बिना कोई कीमत दिये मुफ्त में मिल जाती है, इसलिए कोई भी बिना पैसे लगाये इसका आनंद उठा लेता है। इंटरनेट के जरिये पाइरेसी की समस्या कारोबार के लिए बड़ी मुश्किल साबित हो सकती है। संगीत उद्योग पर सबसे ज्यादा असर पड़ा है। यह क्षेत्र अपने केवल 10 फीसदी कंटेंट का वित्तीय फायदा उठा पाता है और बाकी के 90 फीसदी कंटेंट पाइरेसी में गुम हो जाते हैं। फिल्म उद्योग को हर साल पाइरेसी की वजह से 95.9 करोड़ डॉलर और 5,177 नौकरियों का नुकसान हो रहा है। कंसल्टेंसी कम्पनी जिनोव के मुताबिक सॉफ्टवेयर उद्योग को पाइरेसी की वजह से सालाना 10 अरब डॉलर का नुकसान हो रहा है। गौरतलब है कि पूरी दुनिया भर में फाइल साझा करने वाले क्लाइंट ऐप्लीकेशन बिटटॉरेंट पर मशहूर फिल्मों को करीब 1 करोड़ दफ़ा डाउनलोड किया जाता है।

जिस प्रकार सागर मंथन से विष और अमृत दोनों निकले थे, ठीक उसी प्रकार इन्टरनेट पर भी ये दोनों ही है, अब ये उपयोगकर्ता पर निर्भर करता है कि वह क्या लेता है विष या अमृत। इन्टरनेट से अगर आप बन सकते है तो बिगड़ भी सकते है। जिस तरह एक सिक्के के दो पहलु होते है उसी तरह इन्टरनेट के भी दोनों पक्ष है इसलिए अच्छा पक्ष ग्रहण किया जाये और बुरा पक्ष त्याग किया जाये, यही हमारे और हमारे देश दोनों के लिए अच्छा है।

22

चिकित्सकों का हड़ताल करना जायज या नाजायज

(Should physicians have the option to go on strik?)

चिकित्सकों का हड़ताल करना जायज

सरकार द्वारा चिकित्सकों के लिए गाँवों में अनिवार्य रूप से सेवा देने के प्रावधान होने के बावजूद भी स्थिति में कोई सुधार नहीं है। क्योंकि एक तो शहरी सुविधाओं और जीवनशैली की आदत के चलते चिकित्सक गाँव में नहीं जाना चाहते। दूसरी तरफ प्राइवेट प्रैक्टिस में जितना अकूत पैसा कमाने का मौका और स्वयं को आगे बढ़ाने का मौका जितना शहरों में है वैसा गाँवों में नहीं। एक छिपा हुआ व्यापक तथ्य और भी है। हमारा पूरा सामाजिक, राजनैतिक, शैक्षिक ढ़ाँचा हमें गाँव और छोटे कस्बे के साधनहीन, गरीब लोगों से जोड़ता नहीं बल्कि उन्हें हमारे सामने कमजोर, अनावश्यक और हीन की तरह पेश करता है। हर तरह से शिक्षित और आर्थिक रुप से सफल हो गये युवाओं को कभी नहीं लगता शहर की चकाचौंध से अलग भी उसका परिवेश है, उसके लोग है जिनके कारण वह भरपेट खाता है और जिंदा है। फिर ऐसे में डॉक्टरों को अचानक कैसे गाँवों में सेवा देने का पाठ पढ़ाया जा सकता है और वे चले भी जायेंगे तो किस मनोदशा में अपनी चिकित्सीय सेवाएँ देंगे भला? यही वजह है कि उनके द्वारा की गयी हड़ताल जायज लगती है।

क्या मिलता है पढ़ लिख कर

विश्व की मान्यता प्राप्त संस्थाओं द्वारा अध्ययन के बाद मेडिकल की पढ़ाई को दुनिया की सबसे कठिन पढ़ाई माना गया है। एक डॉक्टर को बस पढ़ाई पूरी करने के लिए ही अपने जीवन के सबसे कीमती बारह से पंद्रह वर्ष देने पड़ते हैं, पर पढ़ाई पूरी करने और उसके बाद की जिंदगी ले जाने में अभी भी काफी बड़ी बाधा बाकी होती है एक मेडिकल छात्र को मानव सभ्यता के पिछले 2000 से 3000 वर्ष के अर्जित चिकित्सा सम्बन्धी ज्ञान को अपेक्षाकृत अत्यन्त सीमित अवधि में पढ़ना और उसे सिद्धहस्त कर लेना होता है। दुनिया की कोई पढ़ाई और कोई भी व्यवसाय चिकित्सा

सेवा जैसा नहीं होता। जी हाँ, यहाँ तक कि, सेना, दमकल, पर्वतारोहण जो जोखिम के मामले में तो कहीं आगे हैं पर बाकी अन्य मापदण्डों यानि प्रारम्भिक प्रवेश परीक्षा का कठिनाई स्तर, मानसिक पारंगता, चौमुखी प्रतिभा, सम्पादित सेवा की महत्ता और उसकी अवधि इत्यादि पर चिकित्सा सेवा सबसे अधिक कठिन है। ये सब आवश्यक इसलिए है क्योंकि यहाँ मानव जीवन की सुरक्षा की बात है। पर इतना सब बलिदान करने के बाद किसी औसत चिकित्सा पेशेवर के लिए क्या सब कुछ आदर्श होता है?

सोचने वाली और पूछने वाली बात ये है कि आखिर हम अपनी पूरी जिंदगी लगा कर उच्च कौशल प्रदान करने वाले चिकित्सकों को पेशेवर समझते हैं या कुछ और?

चिकित्सकों से ही सहनशीलता की उम्मीद क्यों

बड़े मजे की बात है जब चिकित्सीय सेवा लेने की बात होती है तो हमको दुनिया की सबसे बेहतर तकनीक, सबसे विशिष्ट गुणवत्ता और सबसे ख्यातिप्राप्त चिकित्सक से सर्वोच्च पेशेवर कौशल चाहिए पर जब उसका भुगतान करना हो तो हम उसी चिकित्सक को पेड़ के नीचे बैठा साधू, फकीर बना देते हैं। किसी वेश्या के फूहड़ लटकों–झटकों पर तो खुशी–खुशी हजारों रुपये मिनटों में उड़ा दिये जाते हैं पर दुनिया की सबसे दुर्लभ, विशिष्ट, आधुनिकतम एवं बेहद चुनौतीपूर्ण सेवा लेने के बाद हम उसका पारिश्रमिक भी नहीं देना पसन्द करते। शराब पीने, सिगरेट फूँकने फिल्म देखने में या ऐशो आराम पर हजारों लाखों खर्च करने में गर्व महसूस किया जाता है लेकिन डॉक्टर को हम फिर भी भगवान का दूत तभी मानते हैं जब वो मुफ्त इलाज करता है।

गाँवों में नौकरी को एक सजा की तरह समझा

डाक्टरों के साथ–साथ अन्य पेशा के लोग भी ग्रामीण इलाकों में काम करने के लिए तैयार नहीं है इसलिए नीति निर्धारकों को उन कारणों की तह तक जाना चाहिए जिनके चलते गाँवों में नौकरी को एक सजा की तरह समझा जाता है। हमारे नीति निर्धारकों को इस सामान्य तथ्य से अच्छी तरह परिचित होना चाहिए कि ग्रामीण क्षेत्रों में बुनियादी सुविधाओं का अभाव वह मुख्य कारण है जिसके चलते शहरी और साथ ही ग्रामीण इलाकों के युवा वहाँ काम करने से इनकार करते हैं। सरकार को यह अहसास भी होना चाहिए कि ग्रामीण क्षेत्रों में बुनियादी सुविधाओं की बदहाली दूर किये बगैर डाक्टर तो क्या अन्य पेशे के लोग भी गाँवों की ओर रुख नहीं करने वाले। जिस तरह विकास के हर कार्य बड़े शहरों तक केंद्रित होकर रह गये हैं और गाँव–कस्बे बदहाली तथा पिछड़ेपन का पर्याय बना दिये गये हैं उसमें तो ऐसी स्थिति आनी ही थी कि पढ़ा–लिखा नौजवान ग्रामीण इलाकों में नौकरी करने के नाम से ही बैचेन रहे। ध्यान रहे कि ग्रामीण इलाकों के प्राथमिक स्वास्थ्य केंद्रों में डाक्टरों के साथ–साथ अन्य मेडिकल स्टॉफ की भी कमी है। चूँकि केंद्र और राज्य सरकारें डाक्टरों और अन्य मेडिकल कर्मियों के लिए ग्रामीण इलाकों में उपयुक्त स्थितियों का निर्माण नहीं कर पा रही हैं इसलिए वहाँ उन तत्त्वों का बोलबाला है जिन्हें झोलाछाप

डॉक्टर के रूप में परिभाषित किया जाता है।

गाँव जाना मतलब कॅरियर बेकार करना

ग्रामीण डॉक्टर बनाने की उपरोक्त विकृत योजना न केवल देश के 80 करोड़ ग्रामीणों के जीवन और स्वास्थ्य के साथ खिलवाड़ और भेदभाव करने वाली है, बल्कि इसके साथ–साथ यह योजना पूरी तरह से असंवैधानिक है। इस योजना के तहत ग्रामीण क्षेत्र के 12वीं पास विद्यार्थियों को चयनित करके 3 वर्ष में डॉक्टर बनाया जायेगा। ऐसे लोग डॉक्टर तो होंगे, लेकिन उन्हें अपनी डॉक्टरी ज्ञान का उपयोग केवल गाँव में ही करना होगा। शहर में जाते ही कानून की नजर में उनका डॉक्टरी ज्ञान अवैधानिक हो जायेगा। अर्थात् इस योजना के तहत डॉक्टर बनने वाला व्यक्ति जीवनपर्यन्त शहर में रहकर डॉक्टरी करने का ख्वाब नहीं देख सकेगा और गाँव में रहने वाला व्यक्ति अपने गाँव में रहते हुए किसी बड़े शहर के, बड़े अस्पताल में इलाज करने का लम्बा अनुभव रखने वाले शहरी डॉक्टर से उपचार करवाने का सपना नहीं देख सकेगा।

कितने दुःख और आश्चर्य की बात है कि एक ओर तो संविधान का अनुच्छेद–14 कहता है कि देश के सभी नागरिकों को कानून के समक्ष समान समझा जायेगा और साथ ही साथ सभी लोगों को कानून का समान संरक्षण भी प्रदान किया जायेगा, जबकि इस तीन वर्षीय पाठ्यक्रम के तहत ग्रामीण डॉक्टर की डिग्री प्राप्त करने वाले डॉक्टर की शहरी क्षेत्र के डिग्रीधारी डॉक्टरों की तरह स्नातक स्तर की अन्यत्र कहीं भी पात्रता नहीं होगी। सरकारी नौकरी नहीं मिलने पर या ऐसे ग्रामीण डॉक्टर को सरकारी नौकरी छोड़ने पर, शहर में प्रैक्टिस करने का कानूनी अधिकार भी नहीं होगा।

अनेक नई समस्याएँ पैदा होना स्वाभाविक

इस सबके बाद भी ग्रामीण डॉक्टर की प्रस्तावित डिग्री में प्रवेश पाने वालों में भी कड़ी प्रतियोगिता होना तय है क्योंकि सर्वप्रथम तो इस देश में बेरोजगारी एक बड़ी समस्या है, दूसरे, इस देश के युवा वर्ग में सरकारी नौकरी के प्रति कभी न मिटने वाला सम्मोहन है, तीसरे, वातानुकूलित कक्षों में बैठकर भारत सरकार के लिये नीति बनाने वाले ग्रामीण लोगों को इनसान कब समझते हैं उनकी नजर में ग्रामीण क्षेत्र के लोग तो शुरू से ही दूसरे दर्जे के नागरिक रहे हैं, इसलिए ग्रामीणों के जीवन को ग्रामीण डॉक्टरों के माध्यम से प्रयोगशाला बनाने में इन कागजी नीति–निर्माताओं का क्या बिगड़ने वाला है?

भारत सरकार बिना नौकरी की गारण्टी दिये, इन डॉक्टरों से किसी भी शहर में जाकर प्रैक्टिस करने का हक कैसे छीन सकती है? यही नहीं, ग्रामीण डॉक्टर की डिग्री प्राप्त करने वाले लोगों को स्नातक होकर भी आईएएस या अन्य ऐसी कोई भी परीक्षा में बैठने का कानूनी हक नहीं होगा, जो प्रत्येक ग्रेजुएट को होता है।

इस निर्णय से साफ तौर पर यह प्रमाणित हो रहा है कि भारत सरकार समस्या का स्थायी समाधान ढूँढ़ने के बजाय उसका तात्कालिक समाधान ढूँढ़ रही है, जिससे

अनेक नई समस्याएँ पैदा होना स्वाभाविक है। यदि कल को अध्यापक, ग्रामसेवक, कृषि वैज्ञानिक, थानेदार, कोई भी कह देंगे कि वे भी असुविधापूर्ण ग्रामीण क्षेत्र में क्यों नौकरी करें, तो सरकार के पास क्या जवाब होगा? आगे चलकर इससे शहर बनाम गाँव में देश का विभाजन होना तय है। इससे देश में आपसी वैमनस्यता का वातावरण भी निर्मित होगा।

सरकार द्वारा भेदभाव

योजना आयोग द्वारा सभी के लिए स्वास्थ्य के लक्ष्य हासिल करने के उपाय बताने वाली समिति ने गाँवों के लिए मेडिकल का अलग पाठ्यक्रम सुझाया जिसे सरकार ने स्वीकार भी कर लिया है। इसके मुताबिक पाँच साल की एमबीबीएस की बजाय साढ़े तीन साल का बैचलर ऑफ रूरल मेडिसिन एंड सर्जरी यानि बीआरएमएस की डिग्री दी जायेगी। इस हेतु पाँच लाख से ज्यादा आबादी वाले जिलों में अलग से मेडिकल कॉलेज खोले जायेंगे यह सच है अगर गाँव केंद्रित चिकित्सा की पढ़ाई होगी तो डिग्री लेने वाले डॉक्टरों के सामने गाँवों में प्रैक्टिस करने या सरकारी अस्पतालों में सेवा देने का ही एकमात्र विकल्प उपलब्ध होगा। इससे डॉक्टर बहाना बनाकर गाँवों से कन्नी नहीं काट सकेंगे, लेकिन भारत की सामाजिक आर्थिक सांस्कृतिक स्थिति को समझने वाले इसे पर्याप्त नहीं मानते। स्वास्थ्य राज्यों का विषय है, लेकिन राज्य अपने संसाधनों से ऐसे मेडिकल कॉलेज खोलेंगे यह उनके विवेक और संसाधन पर निर्भर करेगा। यह घोर आपत्तिजनक है कि इस योजना में गाँवों और शहरों के स्वास्थ्य सेवाओं में भेद किया गया है। यह बात समझ से परे है कि शहर के लोगों के लिए तो पाँच वर्ष के पाठ्यक्रम वाले डिग्रीधारी चाहिए और गाँवों के लिए साढ़े तीन वर्ष वाले डॉक्टर।

शहरों के लिए सर्वसुविधा संपन्न मेडिकल कॉलेज चाहिए और गाँवों के लिए उससे कमतर एक सामान्य मानक वाले मेडिकल कॉलेज। इस तरह के विचार के खिलाफ तो किसी भी संवेदनशील व्यक्ति का अन्तर्मन विद्रोह कर उठेगा। वस्तुतः यह वर्तमान स्वास्थ्य ढ़ाँचे में रास्ता निकालने की वैसी ही कोशिश है जैसे किसी स्थान पर केवल पंचतारा होटल का ही भोजन उपलब्ध है और यदि भूख ज्यादा लोगों को है तो प्रबंधन वाले यह विकल्प दें कि उत्कृष्ट भोजन कुछ विशिष्ट लोगों को अवश्य मिले, लेकिन बाकी के लिए थोड़ा कम बेहतर या जीने लायक भोजन ही उपलब्ध कराया जाये। होना तो यह चाहिए कि पंचतारा समाप्त हो और सबको एक जैसा भोजन उपलब्ध कराया जाये।

चिकित्सकों का हड़ताल करना – नाजायज

पढ़ाई के दौरान डॉक्टरों को कई जरुरी बातों के अलावा ये भी सिखाया जाता है कि मरीज ही उसकी पहली प्राथमिकता है। लेकिन ये बातें उस किताबी ज्ञान की तरह हो गयी हैं, जिसका असल जिंदगी से कोई वास्ता नहीं। अगर ऐसा नहीं होता तो डॉक्टर

मरीजों को यूँ मरने के लिए नहीं छोड़ते। डॉक्टरों के पास अपनी बात रखने के और भी तरीके हैं, इसके लिए इलाज बन्द करना सिर्फ उनकी असंवेदनशीलता को प्रदर्शित करता है। इस दुनिया में इनसान भगवान के बाद अगर किसी से सबसे ज्यादा उम्मीद करता है तो वो डॉक्टर है, दर्द से कराहते व्यक्ति को भरोसा होता है कि डॉक्टर की चौखट पर पहुँचने के बाद उसे अवश्य राहत मिलेगी। पर जब उस चौखट पर वह हड़ताल का बोर्ड लगा देखता है तो अपनी सोच बदलने पर मजबूर हो जाता है।

मरीजों का क्या दोष

"हानि लाभ जीवन–मरण यश–अपयश विधि हाथ।" हमारे यहाँ यद्यपि जीवन मरण को ईश्वर कहें या भाग्य के अधीन माना गया है, परन्तु विधि हाथ होने पर भी हम पीड़ित परिजन की अन्तिम श्वांस तक उसको बचाने के लिए अपना तन, मन धन सब लुटा देते है। यहाँ तक कि चिकित्सकों द्वारा रोगी अथवा घायल के बचने की आशा न व्यक्त करने पर भी अपनी सामर्थ्य अनुसार (भाग्यशाली परिवारों में) ऋण लेकर भी उपचार कराया जाता है। परन्तु तब क्या होता है जब गम्भीर रूप से घायल रोगी को किसी भी सरकारी अस्पताल में ले जाने पर हड़ताल होने पर, वह अपनी अन्तिम श्वांस गिन कर दम तोड़ देता है, रह जाते हैं परिजन बेचारे जिनके हिस्से में रोना बिलखना और पश्चाताप करने के अतिरिक्त कुछ शेष नहीं रह जाता और परिजनों के मस्तिष्क में बस यही कसक रह जाती है कि यदि हमारे रोगी या घायल को समय पर उपयुक्त चिकित्सा उपलब्ध हो जाती तो शायद रोगी का जीवन बच जाता। यह देखकर ऐसा लगता है कि डॉक्टरों की हड़ताल नाजायज ही नहीं गैरकानूनी भी है।

डॉक्टरों की ब्लैकमेलिंग

डॉक्टर इस बात को अच्छी तरह से समझते हैं कि फैक्ट्रियों में काम बन्द रह सकता है, मगर इलाज एक सतत प्रक्रिया है और इसमें जरा सी बाधा सरकार को उनके सामने झुकने पर विवश कर देगी। अमूमन ऐसा होता भी है, ये स्थिति किसी भी सरकार के लिए गम्भीर समस्या खड़ी कर देती है। माँगे चाहे कितनी भी बेबुनियाद या अव्यवाहारिक क्यों न हों, उसे नरमी से पेश आना होता है। वो सख्त होने का दिखावा तो कर सकती है, मगर सख्त कदम नहीं उठा सकती। उस समय डॉक्टर भूल जाते है कि उनके बढ़े हुए वेतनमान का अतिरिक्त बोझ आम जनता को ही वहन करना होगा। अपनी गाढ़ी कमाई में से जनता टैक्स के रूप में जो रकम चुकाती है, उससे डॉक्टरों की जेब भरी जाती है और यही डॉक्टर जनता के दर्द को नजरअंदाज कर देते हैं। संवेदनशून्यता का इससे बड़ा उदाहरण कोई और नहीं हो सकता। ये बात सही है कि कई मोर्चों पर सरकार की वादाखिलाफी या अनदेखी भी ऐसी समस्याओं को जन्म देती हैं, लेकिन सरकार और डॉक्टरों की लड़ाई में उस आम इनसान का नुकसान क्यों हो, जो इन दोनों की जीविका चलाने में प्रत्यक्ष या अप्रत्यक्ष तौर पर मदद करता है। यहाँ ये बात भी समझ से परे है कि डॉक्टर गाँव जाने से इतना कतराते क्यों हैं। गाँव की बात सुनते ही उन्हें मानों लकवा मार जाता है। दअरसल, विलासिता और अत्याधुनिक जिंदगी की चकाचौंध

के बीच कलयुग के इस भगवान की आँखें भी चुंधिया गयी हैं। सरकार और अदालतों को इस बारे में सख्त रुख अपनाने की जरूरत है।

कारोबारी और खरीदार का रिश्ता

आज डॉक्टरी पेशा उच्च तकनीक वाला ऐसा विज्ञान बनकर रह गया है जो सिर्फ उन लोगों को उपलब्ध है जो इसके एवज में पैसे खर्च कर सकते हैं। आज डॉक्टर व्यापारी बन गया है और देश में हम मेडिकल साइंस का कारोबार करने लगे हैं। जो समाज डॉक्टरों को भगवान की तरह मानती थी, वही समाज आज डॉक्टरों को कारोबारी मानने लगा है। यह समस्या किसी एक की वजह से नहीं है। यह समस्या पूरी दुनिया में मूल्यों पर आधारित समाज की जगह दौलत के पीछे भाग रहे समाज के बनने की वजह से हमारे सामने मौजूद है। मरीज और डॉक्टर का रिश्ता कारोबारी और खरीदार का रिश्ता बन गया है। जहाँ दवा करने के बुनियादी सिद्धान्त की जगह पैसे बनाने की सोच ने ले ली है। बड़े शहरों में कॉरपोरेट अस्पताल जो देश की बड़ी आबादी में सिर्फ पाँच फीसदी लोगों का इलाज करते हैं। ऐसे अस्पताल अपने निवेश के एवज मोटा फायदा चाहते हैं। कॉरपोरेट मैनेजरों ने कमान संभाल ली है और मानवीय पहलुओं की परवाह किये बिना वे सिर्फ अपना फायदा जोड़ रहे हैं। ऐसा होने पर कॉरपोरेट अस्पताल आम लोगों की पहुँच से बहुत दूर हो जाते हैं। सरकारी तन्त्र द्वारा बेहतर इलाज की सुविधा न दे पाने के चलते हालात और बद से बदतर हो गये हैं। इससे लोगों में असंतोष और अविश्वास बढ़ रहा है। ऐसी परिस्थिति में डॉक्टरों का हड़ताल करना कहाँ तक जायज है?

गला काट प्रतियोगिता

मेडिकल पेशे में गला काट प्रतियोगिता ने हालात को और मुश्किल बना दिया है। कामयाबी के लिए डाक्टर भी शॉर्टकट का इस्तेमाल करते हैं। ये एक ऐसी दुनिया में पले बढ़े होते हैं जहाँ 'निवेश' और 'फायदा' सबसे अहम बात होती है। यही नहीं डॉक्टर आर्थिक फायदे के लिए अंगों के कारोबार, जन्म से पहले बच्चे के लिंग निर्धारण के टेस्ट, फर्जी मेडिकल बिल और फर्जी मेडिको लीगल रिपोर्ट तैयार करने जैसे अपराध भी करने से नहीं चूक रहे हैं। जब डॉक्टर ऐसा करते हैं तो डॉक्टरों और अस्पताल की छवि खराब होती है। ऐसे कई डॉक्टर हैं जो अपने फायदे के लिए मरीजों को महँगी दवाएँ लिख रहे हैं। इन सब बातों के चलते डॉक्टर और जनता के बीच अविश्वास बढ़ गया है। उस पर जनता को परेशान करने वाली ये हड़तालें जनता के सब्र का बाँध तोड़ देती हैं।

सेवा की शपथ झूठी

सरकारी चिकित्सा केन्द्रों में प्रायः डॉक्टर्स या स्टाफ का व्यवहार तो बहुत ही रूखा होता है। डॉक्टर रोगी के लिए भगवान है अपनी शिक्षा पूर्ण करने के पश्चात् जो शपथ डाक्टर लेते है उसके अनुसार "कोई भी चिकित्सक किसी भी रोगी को न तो

अतिरिक्त औषधि देगा, न ही अनावश्यक टेस्ट आदि कराएगा। मरीज से कोई भी अतिरिक्त धन या उपहार आदि नहीं लेगा, डॉक्टर बच्चों को भी अनावश्यक इंजेक्शन आदि नहीं देंगें, कोई भी रिपोर्ट आदि अपने अनुसार प्रभावित नहीं करवाएंगे। किसी भी रोगी को अनुचित परामर्श आदि नहीं देंगे। इसी प्रकार समय–समय पर अपने चिकित्सकीय ज्ञान को अध्ययन तथा संगोष्ठी आदि में भाग लेकर अपडेट रखने की बात कही गयी है"। परन्तु यह शपथ तो एक औपचारिकता मात्र है, वही डाक्टर जो अस्पतालों में उपलब्ध नहीं, वेतन के रूप में मोटी धनराशि वसूल रहे हैं। मरीजों से एक बड़ी राशि सलाहकार के रूप में वसूल करते हैं। उनकी आपसी सेटिंग सहायक स्टाफ के साथ रहती है। शेष समस्त अवैधानिक कार्य होते हैं। ऐसा नहीं कि स्वास्थ्य सेवाओं के लिए धन की कमी रहती है, धन तो तुलनात्मक रूप से ठीक ही व्यय होता है, परन्तु भ्रष्टाचार की दीमक चटकर जाती है, उस धन का अधिकांश भाग अस्पतालों में आने वाली सरकारी दवाएँ बाजारों में बिक जाती हैं। यही वजह है कि डॉक्टरों की हड़तालें जनता को नाजायज लगती हैं।

एक आम आदमी को ईश्वर के बाद डॉक्टर का ही सहारा होता है। अब अगर यह पेशा भी सिर्फ पैसे की नजर हो गया तो आम आदमी का क्या होगा। डॉक्टर के फर्ज को देखते हुए यह उनको शोभा नहीं देता की वो अपनी माँगें मनवाने के लिए हड़ताल जैसा कदम नहीं उठायें। यह इनसानी जज्बे से सीधा खिलवाड़ है। एक डॉक्टर को समझना चाहिए कि उसके डॉक्टर बनने में उसकी मेहनत के साथ आम जनता की खून पसीने की कमाई भी लगी होती है और हड़ताल करके वह आम आदमी को मौत और जिन्दगी की कशमकश में छोड़कर जनता की उम्मीदों का खून नहीं कर सकता।

23

शिक्षा रोजगार परक हो या ज्ञान के लिए
(Is education for knowledge or employment?)

शिक्षा रोजगार परक हो

शिक्षा पर विस्तार से बात करने के लिए एक बुनियादी सवाल पर सबसे पहले विचार करना होगा कि सम्पूर्ण शिक्षा व्यवस्था का ध्येय व साध्य क्या है? हिंदी के मूर्धन्य कवि धूमिल ने लिखा है–

'सुनो! आज मैं तुम्हें वह सत्य बतलाता हूँ जिसके आगे हर सच्चाई छोटी है इस दुनिया में भूखे आदमी का सबसे बड़ा तर्क रोटी है।'

अब ऐसे में जबकि जीवन का सबसे बड़ा प्रश्न ही 'रोटी' अर्थात् 'रोजगार' है, तो क्या हम ऐसी शिक्षा व्यवस्था को श्रेष्ठ कह सकते हैं जो इस पहले मोर्चे पर ही असफल साबित हो जाये। निःसंदेह इसका जवाब 'न' में ही हो सकता है। इस आधार और कसौटी पर तौलें तो भारत की वर्तमान शिक्षा प्रणाली दूसरे दर्जे की सिद्ध होती है। इसी बात को दूसरे शब्दों में कुछ यूँ कहा जा सकता है कि डिग्रियों की चमक–दमक वाली यह शिक्षा प्रणाली एक ऐसी व्यवस्था है जो साल दर साल बेरोजगारों की लम्बी–चौड़ी फौज़ पैदा कर रही है। भारत में ऐसे लाखों नवयुवक मिल जायेंगे जो इस शिक्षा के कारण पैतृक काम करने में अक्षम हो चुके हैं और पास में कोई विशेष हुनर न होने की वजह से कहीं नौकरी के लिए भी तरस रहे हैं क्योंकि इस शिक्षा प्रणाली ने उन्हें यह सब सिखाया ही नहीं।

सिर्फ ज्ञान के लिए पढ़ने के दिन लद गये

शिक्षा पद्धति ऐसी होनी चाहिए जो विद्यार्थी को केवल यह न बताए कि अकबर के पिता का नाम क्या था बल्कि वह ये भी सिखाये कि मुर्गी के चूजों को बाजार में बेचकर कैसे आय अर्जित की जा सकती है। भारत को ऐसी शिक्षा पद्धति की आवश्यकता है जो विद्यार्थी को विभिन्न स्तरों के उत्तीर्णता प्रमाण पत्र व डिग्रियाँ देने के साथ–साथ ही कुछ विशेष तकनीकी और प्रबंधन कार्यकलापों में इस तरह दक्ष बनाये कि डिग्री स्तर एवं उसके आगे की उच्चतर शिक्षा अध्ययन के समय वे अपना समस्त खर्च स्वयं वहन कर सकें तथा कॅरिअर के दृष्टिकोण से स्थायी तौर पर अपने पैरों पर खड़े हो

सकें। हमारे पास इस मॉडल का एक बेहतरीन उदाहरण है।

सिर्फ ज्ञान के लिए पढ़ने के दिन लद गये, आज उस शिक्षा का बोलबाला है जिसका लक्ष्य जीविकोपार्जन है ज्ञान की जो नई विधाएँ आई हैं– सुचनाप्रौद्योगिकी, बायोकेमेस्ट्री, बायोटेक्नोलॉजी, बी.बी.ए., एम.बी.ए., बी.सी.ए., एम.सी.ए. आदि, उनसे लाखों को रोजगार मिल रहे हैं जिस विश्वविद्यालय शिक्षा को हम आज परम्परागत शिक्षा कहतें हैं, उसे अंग्रेजों ने रोजगारोन्मुखी शिक्षा कहकर ही प्रचारित किया था। लेकिन वह सबको रोजगार दिलाने में कामयाब नहीं रही।

समय की जरूरत व्यावसायिक शिक्षा

शीतयुद्ध की समाप्ति के बाद अमेरिका और यूरोप ने दुनिया से धन खींचने के लिए भूमंडलीकरण और बाजारवाद का कोलाहल पैदा किया। उन्होंने आनन–फानन में कई–कई परम्परागत विषयों के रीमिक्स तैयार कर नये–नये व्यवसायिक पाठ्यक्रम गढ़ लिए स उदाहरण के लिए एम०बी०ए० के ही पाठ्यक्रम को लें, इसमें वाणिज्य, अर्थशास्त्र, सांख्यिकी, मनोविज्ञान, कम्पनी लॉ, समाजशास्त्र आदि के संदर्भित ज्ञान समाहित हैं। ऐसे पाठ्यक्रम बाजार की जरुरत हैं, और रोजगार दिलाते हैं। परम्परागत शिक्षा के क्षेत्र में जो डिग्रियाँ बाँटी जा रही हैं, उनकी विश्वसनीयता एवं उपयोगिता घटी है, तभी तो इंटर, बैचलर या मास्टर डिग्रियाँ केन्द्र या राज्य सरकारों की विभिन्न प्रतियोगिता परीक्षाओं में सिर्फ बैठने के योग्य बनाती हैं, सीधे नौकरी दिलाने के योग्य नहीं। व्यावसायिक शिक्षा साक्षात्कार के आधार पर सीधे नौकरी में प्रवेश दिलाती है। परम्परागत शिक्षा में उम्र गवां चुके युवकों के लिए भी यह व्यावसायिक शिक्षा आशा की एक किरण है। जो लोग यह मानते हैं कि व्यावसायिक शिक्षा से परम्परागत शिक्षा के अस्तित्त्व को खतरा है, उन्हें जानना चाहिए कि परम्परागत शिक्षा चूँकि सैद्धान्तिक शिक्षा है इसलिए उसका महत्त्व कभी कम नहीं होगा, किन्तु–समय–समय पर उसकी उपयोगिता घटती–बढ़ती रहेगी। व्यावसायिक शिक्षा चूँकि समय की जरूरत के अनुरूप ही आकार लेगी, इसलिए वह हमेशा उपयोगी बनी रहेगी।

दक्षता पर आधारित शिक्षा एक परिकल्पना

कमाई और पढ़ाई के मूल सिद्धान्त पर आधारित शिक्षा या साक्षरता की बात करते समय हमें यह भी ध्यान में रखना होगा कि भारत में अर्थव्यवस्था को मोटे तौर पर दो श्रेणियों में बाँटकर देखा जा सकता है। शहरी व महानगरीय अर्थव्यवस्था एवं ग्रामीण व कस्बाइ अर्थव्यवस्था। चूँकि दोनों क्षेत्रों की माँगें व आवश्यकताएँ व्यापक तौर पर अलग–अलग हैं अतः इन आवश्यकताओं को ही आधार बनाकर दोनों क्षेत्रों के लिए कुछ अलग प्रकार की दक्षता आधारित शिक्षा व्यवस्था लागू करने की जरूरत है। ताकि ऐसी शिक्षा प्राप्त युवाओं को अपने क्षेत्र में ही अपनी मूल प्रकृति व वातावरण के अनुसार रोजगार की प्राप्ति हो सके। दूसरी ओर सरकार को यह भी ध्यान में रखना होगा कि निम्नवर्ग एवं निम्न मध्यमवर्ग के विद्यार्थियों के लिए दक्षता प्रशिक्षण आधारित शिक्षा को भी वर्तमान की ही तरह खर्च की दृष्टि से अनुकूल बनाये रखे।

दक्षता कार्यक्रमों, कक्षाओं एवं कार्यशालाओं में प्रशिक्षार्थी विद्यार्थियों द्वारा किया गया उत्पादन भी सरकार के लिए आय का एक अच्छा स्रोत हो सकता है। कार्यशालाओं में होने वाला उत्पादन या मरम्मत कार्य सरकारी खर्चों के ढ़ाँचों में काफी हद तक सकारात्मक परिवर्तन ला सकते हैं।

वर्तमान युग सूचना, तकनीक व प्रशिक्षण

मीडिया, पर्यटन, होटल, व्यापार, उद्योग, मार्केटिंग, प्रबंधन लगभग प्रत्येक क्षेत्र में अब जैसे–जैसे उच्च तकनीकों का समावेश होने लगा है वैसे–वैसे पारंपरिक डिग्री धारकों के लिए अब वहाँ के लिए अवसर समाप्त ही होते जा रहे हैं। लगभग एक दशक पहले तक यदि किसी युवा में समसामयिकी की गहरी समझ व भाषा तथा लेखन पर अच्छा अधिकार होता था, तो उसे कहीं न कहीं किसी अच्छे अखबार या पत्रिका में रोजगार के अवसर मिल ही जाते थे। किन्तु वर्तमान में मीडिया उच्च तकनीक पर आधारित हो गयी है। प्रेस व इलेक्ट्रॉनिक दोनों माध्यमों में कम्पयूटर, इंटरनेट से लेकर अत्याधुनिक उपकरणों तथा कैमरों व वीडियो कांफ्रेंसिंग इत्यादि की गहरी तकनीकी जानकारी इतनी अधिक वांछित हो गयी है कि कहीं न कहीं भाषा, समसामयिक बोध व लेखन पर अधिकार की मूलभूत प्रतिभाएँ भी गौण बनकर रह गयी है। दूसरे शब्दों में यह युग सूचना, तकनीक व विशेष दक्षता का युग है इसलिए पारंपरिक विषयों का अध्ययन ज्ञानवर्धक भले ही हो, लेकिन यथार्थरूप में वह रोजगार परक न हो पाने के कारण अब अधिक लाभदायक नहीं रह गया है।

परम्परागत और गैरपरम्परागत अध्ययन

शहरों व महानगरों में वैसे तो पहले से ही प्रशिक्षण आधारित शिक्षा का स्वरूप मौजूद है, लेकिन वह अभी व्यापक नहीं है। आईटीआई इसका एक अच्छा उदाहरण है। लेकिन आईटीआई प्रशिक्षण लेने वाले विद्यार्थियों के साथ भी एक समस्या यह हो जाती है कि पारंपरिक विषयों से उनका नाता टूट जाता है। फलतः पारंपरिक विषयों में उच्च शिक्षा हेतु आगे के लिए सभी द्वार बन्द हो जाते हैं। अब ऐसे में दो तरह की शिक्षा व्यवस्थाएँ उभर रही हैं। एक वह जो परम्परागत हैं और दूसरी वह जो परम्परागत अध्ययन से दूर विशुद्ध तकनीकी पर आधारित हैं। इस तरह रोजगार के लिए कठोर सीमाँकन पैदा हो जाता है जो नहीं होना चाहिए। हमें तो ऐसी शिक्षा व्यवस्था चाहिए जिसमें एक ओर तो विद्यार्थी स्कूल व स्नातक स्तर पर परम्परागत विषयों का अध्ययन भी करे और साथ–साथ एक या दो रोजगार क्षेत्रों का तकनीकी ज्ञान व प्रशिक्षण भी प्राप्त करता रहे। इस सह–शिक्षा व्यवस्था के शहरी व महानगरीय माडल में कुछ विशेष चीजों का समावेश किया जा सकता है। जैसे कम्प्यूटर में दक्षता आज प्रत्येक क्षेत्र के रोजगार में सबसे महत्त्वपूर्ण योग्यता बन चुका है, उसी प्रकार हिंदी, अंग्रेजी भाषाओं के साथ–साथ किसी विदेशी भाषा जर्मन, फ्रेंच, चीनी, जापानी आदि के भी ऐच्छिक प्रशिक्षण की शुरूआत भी की जा सकती है जो कॅरिअर की दृष्टि से महत्त्वपूर्ण साबित हो सकता है।

कम्प्यूटर, टेलीविजन, मोबाइल, फ्रिज जैसे इलेक्ट्रिकल व संचार उपकरणों की मरम्मत से लेकर विशिष्ट औद्योगिक इकाइयों के लिए बुनियादी अभियांत्रिक दक्षता को भी स्कूली व स्नातक स्तर के पाठ्यक्रम में एक स्थान दिया जा सकता है। हिंदी व अंग्रेजी भाषा–भाषी पाठ्यक्रमों को प्रेस व मीडिया प्रशिक्षण के घालमेल के साथ बहुपयोगी बनाया जा सकता है ताकि एक ओर तो विद्यार्थी भाषा का गहन अध्ययन करें और दूसरी ओर उस भाषा के रोजगारपरक तकनीकी पहलू में भी प्रशिक्षण प्राप्त करें। होटल व पर्यटन जैसे अन्य क्षेत्रों से जुड़ा बुनियादी तकनीकी प्रशिक्षण भी विद्यार्थियों के लिए लाभदायक सिद्ध हो सकता है। इसी तरह विस्तृत अध्ययन व शोध के पश्चात् ऐसे कई अन्य क्षेत्रों से जुड़े तकनीकी प्रशिक्षण को भी स्कूली व विश्वविद्यालय अध्ययन का एक भाग बनाया जा सकता है।

शिक्षा ज्ञान के लिए

कई लोगों के लिए, शिक्षा सीखने की प्रक्रिया है, अन्य व्यक्तियों के लिए शिक्षा मुक्तिदायक है, जबकि अनेक लोग शिक्षा को जीवन के सफर की तरह मानते हैं, और अर्थशास्त्री शिक्षा को मनुष्य रूपी सम्पत्ति में निवेश की तरह मानते हैं।

शिक्षा मानव के सर्वांगीण विकास के लिए एक मौलिक एवं मूलभूत निर्माण खंड के रूप में सर्वमान्य है और गरीबी कम करने के लिए शिक्षा एक सशक्त औजार है। शिक्षा 'मिलेनियम डेवेलपमेंट गोल्स' को प्राप्त करने के लिए एक कुंजी तो है ही साथ ही साथ यह व्यक्तिगत एवं सामाजिक विकास के लिए भी एक सशक्त प्रणेता है, फिर भले ही बात स्वास्थ्य में सुधार की हो, लिंग भेद को दूर करने की हो, समाज में शांति स्थापित करने की हो या फिर स्थायित्व की हो।

भारत में शिक्षा का इतिहास

भारत की प्राचीन शिक्षा पद्धति सम्पूर्ण शिक्षा पद्धति थी और सम्पूर्ण विश्व की वर्तमान शिक्षा पद्धतियों से एकदम भिन्न थी। प्राचीन भारतीय विद्यालय गुरुकुल कहलाते थे। ये गुरुकुल पारम्परिक आवासीय विद्यालय हुआ करते थे जो कि गुरु (शिक्षक) के आश्रम (घर) से चलाये जाते थे। सभी विद्यार्थी वहाँ शिक्षा प्राप्त करने के लिए 25 वर्ष की आयु तक रहते थे। विद्यार्थियों को शिष्य कहा जाता था. सभी शिष्य गुरु के आश्रम में एक समान स्तर के माने जाते थे, उनमें सामाजिक स्तर (राजा और सामान्य व्यक्ति का पुत्र एक समान होकर एक साथ रहते थे), जाति और रंग आदि के आधार पर कोई भेद नहीं होता था। गुरु, महान भारतीय ऋषि और संत हुआ करते थे, जिनको बहुत ही पवित्र व्यक्ति माना जाता था, और आश्रम व्यवस्था और गुरु–शिष्य परम्परा बहुत ही दिव्य परम्पराएँ मानी जाती थीं।

इस शिक्षा पद्धति का लक्ष्य शिष्यों के मन को संस्कृत (शुद्ध) करना था. गुरुकुल शिक्षा पद्धति का ध्यान शिष्य के सर्वांगीण विकास पर होता था। इन गुरुकुलों में गुरु के

द्वारा आध्यात्मिक शिक्षा, ध्यान, योग, संस्कृति, सदाचार, इतिहास, वैदिक गणित, ज्योतिष आदि विभिन्न प्रकार के विज्ञान एवं कलाओं, अनेक खेलों, साहित्य, दर्शन, चिकित्सा विज्ञान और युद्ध कलाओं की शिक्षा मुख्य रूप से दी जाती थी। यह गुरुकुल शिक्षा पद्धति विश्व की सबसे पुरानी और सबसे अधिक प्रभावशाली शिक्षा पद्धति मानी जाती है।

मूलभूत शैक्षिक मूल्यों की अपेक्षा से दूर होती शिक्षा

आज की शिक्षा हमें बौद्धिक और सूचना–संपन्न भले ही बना रही हो परन्तु यह भी सच है कि हमने संवेदना की कीमत पर बुद्धि का विकास किया है। शिक्षा देने का काम शिक्षक का है और एक सच्चे शिक्षक के लिए अध्यापन तकनीक नहीं, वह उसकी जीवनपद्धति है। क्या हमने कभी उन कारणों को तलाशने की कोशिश की है जिनके कारण शिक्षा मूलभूत शैक्षिक मूल्यों की अपेक्षा से दूर होती जा रही है? निश्चित रूप से हमने बहुत सी पुस्तकें पढ़ी हैं, उन सूचनाओं को याद भी कर लिया है, परीक्षाएं भी पास कर ली हैं, हमारे पास बहुत सारी उपाधियाँ भी हैं और इन उपाधियों ने हमें जीविका के साधन भी उपलब्ध करा दिये हैं। इसका अर्थ है यदि शिक्षा रोजगार के लिए थी, तो हम निश्चित रूप से सफल हुए हैं। पर यह भी उतना ही सच है कि आज हम मशीन बन गये हैं, मनुष्यता दूर कहीं बहुत पीछे छूट गयी है। हमारी संवेदना दिन–प्रतिदिन मरती जा रही है। हमारे पास भौतिक समृद्धि तो अपार है पर हमारी संस्कृति, हमारे मूल्य, आपसी सम्बन्ध, हमारी जड़ें खोखली होती जा रही हैं और आज का सबसे बड़ा यक्ष प्रश्न यही है।

व्यवहारकुशल शिक्षा

अन्तर्राष्ट्रीय शिक्षा आयोग जिसके अध्यक्ष जाक डेलर्स थे, ने अपनी रिपोर्ट ज्ञान का खजाना में स्पष्ट रूप से संकेत दिया है कि जीवन भर चलने वाली शिक्षा मुख्य रूप से चार स्तंभों पर टिकी होती है– 1. जानने के लिए ज्ञान 2. करने के लिए ज्ञान 3. साथ रहने के लिए ज्ञान और 4. होने (अस्तित्त्व) के लिए ज्ञान।

शिक्षा का उद्देश्य निश्चित ही रोजगार सृजन है पर शिक्षा हमें बेहतर मनुष्य भी बनाये जिसमें मानवीय गुण हों तथा विश्व को बेहतर ढ़ंग से रहने वाली जगह बनाये। यदि ह्दय सच्चा है तो चरित्र होगा। चरित्र के साथ घर में शान्ति होगी। उससे राष्ट्र और विश्व प्रभावित होगा। शिक्षा चरित्र निर्माण का मूल आधार है। यह जीवन को सफल और सुंदर बनाती है। इसका उद्देश्य मात्र साक्षरता नहीं, बल्कि सद्‌गुणों को सीखना है। लोक मंगल की भावना करने वाला संस्कार जब दक्षता की सीमा तक उद्‌बुद्ध होता है तो वह विद्या की कोटि में आता है। शिक्षा साधन है, विद्या साध्य और साक्षरता उपकरण। शिक्षा संस्कृति बनाती है तो विद्या विनयाधान करती है।क्या यह चीज देश के हर गाँव में नहीं हो सकती?

हाँ हो सकती है, अगर शिक्षा में व्यापक पैमाने पर बदलाव किया जाये तो।

संस्कारवान शिक्षा

शिक्षा का उद्देश्य मात्र जीविका की शिक्षा नहीं, जीवन की शिक्षा होनी चाहिए। आज मात्र जीविका की शिक्षा प्राप्त करने वाले शिक्षार्थी शिक्षकों के प्रति वांछित आदर–मान भी नहीं रखते। समाज में इसके कारण ही कई प्रकार की विसंगतियाँ दिखती हैं। जब शिक्षा सिर्फ पैसा कमाने का धंधा बन कर रह जाये तो शिक्षा देने वालों की सोच कैसे स्थिर रह सकती है? एक समय वो था कि जब इक्का–दुक्का लोग ही बड़ी मेहनत से इंजीनियर बनते थे और उन्हें बड़ी अच्छी और शान–शौकत वाली नौकरी मिलती थी।लेकिन अब तो आलम ये है कि हर साल पूरी खेप तैयार हो रही है दर–दर की ठोकरें खाने के लिए।

24

क्या परीक्षा प्रतिभा का सही मूल्यांकन है?
(Is Examination is true valuation of merit?)

परीक्षा प्रतिभा का सही मूल्यांकन है

शिक्षा में गुणात्मक सुधार के लिये परीक्षा का महत्त्व बहुत होता है। आन्तरिक परीक्षा के माध्यम से विद्यार्थियों के ज्ञान एवं व्यक्तित्व में विकास होता है। यदि हम कल्पना करें कि विद्यालय में कोई परीक्षा न हो, सबको उत्तीर्ण कर दिया जाये, सबको अपने योग्य नौकरी चुनने का अधिकार हो, कोई प्रतियोगिता नहीं, सब अपना जीवन जियें, अपनी रुचि के अनुसार, आनन्द में तो बहुत लोग यह बात पचा नहीं पायेंगे। कह सकते हैं कि यदि प्रतियोगिता नहीं रहेगी तो बहुत से विद्यार्थी पढ़ेगे नहीं, विज्ञान, साहित्य, तकनीकी आदि विकसित ही नहीं होंगी, हम असभ्य के असभ्य रह जायेंगे।

परीक्षा के दो फायदे

हम सब जानते हैं कि परीक्षा में बैठने से दो फायदे होते हैं, हमें अपनी उपलब्धि का पता चलता है और समान अवसर की कीमत पता चलती है। छात्रों में उच्च शिक्षा हासिल करने की भूख पैदा करने और जो कामयाब हों, उन्हें बढ़ावा देकर परीक्षा उपलब्धि का महत्त्व बताने में मदद करती है। क्लास रूम में बच्चों को उसी स्थिति में लाकर और उन्हें समान स्तर पर प्रतियोगिता कराने से उन्हें अवसरों की समानता की कीमत पता चलती है और उन्हें भारतीय संविधान में निहित समानता के अवसर के प्रावधान के अनुकूल मौका मिलता है।

चूँकि तेजी से भागते औद्योगिक समाज में एक उच्च इच्छाशक्ति वाली, उपलब्धि हासिल करने वाली वर्कफोर्स चाहिए होती है, इसलिए ऐसे छात्र तैयार करने होते हैं, जो अन्तर्राष्ट्रीय स्तर पर दूसरे छात्रों से प्रतियोगिता कर सकें।

व्यक्ति की भूमिका के लिए चयन का महत्त्वपूर्ण माध्यम

स्कूल में हमें छात्रों को विजेता और कम स्तर वाले के बीच के अन्तर को समझाना होगा। परीक्षा प्रणाली को इस नजरिये से देखने के लिए प्रेरित करना होगा कि वह एकदम स्पष्ट और निरपेक्ष है और उसे यह भी समझाना होगा कि यह ऐसी स्थिति उत्पन्न करती है, जहाँ सब समान स्तर पर रहकर प्रतियोगिता करते हैं। यह भी कि

परीक्षा समाज के भविष्य में किसी व्यक्ति की भूमिका के लिए चयन का महत्त्वपूर्ण माध्यम है। अभिभावकों को भी यह समझना होगा कि स्कूल परीक्षा के माध्यम से बच्चों की दक्षता और क्षमता का इस तरह से मूल्याकंन करते हैं, जिससे पता चलता है कि वे किस काम के लिए बेहतर साबित हो सकते हैं। यह क्षमता को साबित करने का मंच बनता है और यही लोगों की सबसे बेहतर सलेक्शन एजेंसी भी बन जाती है।

जीवन की समृद्धि एवं विकास के लिये परीक्षा आवश्यक

प्रायः यह देखा जाता है कि परीक्षा का नाम सुनते ही छात्रों को हताशा घेर लेती है। परीक्षा की वास्तविकता स्वीकार न करना ही इसका मुख्य कारण है। जिसे परीक्षा का भूत या बुखार का नाम दिया गया है। जैसे कि हम जीवन में वर्षा, ठण्ड, गर्मी, बाढ़, सूर्य के ताप को सहन करते हैं। इसी तरह परीक्षा में सफल होने के लिए सर्वप्रथम हमें इसे स्वीकार करना चाहिए। जीवन की समृद्धि एवं विकास के लिए परीक्षा एक आवश्यक उपकरण है। अतः जैसे ही हमने जीवन में परीक्षा की अनिवार्यता को स्वीकार किया वैसे ही हमारी सफलता दोनों क्षेत्रों अर्थात् स्कूल तथा जीवन में सुनिश्चित हो जाती है। एक्जामिनेशन फीवर स्वयं द्वारा निर्मित एक कोरी कल्पना मात्र है। जैसे ही हम परीक्षा के विषय में गम्भीर होते हैं वैसे ही हमारी उदासीनता के बादल छट जाते हैं। असफलता का डर मन से हटाते ही हमारे अन्दर की असीम शक्ति और उत्साह का संचार शुरू हो जाता है।

परीक्षा प्रतिभा का सही मूल्यांकन नहीं है

क्या किसी बच्चे की योग्यता, क्षमता और बुद्धिमता का आकलन महज अंकों का प्रतिशत है? वह भी उस परीक्षा प्रणाली में, जिसकी स्वयं की योग्यता संदेहों से घिरी हो? यह सरासर नकारात्मक सोच है, जिसके चलते बच्चों में आत्महत्या, पर्चे बेचने–खरीदने की प्रवृत्ति, नकल व झूठ का सहारा लेना जैसी बुरी आदतें विकसित हो रही हैं। शिक्षा का मुख्य उद्देश्य इस नंबर–दौड़ में गुम होकर रह गया है। सवाल यह है कि शिक्षा का उद्देश्य क्या है– परीक्षा में स्वयं को श्रेष्ठ सिद्ध करना, विषयों की व्यावहारिक जानकारी देना या फिर एक अदद नौकरी पाने की कवायद?ऐसे में नारों से दमकती शिक्षा नीति ऐसी 'परीक्षा–प्रणाली' से सफल की नहीं, असफल लोगों की जमात तैयार कर रही है।

यांत्रिकता से नहीं होता मूल्यांकन

प्रतिस्पर्धा का अपना एक गणित है। जिसमें सफलता और असफलता उसके आवश्यक पहलू होते हैं, और अवसर तथा भाग्य उसके प्रमुख कारक। परिश्रम और प्रतिभा– के स्पस्टीकरण के लिए भी प्रतिस्पर्धा में निश्चित मानक होते हैं। इन मानकों के बाहर का परिणाम या प्रतिभा किसी भी स्पर्धा के लिए महत्त्वहीन होती है। परीक्षाएं भी प्रतिस्पर्धा के इन गुणों से लबरेज होती हैं। विश्वविद्यालयों की परीक्षाओं को लें

तो वहाँ प्रश्नपत्रों के निर्माण से लेकर उत्तर–पुस्तिकाओं की जाँच तक का काम एक ऐसी यांत्रिक प्रक्रिया में कसा–बंधा है कि जिसे ढ़र्रा कह देने का मन करता है। यह यांत्रिकता विद्यार्थी के उचित एवं न्यायपूर्ण मूल्यांकन अथवा प्रोत्साहन के प्रति कितनी सजग और संवेदनशील है? यह प्रश्न विविध स्तरों पर व्यवस्था की पोल खोलता है, और उत्तर की खोज नये प्रश्न उत्पन्न करती है।

कम समय में ज्यादा ज्ञान हजम नहीं होता

हमारी 70% बौद्धिक क्षमता समाज से प्राप्त अनौपचारिक शिक्षा से विकसित होती है, शेष 30% औपचारिक शिक्षा में भी दो तिहाई क्षमता हमारी जिज्ञासा से आती है। मात्र 10% क्षमता नियमित अध्यापन से आती है। इसी 10% को विकसित करने के लिये हमारी शिक्षा पद्धति कटिबद्ध है। पूरी पठनीय सामग्री को एक वर्षीय 10–12 पाठ्यक्रमों में बाँटना, हर वर्ष परीक्षा, सभी विषयों का प्रारम्भिक ज्ञान, हर बार कुछ और नया। जितना पढ़ना पड़ता है उसका केवल 10% ही स्मृति में रह पाता है, स्मृति में उपस्थित आधा ज्ञान ही किसी काम का होता है। कुल मिला कर जितना ज्ञान आवश्यक है उसका 20 गुना हमें औपचारिक शिक्षा के माध्यम से हजम करना पड़ता है। हर पीढ़ी में यह मात्रा बढ़ती जाती है, क्योंकि हर विषय के पुरोधा अपने विषय के प्रति छात्रों को आकर्षित करने के लिये विषय से सम्बन्धित तकनीकी और विशिष्ट ज्ञान पाठ्यक्रम में ठूँस देना चाहते हैं। इसलिए गणित के जो सवाल हम कक्षा 12 में हल करते थे, उसे आज कक्षा 9 में देखकर हमारे होश उड़ जाते हैं। आने वाले समय में आवश्यक औपचारिक ज्ञान से 30 ज्यादा बच्चों को याद करना पड़े तब अपने बच्चों को सुपरमैन की उपाधि देना आपके लिये अधिक सरल होगा।

मूल्यांकन की प्रक्रिया संदिग्ध

वर्ष में 365 दिन होते हैं, विश्वविद्यालयों में 180 दिन पढ़ाई की माँग आये दिन होती है। पढ़ाई के दिन सैकड़े के आँकड़े को मुश्किल से छू पाते हैं। मगर ये पढ़ाई के दिन भी महत्त्वपूर्ण नहीं बन पाते हैं। छात्र कक्षाओं में नहीं जाते हैं और शिक्षक कक्षाओं में नहीं आते हैं– जैसी शिकायतें अब सामान्य होती जा रही हैं। इसलिए, महत्त्वपूर्ण हो जाता हैं वे चार या पाँच सप्ताह जिनमें परीक्षाओं की तिथियाँ होती हैं और धीरे–धीरे वे पाँच या सात दिन महत्त्वपूर्ण हो जाते हैं जिनमें परीक्षाएँ होती हैं। फिर महत्त्वपूर्ण हो जाते हैं सिर्फ वे पाँच प्रश्न जिनके हल करने से अधिकतम अंक मिल जाते हैं। इन प्रश्नों को हल करने के सारे रास्ते बाजार ने आसान कर दिये हैं– चैम्पियन, गाइड, गेस पेपर्स, सिलेक्टिव क्वेश्चन्स इत्यादि।

नवजीवन के लिए सही नहीं परीक्षा

स्थिति यह है कि कक्षा 10 की पहली बोर्ड परीक्षा में 15–16 साल के करोड़ों बच्चे असफल घोषित किये जाते हैं (बोर्ड की परीक्षा के परिणाम सारे देश में लगभग 50 प्रतिशत ही होते हैं) और वे जीवन भर इस अपमानजनक स्थिति का बोझ ढ़ोते रहते

हैं। यही स्थिति तृतीय श्रेणी या उससे भी कम अंक पाने वाले बच्चों की होती है। बड़े–बड़े शहरों में तो 80–90 प्रतिशत अंक लाने वाले बच्चे भी अपमानित होते हैं, क्योंकि अच्छे स्कूलों में दाखिला मिलने के लिए इतने अंक भी पर्याप्त नहीं ठहरते हैं। नवजीवन के साथ यह व्यवहार अमानवीय और अन्यायपूर्ण है। सच यह है कि विद्यार्थी परीक्षार्थी बनता जा रहा है।

जरुरी है बदलाव के विकल्प ढूँढना

वास्तव में पूरी शिक्षा–प्रणाली परीक्षा–केन्द्रित हो गयी है और परीक्षा 'वमन क्रिया' जैसी रटने पर आधारित परिपाटी बनती जा रही है। ऐसे में जवाहर लाल नेहरु विश्वविद्यालय और इंदिरा गांधी राष्ट्रीय मुक्त विश्वविद्यालय में इस प्रणाली से कुछ भिन्न और उदार, शायद थोड़े व्यवहारिक प्रयोग भी मौजूद हैं, जो सुधार का आह्वान करते हैं। शिक्षक–मूल्यांकन का सवाल भी इन दिनों बड़ी शिद्धत से उभरा है। शिक्षा को सीखने पर आधारित बनाने और सिखाने पर जोर कम करने की बात भी एक आशापूर्ण आलोक है। प्रख्यात चिंतक एवं साहित्यकार रोमाँ रोला ने कहा था कि "सत्य उनके लिए है, जिनमें उसे सह लेने की शक्ति है।" शिक्षा–जगत को इस शक्ति का सृजन करना होगा तथा शिक्षा और परीक्षा के संदर्भ से शुरू कर शिक्षा के व्यापक परिवर्तन के लिए तैयार होना होगा।

परीक्षा–प्रणाली में बदलाव या उसके विकल्प तलाशने के मुद्दे का समाज–शास्त्रीय पहलू भी है। किसी भी समाज में किसी भी वर्ग के लिए असहजता आरोपित करने वाले आयोजन उसे दुर्बल एवं असमर्थ बनाते हैं। स्वतः ही इस प्रकार के आरोप झेलने वाला समाज या उसका विशेष–वर्ग जाने–अनजाने कुंठा या कमजोरी का शिकार हो जाता है। उसका सर्वांगीण नैसर्गिक विकास बाधित होता है। परीक्षाओं का 'आपातकाल' सामाजिक रूप से हमारे आत्मविश्वास, आत्मबल को आशंकाग्रस्त एवं भय के वातावरण की ओर ले जाता है। छात्र और अभिभावक दोनों इस यंत्रणा को समान रूप से झेलते हुए शारीरिक और मानसिक अस्वस्थता का अनुभव करते हैं। किसी भी सभ्य समाज के लिए अस्वस्थता का वार्षिक आयोजन कोई अच्छा लक्षण नहीं है।

25

क्या इच्छा मृत्यु को मान्यता मिलनी चाहिए?

(Should mercy killing be legally valid?)

इच्छा मृत्यु को कानूनी मान्यता मिलनी चाहिए

जिंदगी बेहद खूबसूरत चीज है और हर इनसान एक सार्थक और खुशी से भरपूर जिंदगी जीना चाहता है। पर अगर जिंदगी दर्द, लाचारी और दूसरों पर निर्भर हो जाये तो जिंदा रहने का या ना रहने का अधिकार उस व्यक्ति को जरूर मिलना चाहिए जिसकी ये जिंदगी है। इनसान की इसी इच्छा का नाम है इच्छा मृत्यु....

क्या है इच्छा मृत्यु

इच्छा मृत्यु का दूसरा नाम है यूथेनेशिया जो कि एक ग्रीक शब्द है जिसका अर्थ है 'गुड डेथ' यानि कि अच्छी मौत। यह जिंदगी को खत्म करने का एक ऐसा तरीका है जिसके पीछे पीड़ित को तकलीफ और परेशानी से मुक्ति दिलाने की मंशा होती है। यूथेनेशिया दो प्रकार का होता है– ऐच्छिक और अनेच्छिक। हालाँकि इन दोनों प्रकार के पीछे मंशा एक ही होती है पर अनैच्छिक को अपराध की श्रेणी में रखा गया है वहीं ऐच्छिक को नहीं। ऐच्छिक में मरीज की मर्जी शामिल होती है जबकि अनैच्छिक मरीज की मर्जी के खिलाफ होता है। इसी श्रेणी में एक और प्रकार है जिसमें मरीज की इच्छा प्राप्त नहीं होती। मतलब यदि मरीज इस हालत में नहीं कि अपनी मर्जी बता सके या खासतौर पर बच्चे।

इसी तरह इच्छा मृत्यु को दो और कैटेगरी में बाँटा गया है– एक्टिव (सक्रिय) और पैसिव (निष्क्रिय)। एक्टिव यूथेनेशिया में मरीज को ऐसे ड्रग्स और चीजें दी जाती हैं जिनसे मानव जीवन खत्म किया जाता है। जबकि पैसिव में जीवन बचाने वाले एंटीबायोटिक्स और इलाज को बन्द कर दिया जाता है हालाँकि अदालत ने एक्टिव यूथेनेसिया और पैसिव यूथेनेसिया दोनों ही तरीकों को गैरकानूनी माना है।

कानून क्या कहता है

लॉ कमीशन ऑफ इंडिया ने भी 2008 में अपनी रिपोर्ट में इच्छामृत्यु के पक्ष में अपनी राय जाहिर की थी। रिपोर्ट ने संविधान में प्रदत्त जीवित रहने के अधिकार की व्याख्या

करते हुए कहा कि किसी भी व्यक्ति की प्राकृतिक मौत तक उसे सम्मानपूर्वक जीने का अधिकार है। इसकी व्याख्या करते हुए लॉ कमीशन ने सम्मानपूर्वक जीने के अधिकार में सम्मानपूर्वक मरने के अधिकार को भी शामिल माना। लेकिन उस रिपोर्ट में यह बात साफ की गयी थी कि इस अधिकार में अप्राकृतिक मौत कतई नहीं है। इसमें साफ तौर पर यह व्याख्यायित किया गया कि अगर कोई व्यक्ति बेहद बीमार है और उसके जीने की उम्मीद बिल्कुल क्षीण हो चुकी है, लेकिन मरने के पहले वो असहनीय तकलीफ और दर्द से गुजर रहा है तो उसे इससे मुक्ति के लिए मौत की प्रक्रिया को तेज करने की इजाजत दी जा सकती है क्योंकि यह प्रक्रिया किसी की जान लेना नहीं है बल्कि सिर्फ सम्मानपूर्वक मरने की प्रक्रिया का एक हिस्साभर है।

कुछ देशों ने इच्छा मृत्यु को मान्यता दी

किसी भी बहस में पड़ने से पहले देखते हैं कि वैश्विक परिदृश्य में इसके क्या मायने और इतिहास है। पश्चिमी देशों में इच्छा मृत्यु की अवधारणा को रातों रात नहीं उठाया गया था। एक चौंकाने वाले सर्वेक्षण में लगभग उन्नीस प्रतिशत डॉक्टरों ने इस बात को स्वीकार किया कि अपने चिकित्सकीय पेशे में उन्होंने कम से कम एक बार, मरीज के घरवालों के कहने पर उस मरीज के इलाज में ढ़ील बरती और मरीज को धीरे–धीरे मर जाने दिया। अभी तक विश्व में कुछ ही देशों में इच्छा मृत्यु, जो कि मरीज की मर्जी से हो, को लीगल किया गया है, इनमें–बेल्जियम, लग्जमबर्ग, नीदरलैंड, स्विटजरलैंड यूएस, ऑस्ट्रेलिया, अल्बानिया, जर्मनी, आदि शामिल हैं। आज भी इच्छा मृत्यु के खिलाफ और समर्थन में कई देशों में बहस जारी है क्योंकि कई बार इसका गलत उपयोग भी किया जा चुका है वहीं यह बात भी ध्यान देने वाली है कि इससे कई लोगों का भला भी किया गया है। 1939 में हिटलर ने उन बच्चों को जो कि बीमार हैं या शारीरिक रूप से असक्षम हैं इच्छा मृत्यु द्वारा मारने का आदेश दिया था। तर्क ये था कि जब यही बच्चे बड़े होंगे तो उनका जीवन तो वैसे ही दूभर हो जायेगा साथ ही वो किसी काम के भी नहीं होंगे। पर ऐसे केस भी दुनिया में हुए हैं जब ऐसे फैसले बिना किसी जाँच और मेडिकल रिकॉर्ड के बिना किये गये। जीवन के अधिकार के साथ साथ मरने का अधिकार भी होना चाहिए, यह अभी भी बहस का मुद्दा है।

भारत में इच्छा मृत्यु

इच्छा मृत्यु की ख्वाहिश महज कानूनी मसला नहीं है, बल्कि सामाजिक और भावनात्मक मुद्दा भी है। इसलिए इसके पक्ष में तर्क दिये जाते हैं कि जब जीने का हक हमारा है तो मरने का क्यों नहीं। हमारे देश में तो इच्छा मृत्यु का इतिहास भी रहा है, भीष्म पितामह का तीरों की शैय्या पर लेटना, राम–लक्ष्मण का सरयू नदी में जलसमाधि लेना, स्वामी विवेकानंद का योगसमाधि लेना, सभी इच्छा मृत्यु के उदाहरण है। विनोबा भावे ने भी अन्तिम दिनों में अन्न–जल त्याग कर इच्छा मृत्यु का वरण किया। जैन समुदाय की संथारा प्रथा भी इसी का रूप है लेकिन आज इच्छा मृत्यु धर्म में यथावत

रहते हुए भी कानूनन अवैध है, ऐसा क्यों? वो इसलिए भी क्योंकि जीवन और इच्छाओं से ऊपर उठकर मृत्यु की कामना करना और जीवन के दर्द से भागकर मृत्यु की चाह दोनों अलग–अलग चीज है। जाहिर सी बात है, इस माँग को उठाने के लिए पहली जरूरत है अपने परिजन के सामने अपनी ख्वाहिश रखना, मौत की ख्वाहिश रखना और उनकी यह माँग पूरी नहीं की जाती, क्योंकि परिवार हर हाल में उस बहुत अपने को अपने पास रखने की कोशिश में जुटा रहता है, बस इस उम्मीद में कि शायद उसकी जिंदगी अभी चहकने लगेगी।

इच्छा मृत्यु, दया मृत्यु जैसी परम्परा को भली–भाँति समझना

यहाँ यदि, भारतीय समाज की बात की जाये तो अभी जनमानस को ठीक से दया मृत्यु और इच्छा मृत्यु का फ़र्क भी नहीं पता, दरअसल जो याचिका खुद पीड़ित की तरफ से दाखिल की जाती है वह इच्छा मृत्यु की श्रेणी में आती है जबकि पीड़ित का कोई अपना जब उसकी तरफ से मौत के लिए याचना करता है तो वो दया मृत्यु याचिका कहलाती है। यहाँ सवाल यही है कि वो जो हर हाल में जीवन के नाम पर घिसटने, तड़पने, को बेबस और लाचार है वो सिर्फ इस वजह से शारीरिक मानसिक यातना झेलता रहे क्योंकि शायद कई बार तो उसे ये भी एहसास नहीं है कि मौत उसे इस पीड़ा से मुक्ति दिला सकती है। इस तकलीफ के दो पक्ष हैं– पहला शारीरिक और दूसरा भावनात्मक। शारीरिक तकलीफ कितनी है, यह मरीज खुद या उसका डॉक्टर जान सकता है लेकिन भावनात्मक तकलीफ उलझा हुआ विषय है क्योंकि मरीज की भावनात्मक तकलीफ की वजह उसका परिवार या समाज भी हो सकता है, जो उसे बोझ मान रहे हों या खुद मरीज को यह अहसास हो रहा हो कि वह इन पर बोझ बना हुआ है।

इच्छा मृत्यु भगवान का विरोध नहीं

कुछ लोग इसका विरोध यह कहकर करते हैं कि ऐसा करना भगवान के काम में दखल देना होगा। जबकि इस तर्क से इत्तफाक इसलिए नहीं रखा जा सकता, क्योंकि इनसान पहले ही भगवान के बनाये सिस्टम में दखल दे रहे हैं। अजन्मे बच्चे का लिंग जाँचना, टेस्ट ट्यूब बेबी, सरोगेट मदर, जिनेटिक फूड आदि तमाम चीजें ऐसी ही हैं, जो इनसानों ने खुद ईजाद कीं। इस तरह, कुदरत या ईश्वर की सत्ता के साथ खिलवाड़ मनुष्य पहले ही कर रहा है। यहाँ तक कि दवायें भी ईश्वर की सत्ता में दखल है क्योंकि अगर भगवान चाहता है कि हम सात दिन बीमार रहें तो हम क्यों नहीं रहते?

जबकि मरीज का परिवार भी उससे तंग आकर उससे छुटकारा चाहता है, किन्तु लोकनिंदा, अपराधबोध और कथित ईश्वर के भय से मजबूरी में उसे बर्दाश्त करता है। ऐसे बिलकुल लाइलाज व बेहद तकलीफदेह जिंदगी जीते रोगी को नशीली दवा या नींद की गोली का बड़ा डोज देकर कष्टरहित मौत प्रदान करना व उसे उसके नारकीय जीवन से छुटकारा दिलाना उस पर व उसके परिवार पर बड़ा उपकार करना ही होगा–इसमें कोई पाप नहीं है–बल्कि एक महामानवीय पुण्य कार्य होगा।

इच्छा मृत्यु को कानूनी मान्यता नहीं मिलनी होनी चाहिए

भारत में इच्छा मृत्यु को अनुमति प्रदान करने से पूर्व इससे जुड़े दूसरे कई पहलुओं पर भी ध्यान देना जरुरी है। यहाँ इस कानून के दुरुपयोग की आशंका बहुत ज्यादा है। स्त्रियों और बालिकाओं के लिए तो इससे एक नया खतरा पैदा हो सकता है। कारण यह है कि यहाँ पहले से ही कन्या भ्रूण हत्या, दहेज–उत्पीड़न व हत्या के अनगिनत मामले चलते रहे हैं। मानसिक अस्पतालों में भी ऐसे कई मामले आते हैं, जहाँ लोग मानसिक तौर पर अस्वस्थ, अनचाहे परिजनों या रिश्तेदारों को भर्ती करवाकर खुद गायब हो जाते हैं। इसके अलावा धार्मिक स्थलों पर फटेहाल बुजुर्गों या विधवाओं की भरमार दिखती है। ऐसी हालत में इच्छा मृत्यु को मंजूरी देने से इसके गलत इस्तेमाल की आशंका से इनकार नहीं किया जा सकता।

क्या कहता है भारतीय कानून

भारत में इच्छा मृत्यु और दया मृत्यु दोनों ही अवैधानिक कृत्य हैं क्योंकि मृत्यु का प्रयास, जो इच्छा के कार्यान्वयन के बाद ही होगा, वह भारतीय दण्ड विधान (आईपीसी) की धारा 309 के अन्तर्गत आत्महत्या का अपराध है। इसी प्रकार दया मृत्यु, जो भले ही मानवीय भावना से प्रेरित हो एवं पीड़ित व्यक्ति की असहनीय पीड़ा को कम करने के लिए माँगी जानी हो, वह भी भारतीय दण्ड विधान (आईपीसी) की धारा 304 के अन्तर्गत सदोष हत्या का अपराध माना जाता है। इस मामले में सबसे अहम जजमेंट ज्ञान कौर बनाम यूनियन ऑफ इंडिया का जजमेंट है। सुप्रीम कोर्ट की पाँच सदस्यीय संविधान पीठ ने इस मामले में फैसला सुनाते हुए कहा था– संविधान की धारा इक्कीस में जीवित रहने के अधिकार में मौत का अधिकार समाहित नहीं है। ठीक उसी तरह सम्मानपूर्वक जीवित रहने का अधिकार सम्मानपूर्वक मरने का अधिकार नहीं देता। पाँच जजों की पीठ ने इस मामले में फैसला सुनाते हुए यह भी कहा था कि किसी को भी इस तरह की मौत देने के लिए एक कानून की जरूरत है, जो कि ऐसे मामलों पर ना केवल नियंत्रण रखे बल्कि उस पर नजर भी रखे। जाहिर है फैसला सुनाते समय जजों के दिमाग में इसके गलत इस्तेमाल पर रोक लगाने की बात रही होगी। सुप्रीम कोर्ट के इस फैसले के बाद यह बात पूरी तरह साफ हो गयी थी कि अगर कोई भी व्यक्ति या परिवार अपने किसी रिश्तेदार को इच्छामृत्यु या इच्छा मृत्यु में मदद करता है तो उसके खिलाफ भारतीय दण्ड विधान की धारा तीन सौ नौ के तहत आत्महत्या करने के लिए उकसाने और मदद करने का आरोप लगेगा।

नहीं की जा सकती एक्टिव इच्छा मृत्यु

इच्छा मृत्यु की अवधारणा में सबसे बड़ी दिक्कत ये है कि ये जिंदगी जीने के मौलिक अधिकार के विपरीत उसे जीने से वंचित करने के लिए माँगा गया अप्राकृतिक हक माँगने जैसा है। उन मामलों में जिनमें कि पीड़ित ने खुद ही ये इच्छा जताई हो ये फिर भी विमर्श की बात हो सकती है किन्तु हर तरह से बेबस और लाचार की इच्छा को नकारात्मक या सकारात्मक रूप से तय करने का अधिकार किसी और को कैसे

दिया जा सकता था असली विवाद इस बात को लेकर है। हालाँकि इच्छा मृत्यु को लेकर कई बातें अभी तक सुलझाई नहीं जा सकी हैं और कई बहस भी इसको लेकर हो चुकी हैं। जिंदगी को खत्म करने का अधिकार देना चाहिए या नहीं, यह एक अन्तहीन बहस बन चुकी है। इसका समर्थन करने वालों के पास अपने तर्क हैं, और इसके खिलाफ जाने वालों के अपने। फिर भी सुप्रीम कोर्ट ने अपने ताजे फैसले में हर स्थिति में एक्टिव इच्छा मृत्यु को नकारा है।

निर्णय कौन करेगा

दरअसल, एक पक्ष यह है कि कोई इनसान अगर तकलीफ झेल रहा है, इतनी अधिक तकलीफ कि उसे जिंदगी बेहद भारी लग रही है तो उसे मौत क्यों न दे दी जाये? बस, यहीं सवाल खड़ा होता है कि अगर इच्छा मृत्यु को कानूनी करार दिया जाये तो यह तय कौन करेगा कि मरीज जीने लायक है या नहीं। हो सकता है कि कुछ लोग इसका गलत इस्तेमाल कर अपनी जिम्मेदारियों से मुँह मोड़ने लगें। समाज बीमार और अक्षम लोगों को साथ लेकर चलने से कतराने लगे। इससे अवसरवादिता या सहूलियत की राजनीति बढ़ेगी। वैसे भी हमारे देश में कानूनों को तोड़–मरोड़ कर पेश किया जाना आम बात है तो कुछ लोग इसका गलत फायदा उठाने से नहीं चूकेंगे, यह तय है। इसके अलावा, यह भी हो सकता है कि कुछ लोग खुद ही इसे जिंदगी से निजात पाने का जरिया मान लें। जिंदगी में ऐसे मौके कई बार आते हैं, जब हमें लगता है कि अब जिंदगी जीने लायक नहीं रही, तो क्या ऐसे हर व्यक्ति को यह आजादी दे दी जाये कि वह डॉक्टर के पास चला जाये और अपने लिए मौत माँग ले। लेकिन यह सही नहीं होगा।

अन्य देशों में इच्छा मृत्यु की स्थिति

प्रकृति के इच्छा के विपरीत इनसानों को दखल नहीं देना चाहिए जिंदगी खूबसूरत है और अगर कोई कोमा में भी है तो कौन जानता है। वह उस समय एक अलग ही दुनिया को देख–महसूस कर रहा हो और कोमा से बाहर आने के बाद उसे वह सब याद न रहे, इसलिए जिंदगी भरपूर जीना जरुरी है। यह एक बहुत संवेदनशील मुद्दा है जिस पर विभिन्न देशों और समाज के लोगों की अलग–अलग राय है। हालैण्ड और बेल्जियम में इच्छा–मृत्यु वैध है मगर वहाँ का सर्वोच्च न्यायालय इसकी अनुमति तभी प्रदान करता है जब रोगी यह सिद्ध कर दे कि उसने किसी के दबाव में आकर यह अनुरोध नहीं किया है। इसके अलावा उसकी पीड़ा सचमुच असह्य है और उनकी हालत में सुधार की कोई भी सम्भावना शेष नहीं है तथा यह भी कि मृत्यु के अतिरिक्त अब अन्य कोई विकल्प नहीं है। कनाडा में जीवन–रक्षक उपचारों से इनकार करने का अधिकार तो है परन्तु रोगी किसी की सहायता से आत्मघात की माँग नहीं कर सकता। दुनिया में सबसे पहले आस्ट्रेलिया में 1996 में नॉर्दन टेरिटरी द्वारा इच्छा मृत्यु को वैध ठहराया गया था लेकिन 1997 में इस राय में पुनः एक कानून बना और इच्छा मृत्यु को गैरकानूनी घोषित कर दिया गया। स्विट्जरलैण्ड में इच्छा–मृत्यु अवैध है किन्तु डॉक्टर के सहयोग से आत्मघात करना वैध माना जाता है। बहरहाल अमेरिका में भी एक्टिव यूथेंनेशिया पर प्रतिबन्ध है परन्तु यदि रोगी या उसके द्वारा अधिकृत व्यक्ति की

माँग पर जीवनरक्षक उपचार बन्द कर दिया जाये तो डॉक्टर दोषी नहीं माने जायेंगे बेल्जियम में यूथेंनेशिया 2002 से वैध है।

26

क्लोनिंग मानव सभ्यता के लिए वरदान या अभिशाप

(Cloning is boon or bane)

क्लोनिंग मानव सभ्यता के लिए वरदान है

6 मई 2009 को क्लोनिंग के जरिए भारत में जन्मी दुनिया की दूसरी भैंस गरिमा का करनाल स्थित राष्ट्रीय डेयरी अनुसंधान संस्थान (एनडीआरआई) में अनूठी स्वदेशी क्लोन तकनीक से विकास किया गया। दुनिया की पहली क्लोन भेड़ डॉली को भी विकसित करने में क्लोनिंग की परम्परागत तकनीक का इस्तेमाल हुआ था। यह न केवल जटिल प्रक्रिया थी बल्कि उसे विकसित करने में उन्नत और महँगे उपकरणों का भी इस्तेमाल किया गया था। दूसरी ओर गरिमा को पैदा करने के लिए एनडीआरआई के वैज्ञानिकों ने जो तकनीक अपनाई वह अपेक्षाकृत आसान है। इसमें तुलनात्मक लिहाज से सरल उपकरण इस्तेमाल में लाए गये। समय और कौशल भी इसमें कम लगा।

उन्नत प्रजातियाँ विकसित करने का फायदा

वैज्ञानिकों के मुताबिक, 'एनडीआरआई की क्लोनिंग तकनीक का सबसे बड़ा फायदा यह है कि इससे मनचाहे सेक्स वाले बछड़े पैदा किये जा सकते हैं।' इस तकनीक से भैंस की बेहतरीन नस्लों का तेज विकास होगा। इससे देश में दूध का उत्पादन बढ़ेगा। भैंस पर अनुसंधान के मामले में पूरी दुनिया में भारत एकमात्र देश है जिसने भैंस का जीनोम डिकोड करने में सफलता हासिल की है। नई क्लोनिंग तकनीक से बेहतरीन नस्ल के सांढ़ तैयार किये जा सकेंगे। इन सांढ़ों से उत्पन्न भैंस ज्यादा दूध दे सकेंगी। भारत दुनिया में दूध का न केवल सबसे बड़ा उत्पादक बल्कि सबसे बड़ा उपभोक्ता भी है। देश में दूध और दूग्ध उत्पादों की खपत काफी तेज गति से बढ़ रही है। इस जरूरत को पूरा करना बड़ी चुनौती है। इसी तरह 2012 में ऊन की उम्दा किस्म के लिए मशहूर पश्मीना बकरी का भारत में पहली बार क्लोन तैयार किया गया है। इसे जम्मू के शेर–ए–कश्मीर कृषि विज्ञान और तकनीक विश्वविद्यालय के वैज्ञानिकों ने बनाया है। उन्होंने इसे नूरी नाम दिया है। क्लोनिंग का काम आसान नहीं होता और

प्रयोगशाला में अच्छी गुणवत्ता का भ्रूण तैयार करने में दो वर्ष का समय लग गया। इस क्लोनिंग तकनीक से मिलने वाले फायदों में आगे चलकर ऊन का उत्पादन बहुत बढ़ सकता है। जीव वैज्ञानिक उन्हीं बकरियों का क्लोन तैयार करेंगे जिनसे ज्यादा ऊन मिल सकता है। इसके अलावा कश्मीर में हंगुल लुप्त हो रहे हैं। हंगुल और उसकी तरह लुप्त हो रहे अन्य जानवरों को भी इस तकनीक के जरिए बचाया जायेगा।

लुप्त हो रही प्रजातियों का बचाव

कैलीफोर्निया में वैज्ञानिकों ने सम्भवतः ऐसा रास्ता ढूँढ़ निकाला है जिससे विश्व के लुप्त हो रही नस्लों को बचाया जा सकेगा। उन्होंने मानव चिकित्सा क्षेत्र में इस्तेमाल होनेवाली तकनीक के प्रयोग से ये दिखा दिया कि लुप्त हो रही प्रजातियों में किस तरह टेस्ट–ट्यूब बेबी पैदा करवाए जा सकते हैं। ये प्रयोग सफेद गैंडे पर किये गये। फिलहाल दुनिया भर में मात्र सात सफेद गैंडे बचे हैं। वैज्ञानिकों ने इन जानवरों की खाल की कोशिकाओं को लेकर उनसे 'स्टेम सेल्स' विकसित किये जो बाद में खुद विभिन्न तरह के शारीरिक कोशिकाओं में तब्दील हो सकते है। कैलीफोर्निया के वैज्ञानिकों के इसी समूह ने पश्चिमी अफ्रीका के बन्दरों की त्वचा से भी स्टेम कोशिकाओं का निर्माण किया है। उनका कहना है कि वो विलुप्त हो रही 10 दूसरी प्रजातियों पर भी यही प्रयोग करना चाहते हैं।

स्टेम सेल से हुआ लाभ

स्टेम सेल यानि स्तंभ कोशिका से अब प्रयोगशालाओं में कृत्रिम अंगों को उगाना सम्भव होता दिख रहा है। इसकी शुरूआत भी हो चुकी है। हालाँकि अभी अंगों की सिर्फ कोशिकाएँ तैयार की जा रही हैं, जिन्हें मानव शरीर में क्षतिग्रस्त कोशिकाओं के स्थान पर प्रत्यारोपित कर दिया जाता है लेकिन जिस रफ्तार से चिकित्सा विज्ञान आगे बढ़ रहा है, उससे संभावना है कि भविष्य में इन्हीं कोशिकाओं से सम्पूर्ण अंगों को प्रयोगशाला में तैयार करना सम्भव हो सकेगा। इससे क्षतिग्रस्त कोशिकाओं को बदलने के साथ–साथ कुछ अंगों को लैब में तैयार करना भी स्टेम सेल के जरिये सम्भव होगा। स्टेम सेल की प्राप्ति के तीन स्रोत हैं। एक–गर्भस्थ शिशु के भ्रूण के तन्तुओं से, जिसे भ्रूण स्टेम सेल कहते हैं। दूसरा, कार्ड स्टेम सेल, जो जन्म के समय बच्चों के गर्भनाल से लिए जाते हैं। तीसरा, वयस्क स्टेम सेल, जो रक्त या अस्थि मज्जा (बोनमैरो) से एकत्र किये जाते हैं। आजकल बच्चों के जन्म के समय गर्भनाल से स्टेम सेल लिए जा रहे हैं, जिन्हें स्टेम सेल बैकों में –196 डिग्री तापमान पर स्टोर कर दिया जाता है। अनुमान है कि देश में लाखों लोग अब तक ऐसा कर चुके हैं। अकेले स्टेम सेल बैंकिंग का कारोबार ही देश में सौ करोड़ से ऊपर पहुँच चुका है। बैंक इसके लिए एक मुश्त 70 से 80 हजार रुपये तथा प्रतिवर्ष 5–10 हजार रुपये का शुल्क लेते हैं। कभी दुर्घटना और बीमारी के कारण शरीर के किसी अंग को क्षति पहुँचती है तो बैंक में जमा स्टेम सेल लेकर उनसे प्रयोगशाला में कोशिकाएँ तैयार की जा सकती हैं तथा उन्हें क्षतिग्रस्त अंग में प्रत्यारोपित किया जा सकता है।

गम्भीर बीमारियों में क्लोनिंग सफल

चूहों पर किये गये एक अध्ययन में शोधकर्ताओं ने पाया है कि गम्भीर बीमारियों के इलाज के लिए स्वस्थ कोशिकाओं की क्लोनिंग 'पार्किंसन्स' जैसे रोग को भी ठीक कर सकती है। 'सोमैटिक–सैल न्यूक्लीयर ट्रांसफर' (एससीएनटी) के तहत की जाने वाली क्लोनिंग जानवरों पर सफल रही है। इसकी सफलता के जरिए इनसानों में भी स्वस्थ कोशिकाओं और अंगों के प्रत्यारोपण को कारगर बनाया जा सकता है।

कृषि में क्लोनिंग का दखल

मार्च 2012 में उत्तराखंड के एक प्रगतिशील किसान और उनकी टीम ने देश में पहली बार यूरोपियन सेब में उतारने की तैयारी है। खास बात यह कि सेब उत्पादन में अग्रणी जम्मू–कश्मीर और हिमाचल ने उत्तराखंड से पौधे की माँग की है। यदि सब कुछ तय योजना के अनुरूप चला तो उत्तराखंड देश में सेब का निर्यात करने वाला अग्रणी राज्य बन जायेगा।

यूरोप में पायी जाने वाली सेब की चार प्रजातियों गेल गाला, फूजी पिंक, सुपर चीफ रेड और डेल क्राफ को सेब की दुनिया का सिरमौर कहा जाता है। देश और दुनिया में इस वेरायटी की माँग सर्वाधिक रहती है। इन प्रजातियों का क्लोन तैयार करने के लिए उत्तराखंड के प्रगतिशील किसान सुधीर चड्डा प्रयोग कर रहे हैं। उनकी कम्पनी इंडोडच के चाफी (पदमपुरी) स्थित फार्म में क्लोन तैयार करने में तीन वर्ष पूर्व ही कामयाबी मिल गयी थी, लेकिन क्लोन पौधे की पैदावार का परीक्षण चल रहा था। अब इसमें भी कामयाबी मिल गयी है। उत्तराखंड में पायी जाने वाली सेब की प्रजातियों के मुकाबले क्लोन पौधे की पैदावार कहीं अधिक है और ये सेब निर्यात करने लायक है।

क्लोनिंग मानव सभ्यता के लिए अभिशाप है

जनवरी 2008 में अमेरिका के जीव वैज्ञानिकों ने व्यस्क व्यक्तियों की त्वचा की कोशिकाओं से पहली बार मानव भ्रूण क्लोन बनाने में सफलता प्राप्त कर ली है। एक रिपोर्ट के मुताबिक वैज्ञानिकों की यह उपलब्धि वैयक्तिक भ्रूण स्टेम सेल के निर्माण की दिशा में मील का पत्थर साबित हो चुकी है। वैज्ञानिकों का कहना है कि उन्होंने व्यस्क मानव कोशिकाओं की सहायता से विश्व का प्रथम मानव क्लोन भ्रूण तैयार किया है। उन्होंने कहा कि इस क्लोन भ्रूण से भ्रूण स्टेम सेल निकाले जा सकते हैं जिसे 'ब्लास्टो किस्ट' कहते हैं।

क्लोनिंग के माध्यम से रोगी विशेष के लिए स्टेम सेल लाइन विकसित करने के अन्तिम लक्ष्य को हासिल करने की दिशा में एक यह महत्त्वपूर्ण कदम है। लेकिन पूर्व राष्ट्रपति और जाने माने वैज्ञानिक ए.पी.जे. अब्दुल कलाम के अनुसार मानव क्लोनिंग पूरी मानवता के खिलाफ हैं क्योंकि इस तरह की कोई भी उत्पत्ति प्रकृति द्वारा निर्मित मानव के समान नहीं हो सकती। कलाम कहते हैं कि 'हम मनुष्य के हजारों क्लोन

बना सकते हैं लेकिन मानव क्लोन ईश्वर द्वारा निर्मित मानव की बुद्धिमता के बराबर या इससे अधिक नहीं हो सकता। मानव क्लोनिंग के नैतिक पक्ष के विशेषज्ञ डॉक्टर पैट्रिक डिक्सन ने इस ख़बर को अवश्यंभावी करार दिया। उन्होंने कहा, 'दुनिया भर में सनकी वैज्ञानिक क्लोन पैदा करने की होड़ में जुटे हैं क्योंकि उनकी इच्छा किसी भी तरह प्रसिद्धि और धन हासिल करना है।'

पर्यावरण और अन्य जीवों के लिए खतरा

ताइवान की एक कम्पनी ने जेब्रा फिश के जेनेटिक ढाँचे में जेली फिश के चमकने वाले प्रोटीन का इस्तेमाल कर चमकने वाली जेब्रा फिश बनायी थी। इस चमकने वाली जेब्रा फिश की खासी माँग यूरोप और अमेरिका में है। इसी को देखते हुए ताइवानी कम्पनी ने अन्य रंगों में भी ये चमकने वाली मछली बनाने का फैसला किया था। यहाँ तक कि अमेरिका में तो जुलाई तक इन्हें बाजार में उतारने की भी योजना बना ली गयी लेकिन, इससे पर्यावरणविदों के बीच बहस छिड़ गया इन्हें बनाने में इस्तेमाल किया गया चमकीला जीन पर्यावरण और अन्य जीवों के लिए खतरा साबित हो सकता है। उधर जब क्लोनिंग के जरिए पैदा की गयी पहली भेड़ डॉली को उम्र बढ़ने के साथ गठिया के रोग ने जकड़ लिया तो वैज्ञानिकों को आशंका हुई कि मानव क्लोन के साथ भी यही होगा। हालाँकि साल 2003 में डॉली की मौत हो गयी थी।

पूरी तरह सफल नहीं क्लोनिंग

क्लोनिंग तकनीक से पैदा कुछ चूहों की मौत के बाद वैज्ञानिकों ने क्लोनिंग के नये ख़तरों के बारे में आगाह किया है। क्लोनिंग के संभावित प्रतिकूल प्रभावों के चलते मानव क्लोनिंग के प्रयासों के बारे में चिंताएँ बढ़ गयी हैं। क्लोनिंग से पैदा जानवरों में मोटापा, शरीर की प्रतिरक्षण प्रणाली सम्बन्धी समस्याएँ और जीनों में हेरफेर के मामले तो पहले भी देखने को मिलते रहे हैं, लेकिन पहली बार क्लोनिंग का सम्बन्ध असमय मौत से जोड़ा गया है।

टोक्यो (जापान) के राष्ट्रीय संचारी रोग संस्थान (एनआईआईडी) के अनुसंधानकर्ताओं ने पाया कि उनके द्वारा क्लोन किये गये 12 चूहों में से 10 की असमय मौत हो गयी। चूहों में निमोनिया, ट्यूमर और लीवर की नाकामी जैसे लक्षण पाये गये।

पशु प्रेमियों की संस्था केज के डैन लायंस के अनुसार ये काम कभी पूरी तरह त्रुटिहीन नहीं हो सकता।

क्योंकि जीव विज्ञान लेगो या मैकेनो जैसा खेल नहीं है, आप किसी जानवर के शरीर के एक हिस्से से छेड़छाड़ करके ये उम्मीद नहीं कर सकते कि उसका बाकी शरीर बिलकुल ठीक काम करता रहेगा।

ऐसी ही एक और संस्था कंपेशन इन वर्ल्ड फार्मिंग ने भी इन प्रयोगों पर रोक लगाने की माँग की है।

इसके निदेशक जोयसे डी सिल्वा ने इस बारे में कहा कि मैं उन सैकड़ों क्लोन मेमनों के बारे में सोचता हूँ जिनके दिल, फेफड़े या गुर्दे खराब हैं। वो कुछ दिन जिंदा रहने के लिए संघर्ष करते रहे और फिर उनके फेफड़ों में पानी भर गया और वो खुद मर गये या फिर उन्हें बनाने वालों को ही उन्हें इस कष्ट से मुक्ति दिलानी पड़ी है।

ये है क्लोनिंग की असली कहानी

जब डॉली भेड़ में गठिए के लक्षण दिखायी दिये तो कहा गया कि एक साढ़े पाँच साल की भेड़ को गठिया होना असामान्य तो है, लेकिन असम्भव नहीं इससे सवाल ये उठा है कि क्या क्लोनिंग की प्रक्रिया से डॉली की यह समस्या पैदा हुई और क्या क्लोनिंग से हमेशा बीमार जानवर ही बनेंगे? कई क्लोनिंग कम्पनियों ने बताया है कि उनके जानवर स्वस्थ हैं। लेकिन लम्बे दौर में क्लोनिंग से पैदा हुए जानवरों की सेहत कैसी रहती है इसका कोई स्वतन्त्र आकलन उपलब्ध नहीं है और इस बात के अकाट्य सबूत उपलब्ध हैं कि ऐसे जानवर ज्यादा वजन, शारीरिक विकृतियों और रोगों से लड़ने की कमजोर क्षमता के साथ पैदा होते हैं।

स्टेम सेल तकनीक क्यों विवादों में

क्लोनिंग में एक स्वस्थ व्यक्ति के DNA को लेकर किसी डोनर महिला के अंडाणु में प्रवेश कराया जाता है। 5–6 दिन के बाद यह एक भ्रूण के रूप में विकसित हो जाता है, जिसे 'ब्लास्टोकिस्ट' कहते हैं। यह बालू के कण से भी छोटा कोशिकाओं का एक समूह होता है। फिर इसके अन्दर से स्टेम सेल निकाला जाता है और उसे ऐसी विशेष कोशिकाओं या उत्तकों के रूप में विकसित किया जाता है, जिसके DNA मूल व्यक्ति के DNA से मेल खाते हैं। यह तकनीक तमाम विवादों से भी घिरी है। चूँकि क्लोनिंग से बनाये गये भ्रूण से स्टेम सेल निकाला जाता है, अतः वह भ्रूण मर जाता है। यही वह बिन्दु है जहाँ कुछ नैतिक सवाल उठाए जाते हैं। नैतिकतावादियों के अनुसार आप किसी को मारने के लिए जिंदगी दे रहे हैं, जो नैतिक रूप से गलत है।

मानवअधिकारों की रक्षा करनी होगी

अगर अन्तर्राष्ट्रीय समुदाय क्लोनिंग पर रोक लगाने में सफल नहीं रहा को कुछ ही समय बाद हमें अपने क्लोन भी नजर आने लगेंगे। अगर मानव क्लोनिंग पर रोक लगाने के लिए सहमति नहीं बन पायी तो दुनिया को यह जिम्मेदारी उठाने के लिए तैयार रहना होगा कि किसी भी मानव क्लोन के भी सभी मानवाधिकारों की रक्षा हो। समाज में यह जागरूकता और संवेदनशीलता भी जगानी होगी ताकि किसी क्लोन के साथ भेदभाव, अन्याय या गलत व्यवहार न हो। वैसे अभी मानव भ्रूण की क्लोनिंग का किसी ने दावा नहीं किया है लेकिन लगभग सभी विशेषज्ञ सहमत हैं कि अब यह स्थिति ज्यादा दूर नहीं है।

27

पाश्चात्य सभ्यता का अन्धानुकरण घातक है
(Blind following of western culture is responsible)

पक्ष में

भारत की संस्कृति काफी पुरानी और अनूठी है। यहाँ देश के सभी राज्यों में अलग–अलग रहन–सहन तथा बोलियों में विविधता होने के बावजूद एक जैसी सभ्यता और संस्कृति देखी जाती है। आज हमारे समाज में पश्चिमी सभ्यता की नकल करने के कारण हमारे समाज और पारिवारिक मूल्यों में काफी परिवर्तन देखने को मिलता है। ज्यादातर युवा भारतीय पश्चिमी आधुनिकता में रंगे कपड़ों की नकल करते हैं। कपड़ों के अलावा पश्चात्य सभ्यता ने भारत के पारिवारिक जीवन पर सबसे ज्यादा असर डाला है। इस कारण पारिवारिक रिश्ते अब दरकने लगे हैं। एक ऐसे खुले समाज की निर्माण तो हुआ मगर उसके घातक परिणाम अब लोगों को नजर आने लगे है। परिवार का मतलब पति–पत्नी और बच्चों तक सीमित रह गया है। बुजुर्ग घरों में अकेले रहने लगे हैं। आहार एवं वेशभूषा पर पश्चिमी वेशभूषा का प्रभाव आज हम लोग भारत की गरिमामयी परंपरा को तिलांजलि देकर अंग्रेजी में बात करने को ज्यादा तरजीह देने लगे है। खासकर औरतों व लड़कियों ने भारतीय वस्त्र का त्याग कर जिस तरह से पश्चिमी सभ्यता से जुड़े छोटे–छोटे कपड़ों का अनुकरण किया है जिससे समाज में महिलाओं की लज्जा और गरिमा दोनों का ही अवमूल्यन हुआ है।

पश्चिमीकरण के अन्धानुकरण के कारण भारत में वर्षों से प्रचलित संयुक्त परिवार की परंपरा अब खत्म होने के कगार पर है। शहरों में एकल परिवारों की संख्या बढ़ती जा रही है। पारिवारिक रिश्ते हम और हमारे बच्चों तक ही सीमित हो गयी है। इसका सबसे बुरा प्रभाव भारतीय बुजुर्गों के ऊपर पड़ा है। कामकाजी पति–पत्नी के होने से बच्चे घर में अकेले पड़ जाते है। ऐसे में बच्चों की सही प्रकार देखभाल नहीं हो पाती है। जब घर में कोई बुजुर्ग ही नहीं होगा तो बच्चों को नैतिकता की पाठ भला कहाँ से मिलेगी। आज बच्चों में नैतिक शिक्षा का अभाव देखा जा रहा है।

पश्चिमीकरण की अंधाधुंध नकल की दौड़ में खासकर भारतीय सिनेमा में अश्लीलता और हिंसा इस तरह परोसी गयी है जिसे देखकर आज के नौनिहाल, किशोर वर्ग के मन में विकृत वासना उत्पन्न होने लगती है। किशोर उम्र के लड़के

इससे प्रभावित होकर कम उम्र में ही हिंसा व अपराध का दामन थाम लेते है जिससे उनका भविष्य अंधकारमय हो जाता है।

मानव मूल्यों का अभाव

पुरानी भारतीय परंपरा में अन्तर्निहित त्याग, प्रेम और सहिष्णुता मानवता की जगह अब भौतिकवाद ने ले ली है। आज का युवा खा–पीकर मौज उड़ाओ की नीति में विश्वास करता है। इस भोगवादी संस्कृति ने आज भारतीय जनता को विनाश के गर्त में डाल दिया है।

निष्कर्ष

इस प्रकार पाश्चात्य सभ्यता एवं संस्कृति की अंधी नकल समाज को एक ऐसी अदृश्य खाई की ओर धकेल रहा है जिसके दूरगामी नकारात्मक परिणाम होंगे। इसलिए हमारे लिए जरुरी है कि पश्चिम की इन फिजूल की नकल से विमुख होकर भारत की गौरवशाली समृद्ध परंपरा को आत्मसात किया जाये।

विपक्ष में

वर्तमान युग में पाश्चात्य संस्कृति को अपनाने में ही हम सबका फायदा है। पाश्चात्य संस्कृति के अतंर्गत पश्चिमी देशों जैसे अमेरिका, यूरोप, फ्रांस, जर्मनी, इटली आदि देशों की संस्कृति को शामिल किया जा सकता है। आज पाश्चात्य देशों ने ज्ञान और विज्ञान के क्षेत्रों में चौमुखी उन्नति की है। इन देशों की देखा–देखी हम अपने देश और व्यक्तिगत गुणों में गुणात्मक सुधार ला सकते हैं। पूर्वी संस्कृति हमें जिन्दगी और स्थिरता प्रदान करती है जबकि पाश्चात्य हमें साहस और प्रगति के लिए प्रेरित करती है।

पाश्चात्य संस्कृति का अनुकरण कर हमने अपने यहाँ औद्योगिकीकरण, यातायात, शिक्षा तथा संचार के क्षेत्र में कितनी प्रगति की है। यह बात किसी से छुपी नहीं है। दरअसल में अंग्रेजों के भारत में आने से उनकी संस्कृति का गहरा प्रभाव हम पर पड़ा। अंग्रेजी शासन के पूर्व हमारे समाज में कई तरह की बुराइयाँ सिर उठाये खड़ी थी। जाति प्रथा ने सदैव शूद्र वर्ग का शोषण किया। उन्हें समाज ने कभी आगे आने का मौका नहीं दिया नतीजा आज तक इस वर्ग का उत्थान नहीं हो सका है। यहाँ लड़कियों को शिक्षा की बुरी स्थिति थी। लड़कियों को पर्दे में रखा जाता था। उनकी दिनचर्या घर के कामकाज और बच्चे को जन्म देने तक ही सीमित थी। लेकिन पश्चिमी सभ्यता में महिलाओं को पुरुष के समान बराबर दर्जा प्राप्त था। उनका पहनावा तथा कार्यपद्धति मर्दों के बराबर थी। वे मर्दों पर आश्रित न होकर स्वावलंबी जीवन जी रही थी। धीरे–धीरे भारत की महिलाओं ने इसका नकल किया। आज नतीजा सुखद रूप में सबके सामने है। लड़कियाँ जिन्दगी के प्रत्येक क्षेत्र में पुरुषों के कंधा से कंधा मिलाकर आगे बढ़ रही हैं। आज उनकी भागीदारी देश सेवा के प्रत्येक क्षेत्र में है। आज की आधुनिक महिलाएँ चिकित्सा, बैंक, सेना, सुरक्षा सभी क्षेत्रों में बढ़–चढ़

कर भाग ले रही है।

पाश्चात्य सभ्यता के परिणामस्वरूप ही भारत में लड़कियों के अधिक आयु में विवाह तथा परिवार नियोजन की तरफ ध्यान आकर्षित हुआ है। अंतरजातीय विवाहों की संख्या में काफी बढ़ोतरी हुई है जिससे भारत की कट्टरवादी जाति प्रथा के सोच में गुणात्मक परिवर्तन देखने को मिल रहे हैं। अंतर्जातीय विवाहों में रुचि बढ़ी है जिससे दो जाति के बीच दूरियाँ कम होती जा रही है। कुछ अन्य सामाजिक कुरीतियों का अन्त पश्चिम की ही देन है। बाल–विवाह, सती प्रथा, पर्दा प्रथा आदि कुप्रथाएँ जो समाज और देश के लिए घातक सिद्ध हो रही थी। पश्चिमी संस्कृति से प्रभावित होकर इन प्रथाओं का अंत हो गया है। भारतीय परम्परावादी सोच के अलग शिक्षित परिवार आज लड़के–लड़कियों के बीच भेद नहीं करते। अंग्रेजों के इस देश में आने के पहले भारत में राजतंत्र का बोलबाला था। पश्चिमी सभ्यता के आने का परिणाम यह हुआ कि भारत का निरंकुश राजतंत्र खत्म हो गया और आज यहाँ प्रजातंत्र का बहाल है।

अंत में पश्चिमी सभ्यता, संस्कृति तथा वेशभूषा के अनुकरण से हमारे देश को तेजी से आगे बढ़ने में काफी मदद मिली है। धार्मिक रूढ़िवादिकता और संकीर्णता का अन्त हुआ है। बालविवाह जैसी कुप्रथा का अन्त हुआ और विधवा विवाह की प्रथा शुरू हुई। औद्योगिकीकरण के कारण कृषि लोगों की आजीविका का एकमात्र साधन नहीं है। यहाँ के लोग आलौकिक शक्ति, यज्ञ, जादू–टोना की जगह मानव धर्म पर काम करने लगे हैं। लोक व्यवहार में खुलापन एवं बेबाक राय पश्चिमी सभ्यता का ही प्रभाव है। हमें चाहिए कि पश्चिम में गुणों को आत्मसात करे तथा इसके दुगुर्णों का बहिष्कार करें।

अन्त में....

हम आशा करते हैं कि प्रस्तुत पुस्तक में छात्रों एवं अभ्यर्थियों की अधिकांश जिज्ञासाओं का समाधान हो गया होगा। वाद-विवाद संबंधी अपनी अन्य जिज्ञासाओं के समाधान हेतु आप हमारे यहाँ से प्रकाशित कोई दूसरी पुस्तक लेकर अपने ज्ञान में वृद्धि कर सकते हैं।